U0458636

献给我的父亲、母亲、妻子

正义如何实现

柏拉图与荀子正义思想的比较研究

韩 毅／著

山西出版传媒集团

山西人民出版社

图书在版编目（CIP）数据

正义如何实现：柏拉图与荀子正义思想的比较研究 /
韩毅著 . —太原：山西人民出版社，2018.4
ISBN 978-7-203-10344-8

Ⅰ . ①正… Ⅱ . ①韩… Ⅲ . ①柏拉图（Platon 前 427-
前 347）-哲学思想-研究 ②荀况（前 313-前 238）-哲学思想-
研究 Ⅳ . ① B502.232 ② B222.6

中国版本图书馆 CIP 数据核字（2018）第 035846 号

正义如何实现：柏拉图与荀子正义思想的比较研究

著　　者：韩　毅
责任编辑：蔡咏卉
复　　审：武　静
终　　审：蒙莉莉
装帧设计：谢　成

出 版 者：山西出版传媒集团·山西人民出版社
地　　址：太原市建设南路 21 号
邮　　编：030012
发行营销：0351-4922220　4955996　4956039　4922127（传真）
天猫官网：http://sxrmcbs.tmall.com　电话：0351-4922159
E — mail：sxskcb@163.com　发行部
　　　　　sxskcb@126.com　总编室
网　　址：www.sxskcb.com

经 销 者：山西出版传媒集团·山西人民出版社
承 印 者：山西出版传媒集团·山西新华印业有限公司

开　　本：787mm×1092mm　　1/16
印　　张：15.5
字　　数：235 千字
印　　数：1—1000 册
版　　次：2018 年 4 月　第 1 版
印　　次：2018 年 4 月　第 1 次印刷
书　　号：ISBN 978-7-203-10344-8
定　　价：48.00 元

如有印装质量问题请与本社联系调换

序　言

中国与西方分属两个完全不同的文明系统，并且在相当长的时间内独立发展，从而演化出了两套完全不同的思想范畴与概念体系。这样一种情况，使得对这两种传统中的政治思想进行比较研究面临着一个十分难于处理的问题，即两者之间几乎不存在相互对应的基本概念即思想单元；而如果连概念的对称性都无法保证，则思想的比较严格说来也就无从谈起。虽然我们可以通过翻译，或者通过在一种语言中创造新的词汇来表达另一种语言中相应词汇的内涵，但这种办法却无法体现原有的词汇在其自身的语言体系内部与其他相关概念的意义关联，从而使活的语言变成了死的语言、立体的语言变成了平面的语言。不同思想与文化之间的相互交流和沟通之所以困难重重，最根本的原因就在这里。

justice 这个概念就是一个典型的例子。在古希腊语中，justice 被称为 dike，具有两个方面的基本含义。一方面，dike 指政治中最高的善，其抽象的程度类似于艺术中的美、思想中的真一样。所以亚里士多德说"政治上的善即是公正，也就是全体公民的共同利益"[1]，自然它同时也就是政治中的最高标准（"公正是为政的准绳"[2]）。另一方面，dike 指为实现这种善而采取的一些特定的制度设计。由于古希腊人认为政治最根本的任务，是根据人们不同的禀赋和贡献对他们进行不同的资源配置（包括权力、财富、地位、身份、名誉等），因此正义的原则就更多地体现为一套

---

[1]　亚里士多德：《政治学》，颜一、秦典华译，《亚里士多德全集》第 IX 卷，北京：中国人民大学出版社，1994 年，第 98 页。

[2]　同上，第 7 页。

1

分配原则，因此他们在讨论政体问题的时候，主要指的就是权力分配的原则和具体的制度。这一背景，正是亚里士多德提出的分配的正义与补偿的正义的思想的由来。其实，亚里士多德的这一思想一直到现在还主导着西方的政治思维，比如美国政治思想家罗尔斯（John Rawls）提出的正义的平等原则与差别原则，实际上就是分配的正义与补偿的正义在现代政治背景下的变异。

在中国的思想传统中，与 justice 意义最为接近的概念是"义"，所以人们用"正义"这个原来与 justice 一点关系都没有的词来对译 justice。① 不过"义"本身又有很多种含义，比如它常常用来指最根本的道德标准，故孟子有"舍生取义"之说；但有时也指在不同的价值选择之间进行取舍权量的判断能力或者方法，因此《中庸》有云："义者，宜也。"② 段玉裁《说文解字注》中也认为，"义"兼有"度"、"宜"之意，则"义之本训谓礼容各得其宜，礼容得宜则善矣"③。当然，中文的"义"也有分配原则的含义。荀子本人有一段很有影响的话："（人）力不若牛，走不若马，而牛马为用，何也？曰：人能群，彼不能群也。人何以能群？曰分。分何以能行？曰义。"④这里的群是合作，分则是分工、分别，也就是对权力与责任的分配。在荀子看来，只有对人区别对待，使其各尽其才、各得其所，才能使他们联合行动。这种对人加以分别对待的原则就是"义"。

可见，"正义"一词不能穷尽 justice 在西方语境中的含义，而 justice 也不能穷尽"义"的概念在汉语语境中的含义。简单地比较，很可能会导致人们认为中国与西方在政治思想和文化方面存在着巨大的差异，甚至认为两者之间不具备可比性。然而实际情况未必如此，正如本书所表明的

---

① 古文中的"正义"指的是正确的意义，严格说是两个词。古代有很多带有"正义"二字的书，像《五经正义》、《孟子正义》等。《荀子》一书中也出现过"正义"二字："正利而为谓之事，正义而为谓之行。"（《荀子·正名篇》）不过这其实也是两个词，是端正原则的意义。

② 《中庸·第二十章》。

③ 段玉裁：《说文解字注》，北京：中华书局，2013年，第639页。

④ 《荀子·王制》。

那样。

为了解决这个问题，我曾经提出过政治思想比较研究中"功能还原"的方法。这一方法的基本假设是，任何政治体系，都必须满足一些基本的功能性要求，比如保证系统个体成员的生存与繁衍、维持各成员及成员群体之间的基本秩序、在他们之间进行物质与精神财富的分配，以及系统成员之间及整个系统与外部环境之间的物质与能量交换等。无论人们从理论上如何对这些系统进行描述、用什么样的标准对它们进行划分与评价，这些功能都不会变。因此，如果对两种思想和制度系统的基本概念、基本制度难以进行有效比较的话，还可以对这些概念和制度进行功能性的还原，进而在功能层次上进行比较，探讨不同的思想和制度究竟通过什么样的具体方式或者手段，实现了哪些共有的基本功能。比如说，假设我们把正义理解为政治系统中的资源分配原则，那么功能还原的方法就要求我们主要不是从字面上分析不同思想家针对正义进行了什么样的界定和论述，而是具体研究在不同的思想与制度系统中，资源的分配是如何进行的、实际采用的分配原则又分别是什么等等。显然，通过这种方法，我们能够超越那种不着边际的概念甚至意识形态之争，对不同的思想和制度体系进行更为深入的比较，理解它们真实的运行方式、它们各自的长短优劣，以及可能的相互吸取和补充之道。①

本书的研究就很好地使用了这种功能还原的方法。在简要介绍和分析柏拉图与荀子的政治理论之后，作者分别通过实现正义的程序、实现正义的结构以及实现正义的枢纽等几个方面，非常细致地对比研究了柏拉图与荀子在"正义如何实现"这个问题上的相关思考与制度设计，从而详尽而生动地证明了两位看似相去甚远的理论家思想底层的相通之处，同时也间接证明了人类政治生活中某些共通的基本规律。当然，针对两位思想家的不同之处，作者也进行了必要的说明与讨论（虽然可能失之简略），其中特别注意到柏拉图与荀子政治思考着眼点之不同，即城邦与天下的不同。这是一个非常独到的发现，的确可以解释中国与西方政治思想中的一

---

① 参见唐士其：《正义原则的功能及其在中国传统思想中的实现——一个比较研究的案例》，载《政治思想史》2017年第1期。

些具体的差异。

当然，直观上看，作为西方哲学的奠基人，柏拉图的思想比荀子显得更为系统和宏大，几乎无所不包，而且其思想的各个部分既有差别又有内在的联系，特别是他的政治思想与他的哲学思想之间存在着非常密切的关联。荀子的思想则似乎相对单纯，但实际上却承载了在他之前至少夏、商、周三代的文化和政治遗产，因而要了解荀子的思想，势必要了解他所秉承的思想传统。就此而言，对他们的正义思想的比较，实际上是一个可以无限深入地进行下去的课题。本书的研究还只是一个开始，希望作者能够在这个方向上继续努力。

本书作者韩毅中学和大学时代在加拿大度过，对中国和中国文化的挚爱使他回到国内，在北京大学就读比较政治学硕士，一年后转入硕博连读项目。我作为他的硕士和博士导师，见证了他的成长，也见证了他的勤奋和毅力。本书即是在他的博士论文基础上修改补充而成。它表明，作者无论对中国还是对西方政治思想，都具有了相当深入的把握。另外需要指出的是，这也是国内外目前第一部对柏拉图和荀子的政治思想进行比较研究的专著。这些都是应该肯定和鼓励的。

唐士其

2018 年 2 月于北大

目　录

导论 …………………………………………………………………………… 1

第一节　问题与意义 ……………………………………………………… 1
一、研究主题的界定 ………………………………………………… 1
二、正义的研究意义 ………………………………………………… 3
三、柏拉图与荀子的研究意义 …………………………………… 8

第二节　现状与创新 ……………………………………………………… 15
一、柏拉图正义思想的研究现状 ………………………………… 15
二、荀子正义思想的研究现状 …………………………………… 23
三、本书的创新 …………………………………………………… 33

第三节　方法与内容 ……………………………………………………… 33
一、中西比较的困境 ……………………………………………… 33
二、功能还原的方法 ……………………………………………… 35
三、本书内容的安排 ……………………………………………… 36

第一章　正义的概念 ……………………………………………………… 38

第一节　柏拉图的正义 …………………………………………………… 38
一、批判的对象 …………………………………………………… 40
二、讨论的框架 …………………………………………………… 46
三、正义的定义 …………………………………………………… 52
四、不正义的类型 ………………………………………………… 62
五、正义与不正义 ………………………………………………… 68

第二节　荀子的礼义 ……………………………………………………… 72
一、批判的对象 …………………………………………………… 75

二、讨论的框架 ·· 82

三、礼义的定义 ·· 85

四、非礼义的类型 ·· 91

五、礼义与非礼义 ·· 94

第三节　正义与礼义的比较 ·· 97

一、正义与礼义的批判对象 ·· 97

二、正义与礼义的讨论框架 ·· 100

三、正义与礼义的定义 ·· 101

四、不正义与非礼义的类型 ·· 104

五、正义与礼义的选择 ·· 105

第二章　实现正义的程序 ·· 106

第一节　柏拉图的法律 ·· 106

一、法律的性质 ·· 106

二、法律的统治 ·· 114

三、法律的局限 ·· 130

第二节　荀子的礼乐 ·· 132

一、礼乐的性质 ·· 132

二、礼乐的统治 ·· 139

三、礼乐的不足 ·· 149

第三节　法律与礼乐的对比 ·· 151

一、法律与礼乐的性质 ·· 151

二、法律与礼乐的统治 ·· 153

三、法律与礼乐的局限 ·· 157

第三章　实现正义的结构 ·· 158

第一节　柏拉图的哲学王 ·· 158

一、哲学王的性质 ·· 158

二、哲学王的统治 ·· 162

三、哲学王的局限 ·· 165

第二节　荀子的圣王 ·· 167

一、圣王的性质 ·· 168

　　二、圣王的统治 ……………………………………………… 170

　　三、圣王的局限 ……………………………………………… 175

第三节　哲学王与圣王的比较 …………………………………… 177

　　一、哲学王与圣王的性质 …………………………………… 177

　　二、哲学王与圣王的统治 …………………………………… 178

　　三、哲学王与圣王的局限 …………………………………… 180

第四章　实现正义的枢纽 ………………………………………… 183

第一节　柏拉图的教育 …………………………………………… 183

　　一、教育的性质 ……………………………………………… 183

　　二、教育的内容 ……………………………………………… 186

　　三、教育的作用 ……………………………………………… 194

第二节　荀子的学修 ……………………………………………… 195

　　一、学修的性质 ……………………………………………… 196

　　二、学修的内容 ……………………………………………… 198

　　三、学修的作用 ……………………………………………… 201

第三节　教育与学修的比较 ……………………………………… 203

　　一、教育与学修的性质 ……………………………………… 204

　　二、教育与学修的内容 ……………………………………… 204

　　三、教育与学修的作用 ……………………………………… 206

结论 ………………………………………………………………… 208

第一节　本书内容的回顾 ………………………………………… 208

第二节　比较分析的启示 ………………………………………… 211

第三节　研究问题的解答 ………………………………………… 213

参考文献 …………………………………………………………… 216

导　论

第一节　问题与意义

本书旨在对柏拉图与荀子的正义思想进行比较研究。在阅读本书的过程中，可以发现一个十分值得探讨的问题。柏拉图在《理想国》中认为哲学王的统治能够实现正义，却在《法律篇》中倾向于用法律实现正义。荀子一边指出"法者，治之端也"①，却同时主张"有治人，无治法"②。为什么柏拉图与荀子都在正义的实现问题上踌躇于人治与法治之间？这个核心问题可以细分为三个小问题。柏拉图与荀子对正义的概念是否具有相似的理解？就实现正义而言，人与法各能起到什么作用？二者又有怎样的关系？在对这些问题进行回答之前，本书需要从两个方面解释柏拉图与荀子正义思想的研究意义：一方面是考察正义问题的研究意义，另一方面是关注柏拉图与荀子的研究意义。

一、研究主题的界定

正义是对公平（fairness）的裁决。公平包括不偏不倚（impartiality）和合情合理（reasonableness）这两个层面。这样理解的正义似乎与人性并不相符。在现代人眼中，人性必然趋向自私自利。霍布斯（Thomas

① 王先谦：《荀子集解》（君道篇），沈啸寰、王星贤点校，北京：中华书局，2012年，第226页。
② 同上。

1

Hobbes）说："任何人的自愿行为目的都是为了某种对自己的好处。"① 道金斯（Richard Dawkins）同样指出："我们生而自私。"② 这样看来，人性与正义之间存在着张力。一个自私自利的人为什么要尊奉正义？毕竟正义即公平往往意味着对自身利益的一种限制、减少乃至放弃，而自私自利的人则应该尽一切可能和手段来实现自己利益的最大化。

从某种意义上而言，人性与正义之所以显得矛盾重重，因为自私自利并不是对人性的充分理解。真正的人性应该兼有自私与公平的倾向。因此，亚当·斯密（Adam Smith）一方面在《国民财富的性质和原因的研究》一书中说"我们每天所需的食料和饮料，不是出自屠户、酿酒家或烙面师的恩惠，而是出于他们自利的打算。我们不说唤起他们利他心的话，而说唤起他们利己心的话。我们不说自己有需要，而说对他们有利"③；另一方面又在《道德情操论》中指出"无论人们会认为某人怎样自私，这个人的天赋中总是明显地存在着这样一些本性，这些本性使他关心别人的命运"④。戴维·约翰斯顿（David Johnston）通过一个实验的例子同样证明人性兼有自私与公平。⑤ 在这个实验中，两人一组负责完成一件任务，而两人完成的效果一样好。在任务完成之后，两人共得 3 美元的报酬：其中一个队友将按照 1 - 2、1.5 - 1.5、2 - 1 这三个不同比例来分配两人的报酬；另一个队友则对分配的结果进行评价。实验结果表明：1.5 - 1.5 的分配最得人心，1 - 2 与 2 - 1 都不能令人满意。人们不仅不希

① 霍布斯：《利维坦》，黎思复、黎廷弼译，北京：商务印书馆，1985 年，第 100 页。英文著作参见 Thomas Hobbes, Leviathan: A Norton Critical Edition, Richard Flathman and David Johnston ed, New York: W. W. Norton, 1997, p. 74.

② Richard Dawkins, The Selfish Gene (New Edition), Oxford: Oxford University Press, 1989, p. 3.

③ 亚当·斯密：《国民财富的性质和原因的研究》上卷，郭大力、王亚楠等译，北京：商务印书馆，1972 年，第 14 页。英文著作参见 Adam Smith, An Inquiry into the Nature and Causes of the Wealth of Nations, New York: Modern Library, 2000, p. 15.

④ 亚当·斯密：《道德情操论》，蒋自强等译，北京：商务印书馆，1997 年，第 5 页。英文著作参见 Adam Smith, The Theory of Moral Sentiments, New York: Penguin Books, 2009, p. 13.

⑤ Cf. , David Johnston, A Brief History of Justice, Hoboken, New Jersey: Wiley - Blackwell, 2011, p. 9.

望少得也不希望多得的事实，根本无法在自私自利的立场上得到解释。由此可见，自私自利并不是人性的全部：除最大化自己利益的倾向之外，人还兼有对公平的追求。

既然人们都希望公平对待他人并得到他人的公平对待，那么人与人之间应该全然一派温良恭俭让的祥和局面。可是，为什么人类的历史和存在却见证了各式各样且永不停息的斗争？这是因为人们都希望公平对待他人并得到他人的公平对待，但是却对公平在不同情形下具体是什么存在分歧。

正义只是对公平的裁决，而非公平本身。裁决需要具有一种比例意识（a sense of proportion），即给予适当的人以适当比例之物，从而使结果不偏不倚且合情合理。然而，何为适当的人或适当比例之物却没有公认的客观标准。人们往往需要因时、因地、因人而异地进行主观判断。换言之，人们虽然都认可公平这一概念，但是却在裁决上存在分歧，毕竟有关正义的比例无法像有关数学问题的比例那样得到精确、客观的测量。正义的对象是充满主观性、变动性、复杂性以及随机性的人事，而有关人事的比例往往很难进行观测、度量、通约。举例来说，甲打掉乙的一颗牙，而甲是乙的父亲。在这种情形下，公平即不偏不倚与合情合理该如何实现？从数学比例的角度来看，乙同样打掉甲的一颗牙才合乎比例。在人事比例的立场上，乙同样打掉甲的一颗牙显得并不合比例，毕竟甲是乙的父亲。那乙踢甲一脚或者咒骂甲一句，是否合乎比例？这无疑是一个见仁见智的问题：乙认为的正义，在甲看来或许就是不正义。由此可见，正义会随判断主体、客体和条件的不同而产生差异。这种差异无疑是分歧和斗争的基础。

二、正义的研究意义

正义是对公平的裁决，而裁决没有固定的正确答案。面对这样一个开放性的议题，众人固然茫茫然不知所措，即便思想家也无法给出一个放之四海而皆准的答案，只能做到"究天人之际，通古今之变，成一家之言"①。从某种意义上而言，思想家关于正义的思考，都只是体现了自己独特的比例意识，即意见而非真理。因此，正义是一个经久不衰且无法彻底解决的永恒命题，需要持续的考察。一个相对可行的考察方法是将不同时代、文化思想家的意见进行梳理与比较。这样的考察或许无法一劳永逸地解决种种分歧和矛盾，但是将有助于人们剖析、反思、整理自己的比例意识，从而增加思考正义的深度和内涵，并为裁决和行为带来某种条理。在这个意义上而言，柏拉图与荀子正义思想的比较研究具有两个重要价值，即以古鉴今以及中西比较。

无论从时间还是内容上看，柏拉图与荀子的正义思想都属于古代。古代与现代的时间分野可以马基雅维利为中心，柏拉图与荀子均在此前。在内容上，柏拉图与荀子的正义思想基本体现了古代价值。就最普遍层面而言，现代价值重视平等，而古代价值注重应得。

现代人重视平等的正义思想集中体现在四个阵营，即功利阵营、义务阵营、社会阵营以及公平阵营。② 这四个阵营的底色，无一例外都在人生而平等的基础上建立。作为功利阵营的代表人物，休谟（David Hume）、亚当·斯密（Adam Smith）、边沁（Jeremy Bentham）以及密尔（John Mill）认为人与人之间的能力大致相等，因此需要同等关注。休谟指出，在接受教育之前，人们体力和智力的能力十分平等，因此除了彼此的同意之外，他们绝无组成群体、接受任何统治的方法。③ 亚当·斯密同样相信人与人在天赋和能力上的平等，而后期可以观察到的差异更多源于习惯和教育而非自然天性。④ 边沁和密尔将这种平等思想进行了精辟的总结，即

---

① 班固：《汉书》（第九册）（司马迁传第三十二），北京：中华书局，2010 年，第 2735 页。

② Cf. , David Johnston, A Brief History of Justice, pp. 116 – 222.

③ Cf. , David Hume, Hume's Moral and Political Philosophy, Henry Aiken ed, New York：Macmillan, 1948, p. 357.

④ Cf. , Adam Smith, An Inquiry into the Nature and Causes of the Wealth of Nations, p. 17.

"每个人都被视为一，没有人可以被视为多于一"①。在平等的基础上，功利阵营认为正义的关键就在于增进人类即所有人的幸福总和。尽管持义务论立场的康德，不赞同将包含结果和利益的幸福视为正义的目的，而认为正义乃至一切道德的基础是内在的正当而非外在的好处，但是他同样认同人与人之间的平等。在康德眼中，人与人之间的天赋和能力可能存在差异和不平等，但是由于人都拥有自由的能力，所以有着平等的内在价值。对相互平等的人来说，只要不妨碍他人的自由并承认他人拥有同样的权利，人们就可以按自己的意愿自由地实现自己的目的。② 这一有关平等和互惠的原则无疑是康德正义观的重要组成部分。如果说功利阵营和义务阵营更多认为人类有着平等的天赋和本质，却默认了结果和现实中的不平等的话，以马克思为代表的社会阵营则旨在改造这种不平等。马克思指出："一个人在体力或智力上胜过另一个人，因此在同一时间内提供较多的劳动，或者能够劳动较长的时间……这种平等的权利，对不同等的劳动来说是不平等的权利……它默认劳动者的不同等的个人天赋，从而不同等的工作能力，是天然特权。"③ 在分工和协作的作用下，现代生产者的产品具有社会性质，而非不同生产者产品的简单聚集，因此很难分得清某个工种或个体的贡献多寡。由于人们的本质相同且平等，所以人们应该占有平等的社会产品份额。对以罗尔斯为代表的公平阵营即公平的正义来说，人与人之间本质的平等同样是不争的事实，④ 但是这种平等更多关乎起始的机会而非最终的结果。换言之，平等的关键是让人们获得占有社会产品份额

---

① "Everybody to count for one, nobody for more than one". John Stuart Mill, John Stuart Mill on Liberty and Other Essays, John Gray ed, Oxford：Oxford University Press, 1998, p. 199.

② Cf. , Immanuel Kant, Political Writings（Second Edition）, H. B. Nisbet trans, Hans Reiss ed, Cambridge：Cambridge University Press, 1991, p. 74.

③ 中共中央马克思恩格斯列宁斯大林著作编译局编译：《马克思恩格斯文集》（第三卷），北京：人民出版社，2009 年，第 435 页。英文著作参见 Karl Marx, The Marx - Engels Reader（Second Edition）, Robert Tucker ed, New York：Norton, 1978, p. 530.

④ 在罗尔斯眼中，将社会视为自由和平等之人进行公平合作的体制，可谓"最根本的直观看法"（most fundamental intuitive idea）。Cf. , John Rawls, Justice as Fairness：A Restatement, Erin Kelly ed, Cambridge：Harvard University Press, 2011, p. 5.

的平等机会，而非强迫最终分配结果的平等。正是在这个意义上，罗尔斯提出了正义的三个基本原则，即自由优先原则、机会平等原则以及差异原则。

虽然上述四个阵营在正义的具体目的和原则上存在分歧，但是他们都认为人的本质具有平等的价值，并将这种平等视为正义的基础。由此可见，平等实为现代正义思想的底色。值得指出的是，这四个阵营的产生至多不早于 18 世纪。在戴维·约翰斯顿看来，现代人对它们的过度重视无疑会忽略先前 4000 多年人类对正义问题的思考。①

相较于现代而言，古代的正义思想更重视应得。在人类历史的早期，不同民族就曾对正义问题进行了思考，而他们的思考大多倾向于从应得的角度来理解正义。无论是古巴比伦的《汉谟拉比法典》还是希伯来的《旧约》，都包含鲜明的等级色彩。在《汉谟拉比法典》中，即便偷牛羊这类行为也会更根据偷窃者和被窃者身份的不同而受到不同程度的惩罚。② 尽管《旧约》在古代世界以平等著名，但是它仍然对男人与女人、奴隶与自由人等不同身份进行了差异化的安排。③ 古代的正义之所以包含等级制，因为古代人认为人生来就不平等。正义就是让应得平等的人受到应得的平等对待，让应得不平等的人受到应得的不平等对待。如果一视同仁即强行让不平等的人受到平等的对待，反而是一种不正义。尽管如此，古代人并不是提倡强者的利益或者弱肉强食的丛林法则。与此相反，建立在应得观念上的正义尤其重视对弱者的保护，④ 只不过这种保护并不意味着弱者能与强者实现平等。

由于对公平的裁决没有固定的正确答案，所以现代与古代的正义思想并不存在对错之分。从某种意义上而言，现代与古代的正义思想只是不同

---

① Cf. , David Johnston, A Brief History of Justice, p. 2.

② Cf. , G. R. Driver and John Miles ed and trans, The Babylonian Laws, Oxford：Clarendon Press, 1955, p. 17.

③ Exodus 21：2, 7, 8, 10, 11, 26, 27. Cf. , New English Bible：Old Testament, Cambridge：Oxford University Press and Cambridge University Press, 1970.

④ 比如《汉谟拉比法典》的一个重要用意就是使弱者不受强者的欺压。Cf. , G. R. Driver and John Miles ed and trans, The Babylonian Laws, p. 7.

的把握方式：现代人认为人生而平等，并试图在这个基础上建立正义；古代人认为人生而不平等，并旨在以此为出发点建立正义。二者都是对公平的裁决，都具有独特的比例意识，因此可以相互借鉴。尤其当现代正义思想面临危机时，人们更应该从古代寻找资源和力量：考察古人有关公平的比例和裁决能否为今所用。施特劳斯曾指出，现代人面临的时代危机是历史主义、相对主义、虚无主义乃至蒙昧主义。① 由于现代人过度重视人与人之间的平等，所以每个人的正义观都具有相同的价值和权威，而任何关于是非、应得和等级的正义概念都会在不同程度上受到非议。这时，人类会堕落价值真空。换言之，现代性的危机"根本否认世界上还有可能存在任何'好坏'、'对错'、'善恶'、'是非'的标准……人间再没有任何永恒之事，因为一切都转瞬即逝……人类生活日益平面化、稀释化和空洞化"②。在施特劳斯看来，虽然批判声一直与现代性相伴，但这类批判大多是在现代性的角度上进行，反而进一步推进了现代性。③ 所以，批判和反思应该具有一个不同于现代的角度，即重返西方古代思想，特别是"柏拉图式的政治哲学"（Platonic Political Philosophy）的视野。现代性的危机是否存在以及西方古代思想能否解决这个危机，并非本书研究的对象。本书的目的仅在于指出，古代思想即使不如施特劳斯所言的那样全能，也足以成为今人思想及价值观上的参照。重启"古代人与现代人之争"（quarrel between the ancients and moderns）有助于今人自我整理：厘清自己有什么信念，为什么有这些信念，这些信念是否正确。进一步来说，古今对话甚至可以起到返本开新的作用："'返本'才能'开新'，'返本'更重要的是为了'开新'。"④

本书为何要引入荀子即中国的传统思想，而不单单对施特劳斯的路径

① Cf. , Leo Strauss, The City and Man, Chicago：University of Chicago Press, 1964, pp. 1 – 12.

② 列奥·施特劳斯：《自然权利与历史》，彭刚译，北京：生活·读书·新知三联书店，2011 年，第 12 页。

③ Cf. , Leo Strauss, An Introduction to Political Philosophy：Ten Essays by Leo Strauss, Hilail Gildin ed, Detroit：Wayne State University Press, 1981, pp. 81 – 99.

④ 汤一介、李中华主编：《中国儒学史》（先秦卷），北京：北京大学出版社，2011 年，第 43 页。

（重返西方古代思想的源头）采取一种萧规曹随的态度？在全球化的时代，任何形式的独白都不足以解决有关伦理道德的危机。所以，现代性的危机绝不仅仅是西方文明独有的危机，而是全世界需要共同面对的现象。现代性危机的普世特质决定任何对此危机的考察，都应具有一个超越西方的维度。柏拉图虽是不同于现代性的视野，但依然属于西方文明。在唐士其看来，施特劳斯虽将西方古代思想作为批判和反思现代性的根基，但他对西方古代理性主义的重构，在很多方面都走到了非常接近东方尤其中国传统智慧的地方，然而施特劳斯对中国传统思想的陌生，使他无法迈出关键的一步。① 张汝伦曾指出，单一地诉诸传统不能解决现代性的危机，这不是回到传统的问题，而是建立新道德的问题。我们必须不仅在传统中，还要在别处寻找道德资源。② 因此，中西进行伦理学对话对现代人而言非常有益。荀子既体现了古代价值，又有着非西方的根源。柏拉图与荀子比较研究的视野，不单是现代价值的古代参照系数，也是古代价值内部一场跨文明的对话。此中意义仿佛唐太宗之言："夫以铜为镜，可以正衣冠；以古为镜，可以知兴替；以人为镜，可以明得失。"③

三、柏拉图与荀子的研究意义

综上所述，中西比较视野下的古典思想有益于现代的问题。那么柏拉图与荀子本身又有什么意义？值得指出的是，本书中的柏拉图并非《柏拉图全集》意义上那个全面的柏拉图，也不仅仅是《理想国》中那个常常被现代人曲解的柏拉图，而主要是从《理想国》、《政治家》和《法律篇》中提炼出的柏拉图。

柏拉图可谓西方思想的源头及核心。英国哲学家怀特海曾说："欧洲

---

① 参见唐士其：《中道与权量：中国传统智慧与施特劳斯眼中的古典理性主义》，载《国际政治研究》2011 年第 2 期，第 102 页。

② 参见张汝伦：《中西伦理学对话的可能性和条件》，载《复旦学报》（社会科学版）2000 年第 4 期，第 79 页。

③ 吴兢：《贞观政要集校》（卷二），谢保成集校，北京：中华书局，2012 年，第 63 页。

哲学传统最可信赖的一般特征是，它是由柏拉图的一系列注脚所构成的。"① 罗素亦认为："柏拉图和亚里士多德是古代、中古和近代的一切哲学家中最有影响的人；在他们两个人中间，柏拉图对于后代所起的影响尤其来得大。"② 因为亚里士多德是柏拉图的学生，而且基督教的神学和哲学长期以来是柏拉图式的。即便柏拉图的敌人也不得不承认："柏拉图著作的影响（无论好坏）是不可估量的。可以说，西方思想不是柏拉图哲学的就是反柏拉图哲学的，但很少是非柏拉图哲学的。"③

众所周知，柏拉图的思想并非圆融连贯。他成熟期（《理想国》）及晚期（《法律篇》）思想之间存在明显张力。在风格上，《理想国》激扬、自信、生动、简洁，《法律篇》冷静、迟疑、枯燥、繁琐。在内容上，《理想国》憧憬哲学王的统治，《法律篇》更倾心于法治。在两本著作之中，人们往往对《理想国》更加关注。克吕格认为《理想国》就是柏拉图的代表作：因为它总结了柏拉图曾思考过的所有重大问题；"其行文之简洁、风格之老练、思想之成熟，足以证明柏拉图此时的创造力正处于一生中的巅峰状态"④。山塔斯（Gerasimos Santas）进一步提出，《理想国》使柏拉图成为哲学之父（father of philosophy）。⑤ 布鲁姆一直极其重视《理想国》，在他眼中此书更平添一份神圣性，因为它是"第一本带引哲学'下降到城邦'的书……是我们的偏见的最佳解毒剂"⑥。然而，本书认为《理想国》只表达了柏拉图的一面，《法律篇》则表达了另一面，

---

① 阿尔弗雷德·诺思·怀特海：《过程与实在》，杨富斌译，北京：中国城市出版社，2003 年，第 70 页。

② 罗素：《西方哲学史》（上卷），何兆武、李约瑟译，北京：商务印书馆，1963 年，第 125 页。英文著作参见 Bertrand Russell, The History of Western Philosophy, New York: A Touchstone Book, 1972, p. 104.

③ 卡尔·波普尔：《通过知识获得解放》，范景中、李本正译，杭州：中国美术学院出版社，1996 年，第 144 页。

④ 刘小枫选编：《〈王制〉要义》，刘映伟译，北京：华夏出版社，2006 年，第 1 页。

⑤ Cf. , Gerasimos Santas ed, The Blackwell Guide to Plato's Republic, New Jersey: Blackwell Publishing Ltd, 2006, p. 1.

⑥ 布鲁姆：《人应该如何生活：柏拉图〈王制〉释义》，刘晨光译，北京：华夏出版社，2010 年，第 26 页。

《政治家》可谓连接二者的枢纽。因此，这三本著作应该并重，不应有所偏废。唯有这样才能充分体现柏拉图思想的张力和复杂性，并相对全面地展示柏拉图对正义问题的思考。

相较于柏拉图而言，荀子在儒学体系中的重要性并不明显。在大部分人的常识中，儒家思想是中国传统文化的代名词。关于儒家思想的意义此处不必冗长地铺陈，只需指出："儒学在我国的历史上曾居于主流地位，影响着我国社会生活的方方面面。"① 说起儒家，人们大多只知孔孟，对荀子不甚了解。这是因为，宋以降儒者和统治者共同构造的儒学道统谱系中，荀子的光芒完全被台面上的孟子（孔子更不消说）掩盖。

自宋朝以来，官方一改汉唐荀孟并举②的姿态，开始独尊孟子③。在孟子殊荣的映照下，宋以后荀子的官方地位尤显落寞。清道光二十一年（1841）年立于荀子墓前的"补建荀子墓碑"有言："古者孟荀并重，今孟子之庙赫奕若彼，荀子之墓荒灭若此，非莫为之后虽盛不传之故乎。"④

---

① 汤一介、李中华主编：《中国儒学史》（先秦卷），第 1 页。

② 汉代的司马迁在《史记》中不仅把孟子和荀子并列为《孟子荀卿列传》，还在《儒林列传》中说："孟子、荀卿之列，咸遵夫子之业而润色之，以学显于当世。"参见司马迁：《史记》（第十册）（儒林列传第六十一），北京：中华书局，2012 年，第 3116 页。汉武帝"卓然罢黜百家，表彰《六经》"的过程中，也未区别荀子和孟子，而是等观儒家内部的不同学派。参见班固：《汉书》（第一册）（武帝纪第六），第 212 页。唐宪宗时期的处州刺史李繁，亦将孟子和荀子至于相等地位："既新作孔子庙……孟轲、荀况……十人，皆图之壁。"参见韩愈：《韩昌黎文集校注》（处州孔子庙碑卷七），马其昶校注，上海：上海古籍出版社，1986 年，第 491 页。

③ 宋仁宗景祐四年（1037），孟子始享祠庙祭祀。宋神宗元丰五年（1082），皇帝赐孟子爵位，封为邹国公（荀子仅为兰陵伯）。元丰七年（1084），孟子配享孔子，而荀子只是从祀于左丘明二十一贤之间。宋徽宗政和五年（1115），孟子始有配享和从祠。南宋孝宗淳熙十六年（1189），朱熹将孟子编入《四书》。自元仁宗皇庆二年（1313）开始，历代官方都钦定科举必考"四书"，《孟子》由此成为古代学子必读书籍。元文宗至顺元年（1330），进一步封孟子为邹国亚圣公。清代，乾隆皇帝本人分别于二十二年（1757）、二十七年（1762），亲临孟庙行一跪三叩礼。参见刘培桂：《历代对孟子的封赐与尊崇》，载《齐鲁学刊》1992 年第 4 期，第 102～104 页。

④ 刘庭尧：《后圣荀子》，济南：济南出版社，2006 年，第 196～198 页。

荀子的学术地位亦如其官方地位，从汉唐的荀孟相当①发展为宋以来的尊孟抑荀②。宋儒对荀子的贬抑带来了深远影响。明代的归有光就曾指出："迨宋儒，颇加诋黜，今世遂不复知有荀氏矣。"③

实际上，荀子"名义"地位的下降是官方刻意忽略以及学派党同伐异的结果。荀子不受官方重视的原因，可从其学说内部找到线索。刘周堂曾概括为五个方面：1. 过分强调等级差别，导致君民严重对立；2. 主张外力约束，否定心性自我良善；3. 礼法兼用，王霸并重；4. 主张从道不从君，从义不从父；5. 强调天人相分，不信怪力鬼神。④ 简言之，世间事，有些可以说但不能做，有些可以做却不能说。荀子的问题就在于他言谈的鲁莽，道破了某些只可意会不可言传的秘密。⑤ 对统治者而言，这些秘密就是权力的隐私，所谓"国之利器不可以示人"⑥。即便统治者暗自

---

① 班固沿袭司马迁的观点，认为荀子和孟子都是继孔子及七十子之后的大儒代表。参见班固：《汉书》（第十一册）（儒林传第五十八），第3591页。据刘向的考证，董仲舒曾"作书美孙卿"；刘向本人更对荀子大加赞赏："如人君能用孙卿，庶几乎王。"参见王先谦：《荀子集解》（考证下），第39页。徐幹在《中论》中并称孟荀为"亚圣"："予以荀卿子、孟轲怀亚圣之才，著一家之法，继明圣人之业。"参见王永平：《荀子学术地位的变化与唐宋文化新走向》，载《学术月刊》2008年第6期，第130页。

② 荀子的式微源于唐代的韩愈。由于佛教的挑战，韩愈（尤其后世的宋儒）急需找到本土心性学说的儒家道统与之抗衡。韩愈将孟子视为儒家道统的真传，而荀子却是"大醇而小疵"。参见韩愈：《韩昌黎文集校注》（读荀卷一），第37页。韩愈的评价无意中为宋儒贬低荀子提供了资源。到了宋朝，荀子已是"极偏驳"，"全是申韩"，"只一句性恶，大本已失"，"使人看着，如吃糙米饭相似"，所以"无须理会"。参见黎靖德编：《朱子语类》（第八册）（战国汉唐诸子卷一三七），王星贤点校，北京：中华书局，2015年，第3252～3276页；或者"喜为异说而不让，敢为高论而不顾"。参见苏轼：《苏轼文集》（第一册）（荀卿论卷四），孔凡礼点校，北京：中华书局，1986年，第101页。

③ 归有光：《震川先生集》（荀子叙录卷一），周本淳校点，上海：上海古籍出版社，1981年，第20页。

④ 参见刘周堂：《论荀学的历史命运》，载《孔子研究》1992年第1期，第37～42页。

⑤ 《四库全书总目》："主持太甚，词义或至于过当，是其所短。"参见王先谦：《荀子集解》（考证上），第10页。

⑥ 王弼注：《老子道德经注》，楼宇烈校释，北京：中华书局，2011年，第93页。

接受了荀子的观点，仍需在体面上另有一套说辞。秦朝二世而亡的经验教训向统治者说明，赤裸裸的权力逻辑往往不被百姓接受——长久稳定的权力需要某种温柔且冠冕堂皇的道德门脸。只有在最高统治集团内部（尤其皇帝教育接班人时）才会偶尔冒出几句如"汉家自有制度，本以霸王道杂之，奈何纯任德教，用周政乎"① 这样略显突兀却铿锵有力的话。出于统治合法性及温和性的需要，统治者终需将荀子雪藏于大众视野之外。

　　荀子之所以在儒学内部受到排挤，因为自孔子死后儒家就已分化，林立的山头之间常有口诛笔伐的事情发生。孔子一生弟子众多，涉及的议题十分广泛，而且注重因材施教，往往会就同一议题给不同学生以不同解答。如此一来，弟子们难免会对老师的观点持有不同理解。到了战国末期，儒家内部就已分为八个主要派别。韩非子曾言："自孔子之死也，有子张之儒，有子思之儒，有颜氏之儒，有孟氏之儒，有漆雕氏之儒，有仲良氏之儒，有孙氏之儒，有乐正氏之儒。"② 这诸多门派之间的关系并不融洽，荀子就曾对其他门派（尤其孟子）进行过言辞十分激烈（如"贱儒"一词）的批判。③ 儒学内部派系的紧张关系决定了一派的上位必然会以排除异己、变成学阀为目标。因此，宋儒一旦抬出了孟子就需要对其他派系（尤其是荀子）进行鞭挞、打压、抹黑，否则难以保持话语权及与之相伴的一系列实惠。然而，宋儒尊孟抑荀的做法实有不妥之处。谢墉曾指出："孟子偏于善……荀子偏于恶……然尚论古人，当以孔子为权衡。"④ 孟子和荀子都在一定程度上偏离了孔子：以一偏为正并压倒另一偏，并不客观、合理。宋儒以孟子为准绳抑制荀子已是史实，今人无需在历史是非上纠结，而应力求在日后的研究中摆脱宋儒的偏见。

　　荀子名义地位低于孟子的原因，更多是出于政治和派系的考量，并不一定如实反映二人的实际影响力。从某种意义上而言，荀子实际地位及影响力要高于孟子。清末的谭嗣同曾在《仁学》中写道："两千年之政，秦

---

① 班固：《汉书》（第一册）（元帝纪第九），第277页。
② 王先慎：《韩非子集解》（显学），钟哲点校，北京：中华书局，2011年，第456页。
③ 参见王先谦：《荀子集解》（非十二子篇），第89～104页。
④ 王先谦：《荀子集解》（考证上），第14页。

政也，皆大盗也；两千年之学，荀学也，皆乡愿也。唯大盗利用乡愿，唯乡愿工媚于大盗，二者交相资，而罔不托之于孔。"① 抛开充斥价值褒贬的辞藻，谭嗣同认为秦以后中国皇权政治传统的发展走向基本没有脱离秦始皇奠定的格局；实际（而非名义）上与这种格局互为表里的思想，其实是"大醇而小疵"的荀学。葛兆光提出："尽管孟子的思路意味着儒门更大的转化，而且后世在中国思想世界里地位渐渐升高……但是从战国末到秦汉时代中国思想向意识形态转化与定型中，荀子的意义却是更为重要的。"②

首先，荀子是秦汉间儒家经典《诗》、《书》、《易》、《春秋》和《礼》传授的最大功臣。汪中在《荀卿子通论》中考证的结论为："六艺之传赖以不绝者，荀卿也。周公作之，孔子述之，荀卿子传之。"③ 在传述的过程中，荀子及其弟子难免夹带本派观点。谢墉就曾指出《小戴》和《大戴》中许多篇章直接摘抄或引述《荀子》。④ 如此一来，荀学无声无息地从根本上控制了学术话语权，并成为儒学内部的规矩制定者，因为后世学者大多只能看到荀学认可的版本、解释及思路。

其次，在帝制传统的奠定期（即秦始皇焚书坑儒至汉武帝独尊儒术），荀子对实际政治发挥了较大的影响。荀子的学生李斯（在一定程度上也包括韩非）帮助秦始皇完成统一六国的事业，并实现中央集权、郡县制、焚书坑儒、统一度量衡以及书同文、车同轨等惊天动地的大事。李斯政治主张的实施，奠定了中国两年多年政治制度的基本格局。到了汉初，许多推行儒学的著名人物如陆贾、贾谊、董仲舒即使不是荀子的再传弟子，也曾受到荀子思想的熏陶。由此可见，荀子从源头上就伴随并影响

　　① 谭嗣同：《谭嗣同全集》，北京：中华书局，1981 年，第 337 页。
　　② 葛兆光：《中国思想史》（第一卷），上海：复旦大学出版社，2013 年，第 154 页。
　　③ 王先谦：《荀子集解》（考证下），第 21～22 页。
　　④ 谢墉："《小戴》所传'三年问'全出'礼论篇'，'乐记'、'乡饮酒义'所引具出'乐论篇'，'聘义'子贡问贵玉贱珉亦与'法行篇'大同。《大戴》所传'礼三本篇'亦出'礼论篇'，'劝学篇'即《荀子》首篇，而以'宥坐篇'末见大水一则附之，'哀公问五义'出'哀公篇'之首。"参见王先谦：《荀子集解》（考证上），第 13 页。

了中国的帝制传统。

最后，即便荀子在宋以后受到了抑制，但宋明理学依然处处可见他的影子（而非名字）。吊诡的是，程朱理学固然尊孟抑荀，可其思想和方法却大多是荀子式的。钱大昕曾指出："宋儒言性，虽主孟氏，然必分义理与气质而二之，则已兼取孟、荀二义，至其教人以变化气质为先，实暗用荀子'化性'之说。"① 反过来讲，理学的敌人陆王心学，却同孟子有着更多的相似性。对中国后世思想产生巨大影响的程朱理学，或许只是弃人用文，披着孟子的袈裟来念荀子的经。

由此可见，柏拉图与荀子在各自文化体系中至关重要，因此对于二者的比较研究，将不仅关乎文本本身，亦会有助于打通中西文明对话的某些关节。二者能够承载跨文明对话的前提是对共同问题的关切。② 这个共同问题就是正义，即柏拉图在《理想国》中反复强调的正义（dike）以及荀子语境中的礼义。在布鲁姆看来，《理想国》才是苏格拉底真正的《申辩》，因为只有在此苏格拉底才充分处理了由雅典对他的指控（苏格拉底被控行不义之事）而强加于他的主题。③ 这个主题既是哲学家该如何自处的问题，也是何为正义的问题。因此，正义是《理想国》要解决的核心问题："没有其他的哲学书，在满足了智识对清明的需要的同时，如此强有力地表达了人类对正义的渴求。"④ 礼义是荀子思想的核心，也是其政治学说的首要特征。⑤ 虽然孟子也重视义并开篇就说"王何必曰利？亦有仁义而已矣"⑥，但孟子的义主要是指仁义而非礼义。简单地讲，仁义与

---

① 王先谦：《荀子集解》（考证上），第 15 页。

② 这是一种观点，可以称为功能还原，本书将会专门论及其概念和方法。简言之，功能还原，即从功能的角度回顾及比较结构。

③ 参见布鲁姆：《人应该如何生活：柏拉图〈王制〉释义》，第 23 页。

④ 布鲁姆：《人应该如何生活：柏拉图〈王制〉释义》，第 1 页。

⑤ 学者大多持此观点。参见廖名春：《荀子新探》，北京：中国人民大学出版社，2014 年，第 101~107 页；李哲贤：《荀子之核心思想："礼义之统"及其时代意义》，台北：文津出版社，1994 年；王楷：《天然与修为：荀子道德哲学的精神》，北京：北京大学出版社，2011 年。

⑥ 孙奭疏：《孟子注疏解经》（卷一），见《十三经注疏：清嘉庆刊本》，阮元校刻，北京：中华书局，2015 年，第 5795 页。

礼义的区别为前者重视内在道德自觉，后者关注如何安排社会并以外力规范个人。与其他早期儒家学者相比，荀子倾向于将义置于政治的角度进行考察，并提出了自己独特的正义思想。

《荀子》基本体现了荀子思想的方方面面，而《理想国》、《政治家》和《法律篇》只是柏拉图全部著作中的三部。换言之，拿几本著作与一个思想家的著作集进行比较是否合理可行，就成了不能回避的问题。《荀子》虽是后人编辑荀子思想的文集，但书中探讨的主题及观点有着较强的一致性与连贯性。在这个意义上，《荀子》可谓先秦诸子中最接近西方写作逻辑的著作。《柏拉图全集》则与《荀子》恰恰相反，不同著作之间存在诸多前后矛盾、断裂、冲突的地方。此外，《柏拉图全集》探讨的内容和题材远超《荀子》。所以，拿《理想国》、《政治家》和《法律篇》而非《柏拉图全集》与《荀子》进行比较的优势，即双方都在探讨相似的问题，且有相对稳定和连贯的内在体系。

第二节　现状与创新

荀子与柏拉图是中西思想史上的先贤，从古至今关于他们的研究一直不可胜数。本书将首先介绍柏拉图正义思想的研究现状，然后介绍荀子正义思想的研究现状，最后阐述本书的创新之处。

一、柏拉图正义思想的研究现状

约翰·库珀（John Cooper）编著的版本是将柏拉图全集翻译得比较流畅、准确的英译本，[1] 中译本是王晓朝翻译的《柏拉图全集》。[2]《理想国》较好的英译本是艾伦·布罗姆（Allan Bloom）翻译兼注释的版本，[3]

---

① Cf. , John M. Cooper ed, Plato: Complete Works, New Jersey: Hackett Publishing Ltd, 1997.

② 参见柏拉图：《柏拉图全集》，王晓朝译，北京：人民出版社，2003 年。

③ Cf. , Plato, The Republic of Plato（Second Edition）, Allan Bloom trans, New York: Basic Books, 1991.

中译本是郭斌和、张竹明的版本。① 《法律篇》较好的英译本是托马斯·潘戈（Thomas Pangle）的版本，② 中译本是张智仁、何勤华的版本。③ 《政治家》较好的英译本是约瑟夫·斯肯普（Joseph Skemp）的版本，④ 中译本是洪涛的版本。⑤

在西方思想史的范畴内，柏拉图是任何学者都无法绕开的关键人物。20世纪初，学者对柏拉图政治思想的理解基本能够维持一个相对综合和平衡的视野。欧内斯特·贝克（Ernest Baker）曾在古希腊政治思想的框架内，对柏拉图不同时期有关政治问题的著作尤其《法律篇》、《政治家》和《理想国》都进行了深入且客观的研究。⑥ 约翰·伯内特（John Burnet）则从古希腊哲学史的角度考察了柏拉图的思想，而他对柏拉图政治思想的研究同样建立在一个综合《法律篇》、《政治家》、《理想国》等著作的基础上。⑦ 法兰克·梯利（Frank Thilly）虽然对《理想国》之于柏拉图政治思想中的意义予以了更多关注，但是他同样指明柏拉图思想的复杂性：《法律篇》与《理想国》都把德性和道德视为目的，然而二者具体的政治纲领和实现途径则有着显著的区别。⑧ 乔治·萨拜因（George Sabine）同样将《理想国》、《法律篇》以及《政治家》视为柏拉图政治思

---

① 参见柏拉图：《理想国》，郭斌和、张竹明译，北京：商务印书馆，1986年。

② Cf. , Plato, The Laws of Plato, Thomas Pangle trans, Chicago: University of Chicago Press, 1988.

③ 参见柏拉图：《法律篇》（第二版），张智仁、何勤华译，北京：商务印书馆，2016年。

④ Cf. , Plato, Statesma, Joseph Bright Skemp trans, New Jersey: Hackett Publishing Ltd, 1992.

⑤ 参见柏拉图：《政治家》，洪涛译，上海：上海人民出版社，2006年。

⑥ Cf. , Ernest Baker, The Political Thought of Plato and Aristotle, London: Methuen & Co. Ltd, 1906, pp. 95 – 118; Ernest Baker, Greek Political Theory: Plato and His Predecessors (Fourth Edition), London: Methuen & Co. Ltd, 1951, pp. 145 – 176.

⑦ Cf. , John Burnet, Greek Philosophy: Thales to Plato (Part I), London: Macmillan and Co, 1928, pp. 290 – 305.

⑧ Cf. , Frank Thilly, A History of Philosophy, New York: Henry Holt and Company, 1914, pp. 69 – 73.

想的代表作。① 尽管这些学者能够从综合和平衡的视野来考察柏拉图政治思想本身，但是他们对柏拉图正义思想的研究却常常仅基于《理想国》一书的观点。

20 世纪初期以来，学界的主流不仅从《理想国》一书的角度解读柏拉图的正义思想，甚至倾向于将其等同于柏拉图政治思想本身。雷夫特·班布拉（Renford Bambrough）曾于 1958 年的时候，将过去三十至四十年的柏拉图研究称为"三十年战争"（Thirty Years' War）：研究者们基于对《理想国》的不同理解，分成柏拉图的敌人与朋友这两个派别。② 柏拉图的敌人主要由沃纳·菲特（Warner Fite）、克罗斯曼（R. H. S Crossman）、奥尔本·温斯皮尔（Alban Winspear）、伯特兰·罗素（Bertrand Russell）以及卡尔·波普尔（Karl Popper）组成。沃纳·菲特（Warner Fite）曾指责本杰明·乔伊特（Benjamin Jowett）、托马斯·泰勒（Thomas Taylor）、保罗·肖里（Paul Shorey）等前辈的研究有将柏拉图理想化的嫌疑。在他看来，柏拉图反对希腊文明的精华即雅典民主制，却拥护斯巴达的野蛮。③ 克罗斯曼（R. H. S Crossman）进一步将柏拉图视为反自由的极权主义者其至法西斯主义者，并表明他对《理想国》的反感：读它越多，就越厌恶它。④ 奥尔本·温斯皮尔（Alban Winspear）从历史和社会结构的角度指出，柏拉图的政治思想倾向于土地贵族。⑤ 伯特兰·罗素（Bertrand Russell）把《理想国》中有关正义和乌托邦的思想等同于柏拉图政治思想本身，并由此认为柏拉图的正义概念与平等没有任何联系。⑥ 卡

---

①　参见乔治·萨拜因：《政治学说史》，邓正来译，上海：上海人民出版社，2008 年。

②　Cf. ，Renford Bambrough，"Plato's Modern Friends and Enemies"，Philosophy 37. 140（1962），p. 98.

③　Cf. ，Warner Fite，The Platonic Legend，New York：Charles Scribner's Sons，1934，p. 152.

④　Cf. ，R. H. S. Crossman，Plato Today，New York：Oxford University Press，1939，p. 292.

⑤　Cf. ，Alban Winspear，The Genesis of Plato's Thought，New York：The Dryden Press，1940，p. 228.

⑥　Cf. ，Bertrand Russell，The History of Western Philosophy，p. 114.

尔·波普尔（Karl Popper）索性将柏拉图的正义思想称为极权主义的正义。他认为柏拉图的正义基本可以等同于最优城邦的利益：所谓正义，即统治者统治，工人工作，奴隶奴役。① 柏拉图的朋友对这些敌人进行了反驳，代表人物为罗纳德·莱文森（Ronald Levinson）和约翰·怀尔德（John Wild）。② 值得指出的是，无论柏拉图的敌人还是朋友，都在一定程度上忽视了柏拉图其他有关政治事务的著作，而过度关注《理想国》一书的思想。他们争来争去的《理想国》，只能反映柏拉图正义思想的一面。如果将这一面的正义观视为柏拉图正义思想的全貌而加以评价，则容易造成曲解。这一时期的研究者之所以对《理想国》尤为重视，或许因为书中的不同观点可以用于现代人的问题和争议，比如《理想国》可以服务于民主与极权之争。从某种意义上而言，柏拉图成为了现代人左右之争的牺牲品。

自 20 世纪中叶起，对于柏拉图政治思想立场鲜明的批判和维护虽然有所缓和，但是专于《理想国》一书的研究框架却得到了一定程度的延续。在西方政治思想史的著作中，不少学者对柏拉图进行了《理想国》式的理解。麦克莱兰（J. S. McClelland）虽然在参考材料中指明《理想国》只是柏拉图政治著作中的一部，其他两个为《法律篇》与《政治家》，但是他对柏拉图正义乃至政治思想的理解仍然以《理想国》为基础。③ 马丁·肯恩（Martin Cohen）、里夫（C. D. C Reeve）、乔治·克洛斯科（George Klosko）同样以《理想国》为核心展开对柏拉图正义和政治

① Cf. , Karl Popper, The Open Society and Its Enemies (New One – Volume Edition), Princeton: Princeton University Press, 2013, pp. 86 – 87.

② Cf. , Ronald Levinson, In Defense of Plato, Cambridge: Harvard University Press, 1953; John Wild, Plato's Modern Enemies and the Theory of Natural Law, Chicago: University of Chicago Press, 1953.

③ Cf. , J. S. McClelland, A History of Western Political Thought, London: Routledge, 1996, pp. 29 – 48.

思想的研究。^① 就研究指南而言，大部分学者都将注意力集中在《理想国》，并为柏拉图在《理想国》中的正义思想提供了专门的研究。^② 即便针对柏拉图思想全貌的研究指南，也将关注的焦点放在柏拉图在《理想国》中对正义的捍卫。^③ 有关柏拉图正义思想的专著^④或论

---

① Cf. , Martin Cohen, Political Philosophy: From Plato to Mao, London: Pluto Press, 2001, pp15 – 30; David Boucher and Paul Kelly ed, Political Thinkers: From Socrates to the Present, Oxford: Oxford University Press, 2003, pp. 54 – 73; George Klosko, History of Political Theory: An Introduction (Second Edition), Oxford: Oxford University Press, 2012, pp. 57 – 83.

② Cf. , N. R Murphy, The Interpretation of Plato's Republic, Oxford: Clarendon Press, 1951; Leo Strauss, The City and Man, pp. 50 – 139; Robert Cross and Anthony Douglas Woozley, Plato's Republic: A Philosophical Commentary, London: Palgrave Macmillan, 1964; Julia Annas, An Introduction to Plato's Republic, Oxford: Oxford University Press, 1981; Gerasimos Santas ed, The Blackwell Guide to Plato's Republic, pp. 44 – 84, 125 – 146, 263 – 283; Stanley Rosen, Plato's Republic: A Study, New Haven: Yale University Press, 2005; G. R. F. Ferrari, The Cambridge Companion to Plato's Republic, Cambridge: Cambridge University Press, 2007, pp. 116 – 138; Mark McPherran ed, Plato's Republic: A Critical Guide, Cambridge: Cambridge University Press, 2010, pp. 65 – 83; Alain Badiou, Plato's Republic, Cambridge: Polity Press, 2012.

③ Cf. , Richard Kraut ed, The Cambridge Companion to Plato, Cambridge: Cambridge University Press, 2006, pp. 311 – 338.

④ Cf. , Kent Moors, Glaucon and Adeimantus on Justice: The Structure of Argument in Book 2 of Plato's Republic, Washington, D. C: University Press of America, 1981; Kimon Lycos, Plato on Justice and Power: Reading Book 1 of Plato's Republic, London: Palgrave Macmillan, 1987; C. D. C Reeve, Philosopher – Kings: The Argument of Plato's Republic, Indianapolis: Hackett Publishing, 1988; Richard Parry, Plato's Craft of Justice, New York: State University of New York Press, 1995; Devin Stauffer, Plato's Introduction to the Question of Justice, New York: State University of New York Press, 2001; Kenneth Dorter, Transformation of Plato's Republic, Maryland: Lexington Books, 2006; Roslyn Weiss, Philosophers in the Republic: Plato's Two Paradigms, Ithaca: Cornell University Press, 2012.

文①大多只是对《理想国》的正义观进行了研究。即便戴维·约翰斯顿

---

① Cf. , M. B Foster, "On Plato's Conception of Justice in the Republic", The Philosophical Quarterly 1. 3 (1951), pp. 206 – 217; George Hourani, "Thrasymachus' Definition of Justice in Plato's Republic", Phronesis 7. 2 (1962), pp. 110 – 120; David Sachs, "A Fallay in Plato's Republic", The Philosophical Review 72. 2 (1963), pp. 141 – 158; Rudolph H. Weingartner, "Vulgar Justice and Platonic Justice", Philosophy & Phenomenological Research 25. 2 (1964), pp. 248 – 252; Jerome P. Schiller, "Just Men and Just Acts in Plato's Republic", Journal of the History of Philosophy 6. 1 (1968), pp. 1 – 14; Robert William Hall, "The Just and Happy Man of the Republic: Fact or Fallacy?", Journal of the History of Philosophy 9. 2 (1971), pp. 147 – 158; Henry Teloh, "A Vulgar and a Philosophical Test for Justice in Plato's Republic", The Southern Journal of Philosophy 13. 4 (1975), pp. 499 – 510; John M. Cooper, "The Psychology of Justice in Plato", American Philosophical Quarterly 14. 2 (1977), pp. 151 – 157; Andrew Jeffrey, "Polemarchus and Socrates on Justice and Harm", Phronesis 24. 1 (1979), pp. 54 – 69; Blair Campbell, "Intellect and the Political Order in Plato's Republic", History of Political Thought 1 (1980), pp. 361 – 389; Rex Martin, "The Ideal State in Plato's Republic", History of Political Thought 2 (1981), pp. 1 – 30; Thomas Brickhouse and Nicholas Smith, "Justice and Dishonesty in Plato's Republic", Southern Review of Philosophy 21 (1983), pp. 79 – 96; Mary Nichols, "The Republic's Two Alternatives: Philosopher – Kings and Socrates", Political Theory 12. 2 (1984), pp. 252 – 274; Darrell Dobbs, "The Justice of Socrates' Philosopher Kings", American Journal of Political Science 29. 4 (1985), pp. 809 – 826; Robert William Hall, "Platonic Justice and the Republic", Polis: The Journal for Ancient Greek Political Thought 6. 2 (1987), pp. 116 – 126; F. C White, "Justice and the Good of Others in Plato's 'Republic'", History of Philosophy Quarterly 5. 4 (1988), pp. 395 – 410; Norman Dahl, "Plato's Defense of Justice", Philosophy and Phenomenological Research 51. 4 (1991), pp. 809 – 834; Richard Mohr, "The Eminence of Social Justice in Plato", Illinois Classical Studies 16. 1 (1991), pp. 193 – 199; Darrell Dobbs, "Choosing Justice: Socrates' Model City and the Practice of Dialectic", American Political Science Review 88. 3 (1994), pp. 264 – 277; Dominic Scott, "Metaphysics and the Defence of Justice in the Republic", Proceedings of the Boston Area Colloquium of Ancient Philosophy 16. 1 (2000), pp. 1 – 20; Kateri Carmola, "Noble Lying: Jusitce and Intergenerational Tension in Plato's Republic", Political Theory 31. 1 (2003), pp. 39 – 62; Patrick Coby, "Mind Your Own Business: The Trouble with Justice in Plato's Republic", Interpretation A Journal of Political Philosophy 31. 1 (2003), pp. 37 – 58; Daniel Devereux, "The Relationship between Justice and Happiness in Plato's Republic", Proceedings of the Boston Area Colloquium in Ancient Philosophy 20. 1 (2004), pp. 265 – 312; James Butler, "Justice and the Fundamental Question of Plato's Republic", Apeiron 35. 1 (2011), pp. 1 – 18.

（David Johnston）有关正义的简史以及埃里克·哈夫洛克（Eric Havelock）有关古希腊正义观的研究，也只是一边倒地将柏拉图的正义思想等同于《理想国》中有关正义的讨论。[1]

　　尽管许多关于柏拉图的研究都过度重视《理想国》，但是综合不同著作的研究视野仍然存在。列奥·施特劳斯（Leo Strauss）就曾对《理想国》、《法律篇》以及《政治家》中的柏拉图政治思想都予以了关注，因为他认为这三篇著作都体现了柏拉图对政治哲学的思考。[2] 谢尔登·沃林（Sheldon Wolin）同样从综合而非《理想国》式的视角考察了柏拉图的思想。[3] 克里斯托弗·罗（Christopher Rowe）、马尔科姆·斯科菲尔德（Malcolm Schofield）主编的《剑桥希腊罗马政治思想史》更是以《理想国》、《法律篇》、《政治家》为核心对柏拉图的政治思想进行了详尽的考察。[4] 马克·布利茨（Mark Blitz）在这一立场上对柏拉图的政治哲学进行了更加深入的研究。[5] 与此同时，不少学者对柏拉图在《法律篇》与《政

---

[1] Cf. , David Johnston, A Brief History of Justice, pp. 38 – 62; Eric A. Havelock, The Greek Concept of Justice: From its Shadow in Homer to its Substance in Plato, Cambridge: Harvard University Press, 1978, pp. 303 – 323.

[2] Cf. , Leo Strauss and Joseph Cropsey, History of Political Philosophy (Third Edition), Chicago: The University of Chicago Press, 1987, pp. 33.

[3] Cf. , Sheldon Wolin, Politics and Vision: Continuity and Innovation in Western Political Thought (Expanded Edition), Princeton: Princeton University Press, 2004, pp. 27 – 61.

[4] Cf. , Christopher Rowe and Malcolm Schofield, The Cambridge History of Greek and Roman Political Thought, Cambridge: Cambridge University Press, 2005.

[5] Cf. , Mark Blitz, Plato's Political Philosophy, Baltimore: The John Hopkins University Press, 2010.

治家》中的思想也予以了专门的研究。① 虽然一些学者比较全面地考察了柏拉图的政治思想，可是仍然只有少数人能够以同样的方式对待其正义思想。列奥·施特劳斯曾综合柏拉图的不同著作，并联系其他古代思想家来考察古典自然正当。② 戴维·基特（David Keyt）则试图突破《理想国》

---

① 87 Cf. , Paul Shorey, "Plato's Laws and the Unity of Plato's Thought. I", Classical Philology 9. 4 (1914), pp. 345 – 369; Huntington Cairns, "Plato's Theory of Law", Harvard Law Review 56. 3 (1942), pp. 359 – 387; Thomas Pangle, "The Political Psychology of Religion in Plato's Laws", The American Political Science Review 70. 4 (1976), pp. 1059 – 1077; 施特劳斯：《柏拉图〈法义〉的辩论与情节》, 程志敏、方旭译, 北京：华夏出版社, 2011 年; Gerald Mara, "Constitutions, Virtue & Philosophy in Plato's 'Statesman' & 'Republic'", Polity 13. 3 (1981), pp. 355 – 382; George Klosko, "The Nocturnal Council in Plato's Laws", Political Studies 36 (1988), pp. 74 – 88; Christopher Bobonich, "Persuasion, Compulsion and Freedom in Plato's Laws", The Classical Quarterly 41. 2 (1991), pp. 365 – 388; Paul Stern, "The Rule of Wisdom and the Rule of Law in Plato's Statesman", The American Political Science Review 91. 2 (1997), pp. 264 – 276; Gabriela Carone, "Pleasure, Virtue, Externals, and Happiness in Plato's 'Laws'", History of Philosophy Quarterly 19. 4 (2002), pp. 327 – 344; Christopher Bobonich, Plato's Utopia Recast: His Later Ethics and Politics, New York: Oxford University Press, 2002; Catherine Zuckert, "Plato's Laws: Postlude or Prelude to Socratic Political Philosophy?", The Journal of Politics 66. 2 (2004), pp. 374 – 395; Amir Meital and Joseph Agassi, "Slaves in Plato's Laws", Philosophy of the Social Sciences 37. 3 (2007), pp. 315 – 347; Lorraine Pangle, "Moral and Criminal Responsibility in Plato's 'Laws'", The Americna Political Science Review 103. 3 (2009), pp. 456 – 473; Brent Edwin Cusher, "From Natural Catastrophe to the Human Catastrophe: Plato on the Origins of Written Law", Law, Culture and the Humanities 9. 2 (2011), pp. 275 – 294; Virginia Hunter, "Institutionalizing Dishonour In Plato's 'Laws'", The Classical Quarterly, New Series 61. 1 (2011), pp. 134 – 142; Shawn Fsraistat, "The Authority of Writing in Plato's Laws", Political Theory 43. 5 (2015), pp. 657 – 677; 罗森：《柏拉图的〈治邦者〉：政治之网》, 陈志伟译, 上海：华东师范大学出版社, 2011 年; 林志猛编：《立法者的神学：柏拉图〈法义〉卷十绎读》, 张清江等译, 北京：华夏出版社, 2013 年; 程志敏、方旭选编：《柏拉图的次好政制：柏拉图〈法义〉发微》, 刘宇、方旭等译, 上海：华东师范大学出版社, 2013 年; 米勒：《柏拉图〈治邦者〉中的哲人》, 张爽、陈明珠译, 上海：华东师范大学出版社, 2014 年。

② Cf. , Leo Strauss, Natural Right and History, Chicago: The University of Chicago Press, 1965.

的限制，从一个更加综合的角度来理解柏拉图的正义思想。① 特雷弗·桑德斯（Trevor Saunders）、理查德·斯泰雷（Richard Frank Stalley）、耶拉西莫斯·桑塔斯（Gerasimos Santas）则考察了基于《法律篇》与《理想国》文本的柏拉图正义思想。② 尽管施特劳斯、基特、桑德斯、斯泰雷、桑塔斯等学者试图从更广阔的视野研究柏拉图的正义思想，但是他们的思路尚非学界的主流。大部分学者往往能从《理想国》、《法律篇》、《政治家》的视野研究柏拉图的政治思想，但是一谈及正义问题则倾向于缩回《理想国》的文本。

一直以来，中文学界同样对柏拉图的正义思想抱有热情，并有许多质量很高的研究。唐士其的《西方政治思想史》是中文学界从思想史角度看待柏拉图的代表著作。③ 刘小枫、程志敏、王玉峰、申林、岳海涌等学者，则对柏拉图的正义问题进行了颇具洞见的专门研究。④

二、荀子正义思想的研究现状

至今为止，荀子最权威、丰富的注释版本仍是清人王先谦的《荀子集解》。梁启雄的《荀子简释》⑤ 次之。荀子今释今译的版本较为庞杂，其中王天海的《荀子校释》⑥、张觉的《荀子译注》⑦ 以及北京大学的

---

① Cf. ，Hugh Benson ed，A Companion to Plato，London：Blackwell Publishing Ltd，2006，pp. 341 – 356.

② 参见特雷弗·桑德斯：《公正：柏拉图与希腊人有争议的德性》、理查德·斯泰雷：《〈法义〉中的正义》、耶拉西莫斯·桑塔斯：《〈法义〉和〈王制〉中的正义与性别》，见程志敏、方旭选编：《柏拉图的次好政制：柏拉图〈法义〉发微》。

③ 参见唐士其：《西方政治思想史》，北京：北京大学出版社，2008 年。

④ 参见刘小枫：《王有所成：习读柏拉图札记》，上海：上海人民出版社，2015 年；程志敏：《古典正义论：柏拉图〈王制〉讲疏》，上海：华东师范大学出版社，2015 年；王玉峰：《城邦的正义与灵魂的正义：对柏拉图的一种批判性分析》，北京：北京大学出版社，2009 年；申林：《柏拉图正义理论新解》，北京：法律出版社，2011 年；岳海涌：《柏拉图正义学说》，北京：人民出版社，2013 年。

⑤ 参见梁启雄：《荀子简释》（新编诸子集成续编），北京：中华书局，1983 年。

⑥ 参见荀况：《荀子校释》，王天海校释，上海：上海古籍出版社，2005 年。

⑦ 参见张觉：《荀子译注》（国学经典译注丛书），上海：上海古籍出版社，2012 年。

《荀子新注》① 可作为参考。英文学界译注的选择十分有限，John Knob-lock② 的版本是唯一完整的英译本，而 Burton Watson③ 的英文节译本可引为参考。

荀子是中国思想史上的一位核心人物。几千年来学者们一直没有中断对荀子的讨论。从某种意义上来说，对荀子最早的研究就在《荀子》文本之中：编纂者认为有必要在书中捍卫荀子的重要性，并与孔子进行比较。④ 后来的朝代同样不乏荀子的研究者。他们的研究更多关注于荀子生平和文本的考证、意义和观点的定性，却鲜有对荀子思想的专门论述。⑤ 即便偶尔提及荀子的思想，也更倾向于批判其性恶论，并没有对其正义思想予以充分的研究。

20 世纪以来，荀子的研究兼顾中西的方法和资源，显得别开生面。在 20 世纪初，荀子的研究者虽然吸纳了一些西方的思想资源，但是仍然没有超出重视定性和评价的传统研究方法。当时的研究者主要分为"绌荀"和"尊荀"两派。⑥ "绌荀"派的代表人物是康有为、谭嗣同和梁启超。康有为虽然肯定荀子传经的功劳，却认为他所传只是小康之学，反而忽略并耽误了孔子的大同之道。⑦ 谭嗣同进一步将荀子同秦以来的专制制度联系在一起进行批判。⑧ 梁启超则认为荀子是"儒家中最狭隘者"⑨。

① 参见北京大学《荀子》注释组：《荀子新注》，北京：中华书局，1979 年。

② Cf. ，John Knoblock，Xunzi：A Translation and Study of the Complete Work，California：Stanford University Press，1990.

③ Cf. ，Burton Watson，Xunzi：Basic Writings，New York：Columbia University Press，2003.

④ 参见王先谦：《荀子集解》（尧问篇第三十二），第 536 页。

⑤ 历代学者对荀子的考证和评价，参见王先谦：《荀子集解》（考证），第 5～42 页；孔繁：《荀子评传》，匡亚明编，南京：南京大学出版社，1997 年，第 279～313 页。

⑥ 参见江心力：《20 世纪前期的荀学研究》，北京：中国社会科学出版社，2005 年，第 15～16 页。

⑦ 参见康有为：《康有为政论选集》，汤志钧编，北京：中华书局，1981 年，第 193～194 页。

⑧ 参见谭嗣同：《谭嗣同全集》，第 337 页。

⑨ 梁启超：《饮冰室合集》（第一册），北京：中华书局，1989 年，第 16 页。

章太炎可谓"尊荀"派的代表。他极力推崇荀子之于政治事务的重要价值："寻求政术，历览前史，独于荀卿、韩非所说，谓不可易。"[①] 章太炎不仅推崇荀子的学说，还试图将其与西方思想资源进行某种程度的融合。他甚至认为荀子的名学可以与苏格拉底和亚里士多德媲美："其正名也，世方诸彻识论之名学，而以为琐格拉底、亚历斯大德间。"[②] 这一时期的研究者起到了承上启下的作用。一方面，他们沿着传统的研究方法，从定性和评价的角度对荀子思想提出了新的见解。另一方面，他们为后世的研究指出了方向，即不能单从荀子乃至中国思想本身来研究荀子，而应尤其吸纳西方的思想资源和研究方法来丰富荀子研究的内涵。这一时期的学者，仍然没有针对荀子正义思想的专门研究。

从新文化运动到中华人民共和国成立这段时期，学者们基本为现代荀子研究进行了奠基性的尝试。胡适对荀子的研究体现了兼顾中西的新方法。他对荀子思想的一些重要方面进行了系统性的关注。他尝试从西方科学、教育、心理和逻辑的角度来解读荀子有关天、礼、心、辨等概念，[③] 从而开展了荀子研究的现代进程。随后，陶师承和陈登原借鉴了西方的学科分类方法，从教育、心理和政治等层面来理解荀子的思想。[④] 在《中国哲学史》中，冯友兰不仅运用西方哲学的体裁来研究荀子的思想，还指出中西古代思想家之间具有比较的可能性："柏拉图即软心派之代表，亚里士多德即硬心派之代表也。孟子乃软心的哲学家，其哲学有唯心论的倾向；荀子为硬心的哲学家，其哲学有唯物论的倾向。"[⑤] 虽然冯友兰没有论证将柏拉图与孟子归为一类、亚里士多德与荀子归为另一类的原因，但是他的做法无疑表明中国与西方古代思想存在一些可以进行比较的相通之

---

① 章太炎：《章太炎选集》，朱维铮、姜义华编注，上海：上海人民出版社，1981 年，第 587 页。

② 章太炎：《〈訄书〉初刻本·重订本》，朱维铮编校，北京：生活·读书·新知三联书店，1998 年，第 137～138 页。

③ 参见胡适：《中国哲学史大纲》，北京：商务印书馆，2011 年，第 244～274 页。

④ 参见陶师承：《荀子研究》，上海：大东书局，1926 年；陈登原：《荀子哲学》，见《民国丛书》（第四编·4），上海：上海书店，1989 年。

⑤ 冯友兰：《中国哲学史》，北京：商务印书馆，2011 年，第 303 页。

处。如果说冯友兰结合西方的资源和方法对荀子的思想进行了某种整体性的探讨，那么萧公权则用同样的方法对荀子的政治思想进行了更为细化的研究。在他看来，荀子政治思想的核心主要关乎礼、法治与人治以及天人之分。① 值得指出的是，杨筠如的《荀子研究》采取了与其他研究者略为不同的视角。他不仅从文本和概念本身考察荀子的思想，还结合先秦政治、社会和经济背景进行研究，比如通过这些背景来解释荀子有关性恶、天论、礼治和经济的思想。② 与此同时，杨筠如指出："荀子的礼治主义，大致都以物质分配为前提。"③ 刘子静在研究荀子有关社会和国家的起源问题时，进一步探讨了分与群之间的关系。④ 虽然杨筠如和刘子静都没有铺开来论述分、礼、群这些核心概念，但是他们无疑将荀子的礼义之治放到了与西方正义思想十分契合的位置。这一时期，报纸、杂志上还发表了100 余篇研究荀子的论文，这些文章主要关注荀子有关人性、专制、天论和名学的思想，很少谈及荀子的正义思想。⑤ 可以看出，这一时期的研究起到了一种奠基性的作用。学者们尝试运用一种兼顾中西的新方法来考察荀子的思想。这种尝试更多是对荀子思想的整体性把握，即关注荀子思想、荀子哲学、荀子政治思想等综合命题，却很少进行深入和细分。荀子正义思想的重要组成部分，如分、礼、群等概念，也仅仅在整体性把握的框架内得到提及，却鲜有专门的研究。

从二十世纪三四十年代至改革开放这段时期，马克思主义逐渐成为荀子研究的主流视角。郭沫若可谓用马克思主义研究荀子思想的重要开拓者之一。郭沫若虽然对荀子的思想进行了一定程度的肯定，但是他仍然旨在从马克思主义的立场对荀子予以批判。在他看来，荀子的宇宙观是循环论而非进化论，性恶论只是一种强辞且与心理说、教育说都不存在有机的联

---

① 参见萧公权：《中国政治思想史》，北京：商务印书馆，2011 年，第 108～124 页。

② 参见杨筠如：《荀子研究》，上海：商务印书馆，1931 年，第 48～191 页。

③ 杨筠如：《荀子研究》，第 142 页。

④ 参见刘子静：《荀子哲学纲要》，上海：商务印书馆，1938 年，第 112 页。

⑤ 参见江心力：《20 世纪前期的荀学研究》，第 148～162 页。

系，其政治理论则倾向于帝王和贵族本位。① 与先前的研究者一样，郭沫若虽然探讨了荀子礼、分、辨等关于正义的概念，却同样未能从西方正义思想的角度进行梳理。尽管如此，他依然从社会和阶级的视野捕捉到了荀子正义思想的核心。他指出，荀子的分"已经是由分功而分职而定分（去声）……要各人守着自己的岗位，共同遵循着一定的秩序，而通力合作"②。换言之，礼、分、辨等概念的实质就是社会分工，所谓差等阶级的意思……荀子的社会观完全是一种阶级的社会观，但有趣的是他却说这样就是平等。他说，这是不平等的平等，或平等的不平等。在他看来，平等本来是不可能的事。③ 在写下这些话语时，郭沫若或许没有意识到他已经打通了礼、分、辨与西方古代正义思想的某些关节。④ 随后，杜国庠从中国礼学发展历程的角度对荀子的礼学思想予以研究。在他看来，荀子不仅将天行与人道混为一谈，使礼最终成为社会和自然共同的法则，而且对礼法进行了调和，使二者几乎成为同义词。⑤ 侯外庐却指出荀子并不认为礼是天道，只是将其视为古制用来束缚和强制人的理由，而这无疑体现了"外力强制主义的政权思想"⑥。侯外庐同样认为荀子的礼与法十分相似，并指出他经常以"礼义法度"合称。⑦ 李德永则将荀子视为中国古代唯物主义的哲学家，并认为他的政治思想具有法家倾向："他虽然以积极宣传儒家的礼义学说自居，但他的礼义起源实际上是法的起源论。"⑧ 夏甄陶

---

① 参见郭沫若:《十批判书》，见《郭沫若全集》（历史编·第二卷），北京：人民出版社，1982 年，第 214～215、225 页；郭沫若:《青铜时代》，见《郭沫若全集》（历史编·第一卷），第 615 页。

② 郭沫若:《十批判书》，见《郭沫若全集》（历史编·第二卷），第 225～226 页。

③ 参见郭沫若:《十批判书》，见《郭沫若全集》（历史编·第二卷），第 230、233 页。

④ 比如不平等的平等、差等、应得等西方古代正义概念。

⑤ 参见杜国庠:《杜国庠文集》，北京：人民出版社，1962 年，第 291～293 页。

⑥ 侯外庐:《中国古代思想学说史》，上海：文风书局，1946 年，第 268 页。

⑦ 参见侯外庐:《中国思想史纲》，北京：中国青年出版社，1980 年，第 121 页。

⑧ 李德永:《荀子：公元前三世纪中国唯物主义哲学家》，上海：上海人民出版社，1959 年，第 117 页。

的《论荀子的哲学思想》可谓运用马克思主义研究荀子的代表作。在书中，夏甄陶把荀子视为封建地主阶级的思想代表，而其礼、分、辨、别等概念则旨在为阶级压迫和剥削提供理论支持："他的社会观是一种剥削阶级的社会观，认为有等差、不平等，才是人类社会的正常秩序。"① 这一时期的研究无疑比先人显得更加深入和具体。如果说先前的研究更多是在指明方向和奠定基础的话，那么这时的研究则在前人开辟的道路上有所发展，即运用马克思主义的理论框架来分析、加工和提炼前人奠定的基础。遗憾的是，尽管关于礼、分、别、辨等概念的研究已经十分接近西方正义思想的范畴，却仍然鲜有学者对荀子的正义思想进行专门的考察。

无论从深入性、丰富性还是专业性上来看，改革开放以来的荀子研究都达到了一个全新的高度。初看之下，这一时期的学者似乎同样缺乏对荀子正义思想的关注。其实，造成这一问题的根本原因在于荀子的思想体系更倾向于用礼、义、分这类词汇来表达近似西方正义的概念。一旦从礼、义、分来理解正义时，就可以发现许多学者都对荀子有关正义的思考进行过或多或少的探讨。

龙宇纯从形而上学的层面来阐述荀子的礼：荀子把礼视为宇宙的本体，而这一观点无疑建立了"儒的形而上学"②。李泽厚从历史发展的角度对荀子的礼进行解释：荀子的礼"不再是僵硬规定的形式仪容，也不再是无可解释的传统观念，而被认为是清醒理智的历史产物。即把作为社会等级秩序、法律法规的'礼'，溯源和归结为人群维持生存所必需"③。陈大奇则对荀子的礼进行了广义的理解："上自人君治国之道，下至个人立身处世之道，乃至饮食起居的细节，莫不为其所涵摄。"④ 谭宇权将礼的要素视为"亲疏差等"⑤。孔繁指出荀子的礼义思想有着兼顾平等与差

---

① 夏甄陶：《论荀子的哲学思想》，上海：上海人民出版社，1979 年，第 112 页。

② 参见龙宇纯：《荀子论集》，台北：台湾学生书局，1987 年，第 79 页。

③ 李泽厚：《中国古代思想史论》，北京：生活·读书·新知三联书店，2008 年，第 111 页。

④ 陈大齐：《荀子学说》，台北：华冈出版有限公司，1971 年，第 40 页。

⑤ 谭宇权：《荀子学说评论》，台北：文津出版社，1983 年，第 107 页。

异的一面，即"具有强化封建宗法伦理规范的内容，但同时仍保留有周礼自氏族社会沿袭下来的伦理之间的平等因素"①。韦政通试图梳理礼与辨、分、义、群之间的关系。在他眼中，礼是社会的总标准，而辨、分、义、群则是礼的实现途径和功效。② 换言之，礼是纲，辨、分、义、群则为目。王博则阐释了礼与欲望之间的联系："礼之发明，正是因为有欲望的存在，也是因为欲望的不可去绝……从表面上来看，礼仅仅是对于欲望的节制。但更深层地来思考，正是礼才从最根本的意义上保证了欲望的合理满足。"③ 李桂民考察了荀子礼学思想与先秦诸子之间的关系。④ 李哲贤深入剖析了荀子礼学思想的特点、意义和时代背景。⑤ 吴树勤则探讨了荀子礼学与人学之间的联系。⑥

蔡仁厚指出，荀子之所以重视分之于社会群体的作用，因为他传承了孔子"外王礼宪"的思想路径。⑦ 葛兆光认为荀子建立社会秩序的关键就在于分，而"'分'一面作'区分'解，一面作'定分'解，有了等级的区分，各守自己的本分，社会就可以有秩序"⑧。在廖名春看来，荀子的分主要包含分工分职、社会伦理关系、封建等级关系以及物质财富分配这四个层面，即"不仅是社会等级的差别，同时也是对不同等级财富占有的保障"⑨。陈光连进一步对荀子"分"的内涵进行了专门的分析。⑩

① 孔繁：《荀子评传》，第 26 页。

② 参见韦政通：《荀子与古代哲学》，台北：台湾商务印书馆，1992 年，第 31 页。

③ 汤一介、李中华主编：《中国儒学史》（先秦卷），第 552 ~ 555 页。有关礼与欲望的关系，可以进一步参见日本学者片仓望的研究。片仓望：《荀子的欲望论和等级制研究》，乔清举译，见中国孔子基金会编：《孔孟荀之比较——中、日、韩、越学者论儒学》，北京：社会科学文献出版社，1994 年，第 275 ~ 292 页。

④ 参见李桂民：《荀子思想与战国时期的礼学思潮》，北京：中国社会科学出版社，2012 年。

⑤ 参见李哲贤：《荀子之核心思想："礼义之统"及其时代意义》。

⑥ 参见吴树勤：《礼学视野中的荀子人学：以"知通统类"为核心》，山东：齐鲁出版社，2007 年。

⑦ 参见蔡仁厚：《孔孟荀哲学》，台北：台湾学生书局，1984 年，第 456 页。

⑧ 葛兆光：《中国思想史》（第一卷），第 152 页。

⑨ 廖名春：《〈荀子〉新探》，第 99 页。

⑩ 参见陈光连：《荀子分"义"研究》，南京：东南大学出版社，2013 年。

储昭华则对荀子的分与民主政治之间的融通性进行了探索。①

2000 年至今，中西比较视野下的荀子研究逐渐成为前沿性问题。起初，牟宗三曾指出荀子与西方比较的重要性和可能性。他认为，荀子的思想与西方重智系统十分接近，而非中国正宗的重仁系统：当代人要尤其重视荀子，因为他的思想有可能成为"疏通中西文化之命脉"②。遗憾的是，他只是笼统谈及荀子的思想，并未对正义问题予以专门的关注。最近，一些学者试图从自然状态（原初状态）的角度来连接荀子的礼与西方的正义。陈文洁认为荀子对礼之起源的描述十分接近霍布斯的自然状态。③ 洪涛进一步将荀子论证礼的方式同霍布斯进行了比较。在他看来，二者使用了"恐惧论证法"，即"为证明某物（甲）之必要，便强调无某物时的恐怖后果"④。林宏星直接指出荀子论证礼的方式同罗尔斯论正义的方式类似，即"荀子由人欲而言'圣人制礼'之叙说便只能是有关礼之起源的'建构的真实'（construction - true），此亦犹如罗尔斯设立'原初状态'和'无知之幕'之目的乃是为了建构其公平的正义理论一样"⑤。王楷甚至认为荀子的礼治精神的一个重要方面就是对西方意义上的正义的追求。⑥ 孙伟在《"道"与"幸福"：荀子与亚里士多德伦理学比较研究》中，将荀子的礼比作亚里士多德的伦理德性（ethike arete），义比作实践智慧（phronesis）。⑦ 孙伟的研究为先秦与古希腊思想家和概念之间的比较提供了一个极具借鉴价值的操作蓝图。黄玉顺则在《中国正义论的形成：周孔孟荀的制度伦理学传统》一书中，将先秦儒家的仁、义、礼

---

① 参见苏哲、储昭华：《明分之道：从荀子看儒家文化与民主政道融通的可能性》，北京：商务印书馆，2005 年。

② 牟宗三：《名家与荀子》，见《牟宗三先生全集》（第二卷），台北：联经出版事业公司，2003 年，第 166 页。

③ 参见陈文洁：《荀子的辩说》，北京：华夏出版社，2008 年，第 75 页。

④ 洪涛：《心术与治道》，上海：上海人民出版社，2013 年，第 7 页。

⑤ 林宏星：《〈荀子〉精读》，上海：复旦大学出版社，2011 年，第 177 页。

⑥ 参见王楷：《天然与修为：荀子道德哲学的精神》，第 102～113 页。

⑦ 参见孙伟：《"道"与"幸福"：荀子与亚里士多德伦理学比较研究》，北京：北京大学出版社，2015 年，第 157～170 页。

（拓展为仁、利、知、义、智、礼、乐）视为中国的正义论。① 林宏星的
《差等秩序与公道世界：荀子思想研究》吸收了前人的诸多见解，并且直
接从西方正义的视野来研究荀子关于礼、义、分的思想。② 这时，荀子礼
义思想与古希腊正义思想的比较研究可谓呼之欲出。

值得指出的是，中西比较视野下的荀子研究之所以越来越受到重视，
一方面是中文学界自身发展的结果，另一方面也是对英文学界成果的吸
收。一直以来，英文学界同样关注荀子的思想，并有许多独到的研究。由
于英文学界是从一个他者的视域来研究荀子的思想，所以他们自然需要打
通中西思想和概念之间的桥梁。葛瑞汉（A. C. Graham）就曾在《论道
者：中国古代哲学辩论》一书中，将荀子的一些概念进行了西方化的理
解。③ 英文学界虽然也有一些针对荀子礼义和政治思想的研究，④ 但是相

---

① 参见黄玉顺：《中国正义论的形成：周孔孟荀的制度伦理学传统》，北京：东
方出版社，2015 年。

② 参见东方朔（林宏星）：《差等秩序与公道世界：荀子思想研究》，上海：上
海人民出版社，2016 年。林宏星出版了另一本有关荀子思想的研究论集，参见东方朔
（林宏星）：《合理性之寻求：荀子思想研究论集》，上海：上海人民出版社，2016 年。

③ 参见葛瑞汉：《论道者：中国古代哲学论辩》，张海晏译，北京：中国社会科
学出版社，2013 年，第 274 ~ 309 页。

④ Cf. , Henry Rosemont, "State and Society in the Hsun Tzu: A Philosophical Com-
mentary", Monumenta Serica 29 (1971), pp. 38 – 78; Antonio Cua, "Dimensions of Li
(Propriety): Reflections on an Aspect of Hsun Tzu's Ethics", Philosophy East and West
29. 4 (1979), pp. 373 – 394; William Manson, "Incipient Chinese Bureaucracy and Its Ide-
ological Rationale: The Confucianism of Hsun Tzu", Dialectical Anthropology 12. 3 (1987),
pp. 271 – 284; Kurtis Hagen, "Xunzi and the Nature of Confucian Ritual", Journal of the A-
merican Academy of Religion 71. 2 (2003), pp. 371 – 403; Aaron Stalnaker, "Rational Jus-
tification in Xunzi: On His Use of the Term Li", International Philosophical Quarterly Ipq
44. 1 (2004), pp. 53 – 68.

较之下重视程度远远不如荀子有关伦理道德、心性以及宗教的思想。^① 因此，荀子与西方思想家的比较研究也大多以人性观和道德观为核心。埃里克·施维茨格贝尔（Eric Schwtzgebel）曾从人性与道德教育的角度对孟子、荀子、霍布斯、卢梭进行了比较。^② 柯雄文（Antonio Cua）则比较了

① Cf. , Homer Dubs, "Mencius and Sun – dz on Human Nature", Philosophy East and West 6 (1956), pp. 213 – 222; Ioseph Shih, "Secularization in Early Chinese Thought: A Note on Hsun Tzu", Gregorianum 50. 2 (1969), pp. 391 – 404; Janet Kuller, "The 'Fu' of the Hsun Tzu as an Anti – Taoist Polemic", Monumenta Serica 31 (1974), pp. 205 – 218; Edward Machle, "Hsun Tzu as a Religious Philosopher", Philosophy East and West 26. 4 (1976), pp. 443 – 461; Antonio Cua, "The Conceptual Aspect of Hsun – Tzu's Philosophy of Human Nature", Philosophy of East and West 27. 4 (1977), pp. 373 – 398; Antonio Cua, "The Quasi – Empirical Aspect of Hsun – Tzu's Philosophy of Human Nature", Philosophy of East and West 28. 1 (1978), pp. 3 – 19; Lee Yearley, "Hsun Tzu on the Mind: His Attempted Synethesis of Confucianism and Taoism", The Journal of Asian Studies 39. 3 (1980), pp. 465 – 480; Antonio Cua, "Ethical Use of the Past in Early Confucianism: The Case of Hsun Tzu", Philosophy East and West 35. 2 (1985), pp. 133 – 156; Antonio Cua, "The Problem of Conceptual Unity in Hsun Tzu, and Li Kou's Solution", Philosophy of East and West 39. 2 (1989), pp. 115 – 134; Philip Ivanhoe, "A Happy Symmetry: Xunzi's Ethical Thought", Journal of the American Academy of Religion 59. 2 (1991), pp. 309 – 322; Jonathan Schofer, "Virtues in Xunzi's Thought", The Journal of Religious Ethics 21. 1 (1993), pp. 117 – 136; Edward J. Machle, Nature and Heaven in the Xunzi: A Study of the Tian Lun, New York: State University of New York Press, 1993; Paul Rakita Goldin, Rituals of the Way: The philosophy of Xunzi, Chicago: Open Court Publishing Company, 1999; Eric Hutton, Virtue, Nature, and Moral Agency in the "Xunzi", T. C Kline III and Philip Ivanhoe ed, Indianapolis: Hackett Publishing, 2000; James Behuniak, "Nivison and the 'Problem' in Xunzi's Ethics", Philosophy East and West 50. 1 (2000), pp. 97 – 110; Dan Robins, "The Development of Xunzi's Theory of 'Xing', Reconstructed on the Basis of a Textual Analysis of 'Xunzi' 23, Xunzi 'Xing E' 性恶 ('Xing' is Bad)", Early China 26/27 (2001), pp. 99 – 158; Kim – Chong Chong, "Xunzi's Systematic Critique of Mencius", Philosophy of East and West 53. 2 (2003), pp. 215 – 233; Aaron Stalnaker, "Aspects of Xunzi's Engagement with Early Daoism", Philosophy of East and West 53. 1 (2003), pp. 87 – 129; Aaron Stalnaker, "Comparative Religious Ethics and the Problem of 'Human Nature'", The Journal of Religious Ethics 33. 2 (2005), pp. 187 – 224;

② Cf. , Eric Schwitzgebel, "Human Nature and Moral Education in Mencius, Xunzi, Hobbes, and Rousseau", History of Philosophy Quarterly 24. 2 (2007), pp. 147 – 168.

亚里士多德与荀子的耻辱观。① 阿伦·斯托内克尔（Aaron Stalnaker）更对荀子与奥古斯丁的人性观进行了深入的比较研究。② 人性观虽然与正义并不相同，但是斯托内克尔无疑打通了中西思想，并为荀子与西方古代思想家的比较研究提供了成功范式。

三、本书的创新

通过对前人研究的梳理，可以发现本书将有三点创新之处。第一，针对柏拉图正义思想的研究一般只基于《理想国》一本书。本书将综合《理想国》、《法律篇》以及《政治家》中的正义思想，提供相对全面的视角。第二，在文献梳理的过程中，未见将荀子与柏拉图进行比较的著作。第三，柏拉图与荀子正义思想的比较研究至今仍是学界的一处空白。

第三节　方法与内容

一、中西比较的困境

归根究底，柏拉图与荀子正义思想的比较是跨文明的对话。这种对话意味着不同文明之间需就价值和是非问题进行讨论。现代人的世界早已紧密相连。在这个相互依存的世界里，现代人面临着共同的议题和危机，比如虚无主义。由于现代性危机具有普世特征，所以任何对此危机的考察都应超越西方或其他某个文明的局限。然而，人们至今不能全面驾驭世界所有文明的果实。因此，世界文明综合性的考察视野尚不存在。人们至多只能在几个主要文明间切换。柏拉图与荀子的比较即在中西文明间切换，旨在为现代人提供一个相对多元、立体和丰富的视野。然而，即便中西比较也面临着重重困境。

在张汝伦看来，中西比较的主要困境在于"文化的不可通约性、种

---

① Cf. , Antonio Cua, "The Ethical Significance of Shame: Insights of Aristotle and Xunzi", Philosophy East & West 53. 2（2003）, pp. 147－202.

② Cf. , Aaron Stalnaker, Overcoming Our Evil: Human Nature and Spiritual Exercises in Xunzi and Augustine, Washington, D. C: Georgetown University Press, 2006.

族中心主义和自然语言某种程度的不可译性"①。第一，所谓文化的不可通约性，即不同文明有着截然不同的内在体系和结构：相互间不可以通约、转换，也没有一个共同且中立的基础来对其进行裁剪或者综合。② 在此观点下，柏拉图的正义与荀子的礼义属于两个平行的体系，有其独立自足的内在结构。二者不能互换，亦缺乏一个能将其放置一起进行对比的共同基础。第二，种族中心主义是指枉顾对话应有的平等、尊重和多样性而一味自说自话的专横。张汝伦认为："任何种族中心主义都是某种普遍主义，它相信它掌握了宇宙的真理，世界就是它看到的那个样子，它的一切主张都是真理。对于种族中心主义来说，对话就是布道，它是演讲者，别人是听众。"③ 在比较柏拉图与荀子的过程中，西方或中国中心主义者都容易沿着己方思想家的方向推演并预设己方思想立场的正确性。这样一来，对话就虚有其表，反而成了独白。第三，自然语言的不可译性是指不同语言有时无法对一些重要概念进行准确无误的互译。比如，儒家的"礼"，就无法在西方的视域内找到可以对应和互译的概念。麦金泰尔曾指出："希腊文中用于宗教礼仪的'hosia'、'orgia'或'teletal'、用于象征风俗习惯的'éthos'，以及中世纪这些字的对应拉丁文，都不能表达'礼'的涵义。"④ 有时即便找到了对应的词汇也往往只是一种粗劣的附会。唐士其曾以"民主"为例阐述了这一情形。⑤ 就词汇来说，中国古代虽有"民主"一词，如《尚书》中的"乃惟成汤克以尔多方简代夏作民主"⑥，但是中国的"民主"主要是指民之主而非西方意义上的民主（democracy）。就概念而言，中国古代虽有诸多近似西方民主的观念，如"水能载舟，亦能覆舟"，可是这类概念只是在浅显、粗糙或者片面的意义上

---

① 张汝伦：《中西伦理学对话的可能性和条件》，第78页。

② 关于不可通约性的例子。参见麦金泰尔：《不可公度性、真理和儒家及亚里士多德主义者关于德兴的对话》，载《孔子研究》1998年第4期，第25～38页。

③ 张汝伦：《中西伦理学对话的可能性和条件》，第81页。

④ 麦金泰尔：《不可公度性、真理和儒家及亚里士多德主义者关于德兴的对话》，第30页。

⑤ 参见唐士其：《正义原则的功能及其在中国传统思想中的实现：一个比较研究的案例》，载《政治思想史》2017年第1期，第2页。

⑥ 慕平译注：《尚书》，北京：中华书局，2009年，第258页。

比附西方，根本无法充分反映民主（democracy）应有的内涵。与此同时，一旦人们习惯于将民主理解为 democracy，就难以从自身文化的角度认识"民主"一词，从而造成传统的割裂。举例来说，大部分现代中国人看到"简代夏作民主"后首先想到的并非民之主而是民主（democracy）。可以说，自然语言的不可译性在一定程度上佐证了文化的不可通约性。

二、功能还原的方法

中西比较虽然面临不少困难，但是只要方法得当也并非不能比。第一，尽管不同文明之间不可通约，但却可以相互理解。文化差异就同人与人之间的差异一样：两个人既不能完全通约，也并非全然没有共同点。只要建立在大的共同点的基础上，任何人、概念或者文化都可以在一定程度上进行对比。张汝伦曾举出亚里士多德和伽利略的例子对此予以阐述："亚里士多德传统和伽利略传统的物理学家可能对运动的物体有不同解释，但他们一定有类似的运动物体的经验，能够在相当程度上在他们一般的运动物体的概念，和他们指涉某些特定的运动物体上，取得一致，这样才能有一个他们对其不一致的共同主题。这个从相似的人类经验中产生的共同主题构成了对话的基础。"① 第二，种族中心主义正在得到克服。全球化拉近了不同文明之间的地理和精神距离。在日益频繁的交往下，世界各个文明都变得更加开放且乐于互相学习，各种形式的种族中心主义也越发受到否定和批判。如此一来，虽然文化和种族的预设立场无法完全避免，但是人们至少准备平等对待其他立场，并且有意识地修正种族中心主义的偏见。第三，双语人士对不可译性的克服。在全球化的时代，越来越多的人可以熟练理解和运用两种截然不同的语言和文化。当双语人士使用一种语言时，他们不仅会用那种语言进行思考、表达和理解，还会运用那种文明特有的概念、结构和思维方式。麦金泰尔将这种情形称为第二母语（a second first language），即"只有深谙两种立场的人，方能在两种语言的转换之间辨识出可译与不可译者。也只有这种人才能体会到，若要藉扩展和丰富其所掌握的自然用语来安顿和再现其他语言，必须诉诸什么方可

① 张汝伦：《中西伦理学对话的可能性和条件》，第82页。

如愿"①。换言之，词汇对词汇的不可译性或许依然无法克服，但是功能对功能在一定的条件下则能实现互译。

这种功能对功能的译法即功能还原的方法。任何文明、制度或者思想只要存在就必须满足某些基本的功能，虽然实现这些功能的具体措施并不相同。因此，针对具体措施或词汇的比较往往不如在功能还原基础上进行的比较更全面和准确。唐士其以民主为例阐述了功能还原的方法："民主将实现以下几个方面的基本功能：通过汇聚民意制定国家法律、形成公共政策、选举各级政府官员，以及实施政治监督，等等。反观中国传统政治体系，这些功能同样存在，但它们得以实现的具体制度安排与民主政体相比又相当不同。"② 中西民主的比较研究既不应是词源的比较，亦不该找近似的概念或制度来相互比附。与此相反，真正意义上的中西民主比较应该建立在民主的功能还原的基础上。在唐士其看来："对于不同的社会和政治体系而言，类似的功能可能会由相当不同的机制加以实现，甚至这些机制会分散在不同的子系统中，因此，单纯的制度或者观念比较就有可能不得要领，甚至误入歧途……比较研究的重点主要并不在于考察一个系统中是否存在另一个系统中某些行之有效的制度或者观念，而在于更具体地分析在实现一些基本的社会政治功能方面，两个系统哪一个更稳定、更有效，以及在发挥每一种功能方面，两种制度安排各自的优劣之所在。"③

三、本书内容的安排

本书旨在对柏拉图与荀子的正义思想进行比较研究。柏拉图与荀子的正义思想可以通过正义是什么以及正义如何实现这两个部分来论述。因此，本书亦将分为两大部分。第一部分对应本书的第一章，将对正义是什么进行研究。第二部分包括本书的第二、三、四章，将重点探讨正义的实

---

① 麦金泰尔：《不可公度性、真理和儒家及亚里士多德主义者关于德兴的对话》，第 31 页。

② 唐士其：《正义原则的功能及其在中国传统思想中的实现：一个比较研究的案例》，第 2 页。

③ 唐士其：《正义原则的功能及其在中国传统思想中的实现：一个比较研究的案例》，第 3 页。

现。具体而言，第一章将通过正义与礼义来介绍柏拉图与荀子的正义概念，第二章将通过法律与礼乐来阐述柏拉图与荀子实现正义的程序，第三章将通过哲学王与圣王来解释柏拉图与荀子实现正义的结构，第四章将通过教育与学修来剖析柏拉图与荀子实现正义的枢纽。

第一章　正义的概念

从功能还原的角度来看，正义是对公平的裁决，亦即处理有关平等与差异的问题。虽然正义的具体概念在不同文明和时代有所区别，但是单就其功能而言又有着殊途同归般的一致性。正是在这个意义上，柏拉图与荀子正义思想的比较研究才具有可操作性。

第一节　柏拉图的正义

古希腊人将履行正义功能的具体概念称为正义（dike）。[①] 值得指出的是，现代人只要一提起古希腊的正义，就马上会联想到柏拉图和亚里士多德意义上的正义。但是，在他们之前，古希腊就有十分重要的传统，只是这一传统很容易为柏拉图与亚里士多德非凡的成就所掩盖。在埃里克·哈夫洛克（Eric Havelock）看来，柏拉图之前的正义传统与古希腊从口语社会转向书面社会这一过程息息相关。

荷马时代的古希腊社会如果不是完全的口语社会，至少也是半口语社会。因此，荷马才会选择符合口语习惯的诗而非书面习惯的概念来表述自己的史诗。荷马史诗中的正义更多是以具体和情景化的方式表达，而作为抽象原则的正义那时尚不存在。[②] 在《伊利亚特》中，正义是城邦内部解决争议的主要程序：在众人集会面前，有争议的人可以讲述自己的故事。

---

① 正义是一个源自西方政治和思想传统的术语。所以，普遍意义即功能还原的正义与古希腊特殊意义的正义同名。

② Cf. ，Eric A. Havelock, The Greek Concept of Justice: From its Shadow in Homer to its Substance in Plato, pp. 9 – 14.

在正义的作用下，城邦内部的分歧可以依靠协商得到解决，而城邦之间的争端仍需暴力手段才能平息。① 在《奥德赛》中，正义则被描述为城邦之间优待外客的礼节。②

哈夫洛克进一步指出赫西奥德可能生活在一个比荷马更加书面化的时代。虽然赫西奥德同样是诗人，但是他的诗中讲述性的内容在不断减少，而客观、不具人格的叙述方式却逐渐增加。与此同时，赫西奥德是第一个将正义当作单独议题进行探讨的希腊人。然而，他只能阐述诸多正义的行为和例子，却无法说明正义是什么。③

赫西奥德之后的两百多年里，正义再没有被当作专门的议题来讨论。梭伦留下来的残缺法典只探讨了正义在不同具体情形中的例子，而他诗中的正义有着与前文字社会相同的意义，即解决争端的程序。④ 在前苏格拉底哲学家那里，正义仍然具有前文字社会那种非概念化的特征。⑤ 到了希罗多德的时候，古希腊人的正义观有了重要发展，即正义有了城邦和个人之分。⑥ 随后的伯罗奔尼撒战争时期，战争的残酷性使不少人认为只有平等者之间才存在正义，而强者可以对弱者为所欲为。⑦

哈夫洛克认为直到柏拉图出现，古希腊的正义观长期置于口语社会向文字社会的过渡阶段，而没有概念化的规范性表达。由于柏拉图是第一个

---

① Cf. , Eric A. Havelock, The Greek Concept of Justice: From its Shadow in Homer to its Substance in Plato, pp. 133 – 137.

② Cf. , Eric A. Havelock, The Greek Concept of Justice: From its Shadow in Homer to its Substance in Plato, p. 177.

③ Cf. , Eric A. Havelock, The Greek Concept of Justice: From its Shadow in Homer to its Substance in Plato, p. 232.

④ Cf. , Eric A. Havelock, The Greek Concept of Justice: From its Shadow in Homer to its Substance in Plato, p. 253.

⑤ Cf. , Eric A. Havelock, The Greek Concept of Justice: From its Shadow in Homer to its Substance in Plato, pp. 271, 293 – 295.

⑥ Cf. , Eric A. Havelock, The Greek Concept of Justice: From its Shadow in Homer to its Substance in Plato, p. 306.

⑦ Cf. , Thucydides, The History of the Peloponnesian War, Great Books of the Western World (Vol 5), Mortimer Adler ed, Chicago: Encyclopedia Britannica, 1991, pp. 504 – 508.

用概念阐述正义的希腊人，他在表达自己概念化的正义思想之前，需要首先对社会上长期流行的错误的正义观和正义行为进行批判。

一、批判的对象

柏拉图旨在批判六种不同的正义观，其中诚实还债、善友恶敌以及不甘的妥协集中在《理想国》，发财的机会和自由的追寻见诸《法律篇》，强者的利益则在《理想国》与《法律篇》中都得到谈及。值得指出的是，《理想国》的专题就是正义，而《法律篇》与《政治家》则有各自不同的主题。因此，要想了解柏拉图正义思想的批判对象应该尤其对《理想国》进行重视。

在《理想国》中，正义问题缘起于年迈、财富以及报应。最初，柏拉图[①]与克法洛斯对年迈究竟痛苦还是幸福这一问题进行了探讨。克法洛斯认为，年迈使人摆脱欲望的困扰从而获得安宁，而真正决定幸福与否的因素是人的品质而非年龄。柏拉图质疑克法洛斯是因为有钱才这样看，但是克法洛斯却提出在晚年的问题上，钱于事无补。于是，柏拉图开始询问财富的好处。在克法洛斯看来，人老了就会相信因果报应，开始扪心自问看看自己一辈子有没有造孽，并常常因此陷入恐惧。钱财恰恰可以免除这种恐惧，并且促进道德和正义，因为钱财使人无需欺诈他人或者亏欠神的祭品和人的债务。简言之，钱财的好处与能否正义地过完一辈子有关。柏拉图转而探讨正义是什么的问题。[②]

克法洛斯给出了正义的第一个定义，即"有话实说，有债照还"[③]。克法洛斯友善、幽默、虔诚以及通情达理的特质，都使他的正义观具有某种容易被世俗大众接受的常识性。[④] 戴维·萨克斯（David Sachs）将这种正义观称为通俗的正义（vulgar justice），即不做贪污、盗窃、出卖等不义

---

① 为了文章表述的连贯性，不同著作中的主要谈话对象都以"柏拉图"称之。

② 参见柏拉图：《理想国》，第 4 页。

③ 柏拉图：《理想国》，第 6 页。

④ Cf. , Peter J. Steinberger, "Who is Cephalus?", Political Theory 24. 2（1996），p. 193.

行为。① 在克法洛斯看来，正义同年迈、财富和报应息息相关。财富使人无需欺诈和违约，从而做到"有话实说，有债照还"。"有话实说，有债照还"的正义会进而成为一种品质，这种品质使人无需恐惧因果报应，从而决定了年迈的幸福与痛苦。由此可见，克法洛斯认为正义同时对归还者和接受者有益②：归还者可以心安理得，而接受者可以不被欺骗。柏拉图却认为这种形式上问心无愧、无所亏欠的正义观，在实质上并不正义。比如，我们曾从朋友那里借了武器，随后朋友发疯了。这时，把武器还给一个疯了的朋友或者对他实话实说都绝非正义，因为并非在任何情况下人们都能利用好自己的东西。形式的正义并不等于实质的正义，而真正的正义更多是与实质相关。玻勒马霍斯亦发现克法洛斯正义观的漏洞，并试图予以修正："正义就是给每个人以恰如其分的报答，这就是他所谓的'还债'。"③ 这里的恰如其分指向了实质的正义：有话恰如其分地说，有债恰如其分地还，比"有话实说，有债照还"的简单形式更正义。然而，这里的关键在于如何定义恰如其分，毕竟不同的人在不同的情形下会对恰如其分有着不尽相同的理解。玻勒马霍斯需要进一步提炼自己的正义观。

在对克法洛斯的正义观进行修改的基础上，玻勒马霍斯给出了正义的第二个定义，即"把善给予友人，把恶给予敌人"④。在玻勒马霍斯眼中，朋友与敌人之分同样是一切人类结合形式的基石，⑤ 而正义取决于一个人能够在多大程度上恰如其分地对待朋友与敌人。⑥ 这样一来，玻勒马霍斯眼中的恰如其分主要有两个方面：一方面要分清敌友，另一方面要分清善恶。只有明白敌友善恶，并"把善给予友人，把恶给予敌人"才是恰如其分即真正意义上的正义。斯坦利·罗森（Stanley Rosen）指出，玻勒马

---

① Cf. , David Sachs, "A Fallay in Plato's Republic", p. 143.

② Cf. , Leo Strauss and Joseph Cropsey ed, History of Political Philosophy（Third Edition）, p. 35.

③ 柏拉图：《理想国》，第 8 页。

④ 柏拉图：《理想国》，第 8 页。

⑤ Cf. , Carl Page, "The Unjust Treatment of Polemarchus", History of Philosophy Quarterly 7. 3（1990）, p. 252.

⑥ Cf. , Andrew Jeffrey, "Polemarchus and Socrates on Justice and Harm", p. 56.

霍斯在希腊文中意指"战王"（warlord）。① 如果从微言大义的角度进行解读的话，柏拉图设置这样一个角色的深意或许是暗示某种斗争逻辑与战争状态下的正义观。后世的卡尔·施米特（Karl Schmitt）曾从区分敌友的角度对政治进行了理解。在他看来，政治的实质就包含在战争状态中："战争这种例外情况具有一种特殊的决定意义，它揭示了问题的实质。因为，只有在真正的战斗中，敌—友的政治划分所产生的最极端后果才得以暴露出来。"② 在革命战争时期，毛泽东同样重视区分敌友的意义："谁是我们的敌人？谁是我们的朋友？这个问题是革命的首要问题。中国过去一切革命斗争成效甚少，其基本原因就是因为不能团结真正的朋友，以攻击真正的敌人。"③ 由此可见，"把善给予友人，把恶给予敌人"的正义观的基本前提就是预设斗争、战争或革命的现实性。然而，柏拉图却从两个方面对这个定义予以反驳。一方面，他认为人们往往把好人当敌人，把坏人当友人。换言之，柏拉图认为人们往往无法分清敌友善恶。对此，玻勒马霍斯并未解释分清的方法，只是强调敌友善恶都是就其实质而非表面而言："假使朋友真是好人，当待之以善；假如敌人真是坏人，当待之以恶。"④ 柏拉图没有在这个问题上继续纠缠，而是提出另一个质疑。他认为给别人以伤害或恶，无论如何都不能称为恰如其分，因为伤害他人绝非正义。罗森认为柏拉图的质疑存在一个较为明显的矛盾，即在战争或斗争中，伤害他人必不可免，而一旦接受了柏拉图的观点，人们都需要变成和平主义者。⑤ 其实，柏拉图未必持和平主义的立场。他或许同后世的雨果·格劳秀斯（Hugo Grotius）的观点类似，即认为正义不能包含在战争的定义中。⑥ 既然敌友之分以战争的现实性为前提，那么玻勒马霍斯就不

① Cf. , Stanley Rosen, Plato's Republic：A Study, p. 21.

② 卡尔·施米特：《政治的概念》，刘宗坤、朱雁冰等译，上海：上海人民出版社，2015 年，第 42 页。英文著作参见 Carl Schmitt, The Concept of the Political（Expanded Edition），Chicago：Chicago University Press, 2007, p. 35.

③ 毛泽东：《毛泽东选集》（第一卷），北京：人民出版社，1991 年，第 3 页。

④ 柏拉图：《理想国》，第 13 页。

⑤ Cf. , Stanley Rosen, Plato's Republic：A Study, p. 36.

⑥ Cf. , Hugo Grotius, The Rights of War and Peace, Richard Tuck ed, Indianapolis：Liberty Fund, 2005, p. 136.

应将之引入正义，否则冠以正义之名的"把善给予友人，把恶给予敌人"的服务对象就不是正义而是战争。这时，色拉叙马霍斯气势汹汹地要求柏拉图对正义下自己的定义。柏拉图却反过来让胸有成竹的色拉叙马霍斯帮助定义。色拉叙马霍斯虽然知道这是柏拉图惯用的辩论技巧，但仍给出了自己的定义。

　　色拉叙马霍斯给出了正义的第三个定义。他说："正义不是别的，就是强者的利益……在任何国家里，所谓正义就是当时政府的利益。政府当然有权，所以唯一合理的结论应该说：不管在什么地方，正义就是强者的利益……正义是利益……服从统治者是正义。"① 胡拉尼（Hourani）认为色拉叙马霍斯其实是一个守法主义者（legalist），而他提出的正义观只是要求人们遵纪守法。② 然而，施特劳斯认为这样的遵纪守法对被遵守者来说不仅无益，甚至有害，因为法律只是为了保障制定者的利益。③ 色拉叙马霍斯的定义十分独特，全然脱去了克法洛斯与玻勒马霍斯的冠冕堂皇和温文尔雅，而是赤裸裸的权力逻辑。柏拉图并没有直接从道德义务论的角度驳斥色拉叙马霍斯的观点，而是从结果主义的角度进行了反驳。柏拉图认为强者有时会犯错误，也会命令弱者做对强者不利的事情。这样一来，正义反而是对强者不利的事情。④ 对此，色拉叙马霍斯给出了一个玻勒马霍斯式的辩解，即强调实质而非表面的强者。色拉叙马霍斯说："须知，知识不够才犯错误。错误到什么程度，他和自己的称号就不相称到什么程度……统治者真是统治者的时候，是没有错误的。"⑤ 柏拉图即提出了另一个质疑：一个真正的统治者不能只顾自己的利益，与此相反，他需要保障被统治者的利益。在色拉叙马霍斯看来，柏拉图的见解无疑十分幼稚，因为保障被统治者的做法就像牧羊人把羊群喂得又肥又胖一样，到头来还是为了自己的利益。柏拉图并未充分回应这一观点，而是重申了自己的立

---

　　① 柏拉图：《理想国》，第 18～20 页。

　　② Cf. ，George Hourani，"Thrasymachus' Definition of Justice in Plato's Republic"，p. 110.

　　③ Cf. ，Leo Strauss and Joseph Cropsey ed，History of Political Philosophy，p. 38.

　　④ 参见柏拉图：《理想国》，第 21 页。

　　⑤ 柏拉图：《理想国》，第 22 页。

场，即统治者是为了被统治者的利益，因此统治者往往并不情愿出来统治。从某种意义上而言，色拉叙马霍斯的正义观已经超出现有讨论架构可以承担的程度。他不仅论述正义的定义，还涉及正义与不正义的选择问题。他甚至认为不正义更有利。① 查普尔（Chappell）指出，色拉叙马霍斯或许认为正义不是一种美德，但这并不意味着他认为正义是邪恶，或者不正义是美德。② 无论如何，要想彻底回应色拉叙马霍斯的质疑，柏拉图需要重新梳理讨论的框架，不仅定义正义是什么，还要说明"正义和不正义本身对它的所有者，有什么好处，有什么坏处"③。这个任务的迫切性在格劳孔和阿得曼托斯那里得到了进一步证明。

格劳孔不仅给出了正义的第四个定义，还在色拉叙马霍斯的基础上对正义与不正义的利弊进行了探讨。库珀（Cooper）指出，格劳孔定义的关键是消极的正义，即相互克制以及相互不妨碍。格劳孔认为每个人都想比别人得到更多，而其欲望会随着时间和经历不断增加：人们都想在无限的场合获取无限数量的快乐。这样一来，人与人之间的关系势必会演化成一场零和游戏。为了应对这种悲惨局面，人们最终会达成共识，即不能相互妨碍或伤害。④ 于是，格劳孔为正义下了一个契约论式的定义："做不正义是利，遭受不正义是害……那些不能专尝甜头不吃苦头的人，觉得最好大家成立契约：既不要得不正义之惠，也不要吃不正义之亏。打这时候起，他们中间才开始定法律立契约。他们把守法践约叫合法的、正义的。"⑤ 在格劳孔眼中，正义本身并不可贵，不过是行不义和受不义之间的折中。从某种意义而言，格劳孔的正义是弱者的利益：他们联合起来迫使强者遵循他们的法律。⑥ 平等对平等者是正义，对弱者是利益，对强者

---

① 参见柏拉图：《理想国》，第 27~33 页。

② Cf. ，T. D. J Chappell，"The Virtues of Thrasymachus"，Phronesis 38. 1（1993），p. 12.

③ 柏拉图：《理想国》，第 55~56 页。

④ Cf. ，John Cooper，Knowledge，Nature，and the Good：Essays on Ancient Philosophy，Princeton：Princeton University Press，2004，pp. 248，253，255，268 - 269.

⑤ 柏拉图：《理想国》，第 46 页。

⑥ Cf. ，Mary Nichols，"Glaucon's Adaptation of the Story of Gyges & Its Implications for Plato's Political Teaching"，Polity 17. 1（1984），p. 33.

则是损失：弱者本就无法得到不正义之惠，而他们的联合使得原本能够得到不正义之惠的强者也必须放弃这种诉求。归根究底，没有人真正热爱正义。如果有人能够行不义而不被发现或惩罚，那么他一定会选择不正义。

阿得曼托斯更进一步在实质与表面的层面对格劳孔的定义进行了补充。他发现虽然有不少人称赞正义，但是他们并不是为了正义本身而是为了正义的名声，因为正义的名声可以带来许多好处。人们就算非要选择正义，也更愿意做一个假正义而非真正义的人。于是，人们变得越来越虚伪：“要做一个正义的人，除非我只是徒有正义之名，否则就是自找苦吃。反之，如果我并不正义，却已因挣得正义者之名，就能有天大的福气……‘貌似’远胜‘真是’。”① 阿得曼托斯认为社会环境之所以变成这样，主要因为没人能够彻底说明正义本身就是善，即从根本上证明“不正义是心灵本身最大的丑恶，正义是最大的美德”②。这样一来，柏拉图的论证有了新的要求，即不能仅仅证明正义好于不正义，还要将二者的名去掉，从实质而非外表的层面说明正义和不正义本身的利弊，即“不仅它们的结果好，尤其指它们本身好”③。

虽然《法律篇》的主题不在正义，但立法事务依然在很大程度上与正义相关。因此，《法律篇》也对正义问题进行了探讨，并提出三种正义观，即“有些人认为所谓正义不是别的，乃是国家服从于这样或那样的个人的统治，而不问其善恶，还有些人认为正义是发财的机会，无论是否因此而被奴役都无关紧要；与此同时，另一部分人则不顾一切地追求所谓‘自由’生活”④。从发财和自由的角度看待正义可谓《法律篇》不同于《理想国》的创新之处。遗憾的是，柏拉图仅仅抛出了这两种正义观，却没有进行系统性的批判。从柏拉图的立场来看，提出财富与自由的问题并微言大义地进行零散的回应或许比大张旗鼓地集中批判更稳妥，因为财富与自由皆人之所欲所想。对于这类容易引起分歧和争执的议题而言，最明智的做法往往是指出问题让读者自己下结论，毕竟过犹不及。《法律篇》

① 柏拉图：《理想国》，第 53 页。
② 柏拉图：《理想国》，第 55 页。
③ 柏拉图：《理想国》，第 56 页。
④ 柏拉图：《法律篇》，第 407 页。

中的另一个正义观与色拉叙马霍斯的正义即强者的利益遥相呼应，有异曲同工之妙。在持这种观点的人看来，法律与立法就是为了"保卫业已建立的政治制度的利益……无论是什么，只要符合强者的利益就行……这些规则的制定者说这些规则是'正义的'"①。对此，柏拉图反驳道："不是为整个国家的利益而制定的法律是伪法律。当法律仅仅有利于共同体的特殊部分时，它们的制定者就不是公民，而是党派分子。"②《理想国》中的柏拉图只是反复强调统治者是为了被统治者的利益才勉强出来统治，但这种反驳更多是陈述而非解释。《法律篇》中的柏拉图却对统治者这样做的原因进行了说明，即只有当统治者或强者为城邦整体而非自身或其他特殊部分的利益进行统治时，他才是真正意义上的统治者或强者，否则他连一位普通公民都算不上。

在对上述六种不同的正义观，尤其强者的利益和不甘的妥协进行批判的过程中，可以发现柏拉图不是仅仅指出现有正义观的不足，还重新梳理了讨论的框架，从实质而非外表的层面说明正义和不正义本身的利弊。

二、讨论的框架

柏拉图采用了一种以大见小的框架来表达自己的正义思想。以大见小，是指先阐述城邦的正义，再通过城邦的正义来审视正义本身。在柏拉图看来，城邦的正义和个人的正义有不少相同的地方，可以用来互相解释，即"有个人的正义，也有整个城邦的正义……那么也许在大的东西里面有较多的正义，也就更容易理解。如果你愿意的话，让我们先探讨在城邦里正义是什么，然后在个别人身上考察它，这叫由大见小…… 如果我们能想象一个城邦的成长，我们也就能看到那里正义和不正义的成长"③。于是，在全面提出自己的正义观之前，柏拉图首先对城邦的成长进行了铺陈。

---

① 柏拉图：《法律篇》，第 122 页。
② 柏拉图：《法律篇》，第 123 页。
③ 柏拉图：《理想国》，第 57 ~ 58 页。

在《理想国》中，柏拉图为城邦提供了一种理论的成长方式。① 在库珀（Cooper）看来，柏拉图对人的本质有两点重要判断：第一，人们在天资（talents）、能力（capacities）以及生性（natural dispositions）上具有差异；第二，任何人都无法在所有需要维持自己存在的领域成为专家。② 因此，人类具有相互需要和分工协作的天赋，而这一天赋无疑是城邦的起因，即"在我看来，之所以要建立一个城邦，是因为我们每一个人不能单靠自己达到自足，我们需要许多东西……那么一个人分一点东西给别的人，或者从别的人那里拿来一点东西，每个人却觉得这样有进有出对他自己有好处"③。后世的亚当·斯密将这一观点表达得更为精致：人类"互通有无，物物交换，互相交易"④ 的倾向会逐渐导致人与人之间的分工，即交换劳动的剩余部分，并最终委身于一种专门的职业，⑤ 而分工会带来"劳动生产力上最大的增进，以及运用劳动时所表现的更大的熟练、技巧和判断力"⑥。柏拉图不同于亚当·斯密的地方就在于他的分工远远超出了经济范畴。他将社会设想成一个服务体系，"在这个体系中，每个成员既为其他人提供服务，又接受其他人的服务。国家所要关注的就是这种相互关系，而且国家所要努力安排的也是以最恰当的方式去满足需要和以最和谐的方式去互换服务"⑦。简言之，人与人之间的分工和协作对每个人都有好处，会使城邦普遍受益，而这种好处和利益并不仅仅局限于经济和物质的层面。与此同时，这一过程并不来自于有意识的计划或建筑（architectonic），而是自然而然的结果。⑧ 在对城邦的起源进行描述之后，柏

---

① 《理想国》的核心目的是定义正义，而所有城邦、教育、政治的讨论都与这个目的有关。Cf.，Christopher Duncan and Peter Steinberger, "Plato's Paradox? Guardians and Philosopher Kings", The American Political Science Review 84. 4 (1990), p. 1317.

② Cf.，John Cooper, Knowledge, Nature, and the Good: Essays on Ancient Philosophy, p. 255.

③ 柏拉图：《理想国》，第 58～59 页。

④ 亚当·斯密：《国民财富的性质和原因的研究》上卷，第 13 页。

⑤ 参见亚当·斯密：《国民财富的性质和原因的研究》上卷，第 15 页。

⑥ 亚当·斯密：《国民财富的性质和原因的研究》上卷，第 5 页。

⑦ 乔治·萨拜因：《政治学说史》，第 82 页。

⑧ Cf.，Peter Steinberger, "Ruling: Guardians and Philosopher – Kings", The American Political Science Review 83. 4 (1989), p. 1209.

拉图进一步介绍了两种城邦。

柏拉图将第一个城邦称为朴素的城邦。首先，这个城邦要满足粮食、住房、衣服等基本需要，所以至少要有四到五个人去从事农夫、瓦匠、纺织工人等职业。① 其次，城邦应该实行分工原则，即"各人性格不同，适合于不同的工作……只要每个人在恰当的时候干适合他性格的工作，放弃其他的事情，专搞一行，这样就会每种东西都生产得又多又好"②。最后，由于人的需求和分工，城邦的人口和职业会逐渐增加：工匠、畜牧、运输和交换由此产生。③ 在交换和贸易的基础上，城邦会进一步出现商人、市场、货币以及雇佣劳动。④ 人们在这个城邦里过着简单、快乐和淳朴的生活："满门团聚，其乐融融，一家数口儿女不多，免受贫困与战争……身体健康，太太平平度过一生，然后无病而终，并把这种同样的生活再传给他们的下一代。"⑤ 虽然这个城邦看似"一个猪的城邦"⑥，但是柏拉图认为它才是一个真正且健康的城邦。由于其他对话者并不满足于朴素的城邦，柏拉图于是介绍了第二个城邦。

柏拉图将第二个城邦称为繁华的城邦。考察第二个城邦的目的，就是发现正义问题，即"我们观察这种城邦，也许就可以看到在一个国家里，正义和不正义是怎么成长起来的……如果你想研究一个发高烧的城邦也未始不可"⑦。柏拉图试图在此处暗示，正义问题一般在繁华而非朴素的环境下才会产生。柏拉图或许有着同老子相似的立场，认为正义并非至善，不过无奈的扑救措施，即"失仁而后义"⑧：朴素的城邦之所以好于繁华的城邦在于前者充满淳朴的仁爱，无需正义来协调。在柏拉图笔下，繁华的城邦不仅需要生活的必需品，还要奢侈品。随着人口增多和日益奢侈，土地及其资源逐渐不够用了，内外战争与正义问题由此产生。于是，城邦

---

① 参见柏拉图：《理想国》，第 59 页。
② 柏拉图：《理想国》，第 60 页。
③ 参见柏拉图：《理想国》，第 60~61 页。
④ 参见柏拉图：《理想国》，第 61~63 页。
⑤ 柏拉图：《理想国》，第 63~64 页。
⑥ 柏拉图：《理想国》，第 64 页。
⑦ 柏拉图：《理想国》，第 64 页。
⑧ 王弼注：《老子道德经注》，第 98 页。

需要进一步扩充护卫者与军队来护卫安全、财产和法律。① 对于柏拉图来说，理想国和正义的目的就在于净化这个发高烧的城邦，并使之回归朴素城邦的健康和秩序。②

在《法律篇》中，柏拉图为城邦提供了一种历史的成长方式。城邦起源于洪水之患对文明的摧毁。洪水过后，所有高级文明都被摧毁，只有住在山上的牧羊人得以存活，而随着时光流逝和人口增长，城邦、法律、美德和罪恶等因素逐渐从这种状况中发展出来。③ 那时的人们过着如同《理想国》中朴素城邦的生活，他们简单淳朴，不相互争斗，因为"第一，人与人隔绝了，促使他们互爱互慕。第二，他们无需争夺食物的供应……既无富裕也无贫穷的社会通常培养出最好的品格，因为暴力和犯罪的倾向、猜疑和妒忌的感觉都无从产生。因此，这些人都是善人……他们把他们听到的关于神和人的说法作为真理来接受了，并且依照这种说法来生活"④。在这种状态下，正义丝毫没有产生的必要和土壤。后世的休谟曾对此有过相似的见解。在他看来，正义起源于资源不足与仁爱不足⑤：资源不足引发了人类的争夺，而仁爱不足使争端和分配只能靠带有强制和规范性质的正义解决。古实（Cusher）指出，这一时期的人并非没有斗争和不义的基因，即渴望更多和热爱胜利，只是朴素和无知使他们尚不明白通过不正义究竟能够得到什么，因此他们无法充分发掘灵魂中固有的争斗和不义的潜能。⑥

柏拉图随即描述了城邦成长的四个历史阶段。在第一个阶段，那时的人还没有文字记录，生活在分散和孤立的单个家庭中，只是遵循习惯和祖法来生活，并接受最年长成员的统治，这一种政治制度被称为强权统治

---

① 参见柏拉图：《理想国》，第 64~65 页。
② Cf. ，Peter Steinberger, "Ruling: Guardians and Philosopher－Kings", p. 1210.
③ 参见柏拉图：《法律篇》，第 72~75 页。
④ 柏拉图：《法律篇》，第 77 页。
⑤ 参见大卫·休谟：《休谟政治论文选》，张若衡译，北京：商务印书馆，2010 年，第 175~177 页。
⑥ Cf. ，Brent Edwin Cusher, "From Natural Catastrophe to the Human Catastrophe: Plato on the Origins of Written Law", p. 283.

（dunasteia）。① 在第二个阶段，几个家庭组成起来，形成一个共同的大团体，立法也从这里起源："每个小群体的成员带着他们自己特有的法律参加了更大的联合体……这个联合体必然要做的下一个步骤是选出若干代表审查所有家庭的规则，公开向人们的首领（可以说'王'）建议采纳那些他们自己尤为推崇的规则供大家之用。这些代表将作为立法者而为人们所熟悉，并且通过任命那些首领们为官员，由此从众多强权中创造出一种贵族政体，也许还有君主政体。"② 在第三个阶段，人类在平原上建立了城市，克服了对海洋的恐惧，并且开始相互征伐。希腊人攻陷了特洛伊城，平定了希腊内部的叛乱，并改名为多里安。③ 在第四个阶段，希腊人把军队一分为三，建立了三个由不同国王统领的城邦联盟：阿尔戈斯、迈锡尼和斯巴达。④ 他们相互盟誓说："如果有人企图颠覆他们的王位，他们会给予帮助。"⑤ 这种盟邦于内有着社会契约的性质，即国王保证不去加强他们的统治，而臣民则宣誓维护国王的统治。⑥ 然而，阿尔戈斯和迈锡尼的制度和法律很快就受到了破坏，三个城邦亦征战不休，联盟迅速瓦解。⑦

第四个阶段之所以会失败的原因主要在于无知和无制。所谓无知是指"对人类最重要事情的无知"⑧，即愚昧到掂不清好坏和利害："一个人认为某物是完美和善的，但却不喜欢它，憎恶它。与之相反，当他喜欢并欢迎某物时，他所深信的却是邪恶的和不正直的。我认为，他的苦乐感觉和他的理性判断之间的不一致，是他的最大无知……当灵魂和知识或观念或理性即它的自然的主导原则发生争吵时，就有了我称做'愚昧'的东

---

① 参见柏拉图：《法律篇》，第 77～79 页。
② 柏拉图：《法律篇》，第 79～80 页。
③ 参见柏拉图：《法律篇》，第 81 页。
④ 参见柏拉图：《法律篇》，第 82 页。
⑤ 柏拉图：《法律篇》，第 83 页。
⑥ 参见柏拉图：《法律篇》，第 83 页。
⑦ 参见柏拉图：《法律篇》，第 85～86 页。
⑧ 柏拉图：《法律篇》，第 89 页。

西。"① 所谓无制是指缺乏节制，忽略赫西俄德"一半往往大于全体"②
的真理。这种过度和无节制首先是国王们的病，他们奢侈自大、蔑视法
律，从而破坏了城邦的和谐和秩序。③ 柏拉图认为，第四个阶段的失败带
给人们两点启示，即立法者不仅要用好的思想来开化民众以尽可能消灭愚
昧，还一定要有比例意识，因为："把太大的权威交给一个够不上这一权
威的人，那么后果必然是灾难性的。"④

在《政治家》中，柏拉图为城邦提供了一种神话的成长方式。城邦
起源于阿特柔斯与堤厄斯忒斯的冲突。所谓阿特柔斯与堤厄斯忒斯的冲
突，其实是指宇宙的两种不同动力。神的动力（自西向东）与万物的动
力（自东向西）相反："神在某些时代亲自参与引导着万物，使之旋转，
而在另一些时代，当这种旋转已经达到适合于万物之时间尺度时，神便撒
手不管，万物自发地朝相反的方向旋转。"⑤ 当运转方向突然转变时，人
间亦将发生重大改变，只有少数人可以幸存。⑥ 在柏拉图看来，神是最完
善和高贵的存在，可以永恒不变、处于相同的状态。天体次之，因为天体
包含神和肉体两种。所以，天体最初可以像神圣之物一样保持不变，但肉
体部分会使其逐渐腐败，并走向神的反面。最终，天体会变得彻底腐化和
邪恶。因此，神会出手干预并改变天体的运行方式。每当神出手干预或者
放手时，天体都会发生巨大的变化。在巨变之下，动物会大规模灭亡。即
便可以幸存，其生存方式和运动轨迹也会相应地改变。简言之，天体有自
我堕落的倾向，有时需要神的干预。然而，神的干预本身并非神圣之物，
不能使受干预的天体形成永恒不变的状态。一旦撒手，天体又会走回过去
的道路。如果神彻底撒手不管，天体以及内部的一切最终将走向自我毁灭
的道路。⑦ 在对城邦的起源进行说明之后，柏拉图随即介绍了两个不同的

① 柏拉图：《法律篇》，第 90 页。
② 柏拉图：《法律篇》，第 92 页。
③ 参见柏拉图：《法律篇》，第 92 页。
④ 柏拉图：《法律篇》，第 93 页。
⑤ 柏拉图：《政治家》，第 27 页。
⑥ 参见柏拉图：《政治家》，第 29 页。
⑦ 参见柏拉图：《政治家》，第 27～28、33～34 页。

时代。

柏拉图将第一个时代称为克洛诺斯的统治时期。克洛诺斯时期受神的支配，属于前一个革命时代，天体自西向东运转。由于那时万物运转的方向与现在相反，所以人的生存状况也十分不同：一方面，人们变得越来越年轻，日益回归新生儿，并最终彻底萎缩和消失；另一方面，一些人同时从土中复活。那时，神亲自掌管人间的事务：人们不再野蛮，没有战争和内讧，也无需弱肉强食；政体以及对妇孺的占有并不存在；大自然四季不分，有取之不尽、用之不竭的食物和资源，人们因此无需劳作，一切欲望都可以在大自然中得到满足。克洛诺斯的统治是最理想和幸福的时期。人们与大自然更亲近且有大量的闲暇。如果他们利用这些有利条件学习哲学的话，他们将比后来的人幸福千倍。①

柏拉图虽没有为第二个时代命名，但它无疑是人的时代。在克洛诺斯的末期，大地诞生的人消耗殆尽，而万物之舵手即神也决定放手离开。宇宙又一次翻转和剧震，再一次使所有动物种类毁灭。② 经过相当长的时间之后，宇宙产生了新秩序并步入自东向西的轨道："那些逐渐变得微小迹近消失的动物，又长大了，那些从大地中诞生的新生儿则日渐老去、垂死并重归大地。"③ 人类没有技艺且失去了神的照料，变得十分虚弱，因此常常被野兽生吞。当人陷入无能为力的困顿时，诸神将一些天赋才能赐予人类。这样一来，人类开始学习安排自己的生活，并"与作为一个整体的宇宙一样，自我照料，共同模仿并且追随我们生于斯、长于斯的宇宙"④。正是在这种情形和时代下，城邦和正义才开始产生。

三、正义的定义

在以大见小的架构中，柏拉图认为要想真正理解正义应该首先对城邦进行考察。于是，柏拉图在《理想国》、《法律篇》以及《政治家》中，从不同视角阐述了城邦的起源。在对城邦的起源和成长方式进行介绍之

---

① 参见柏拉图：《政治家》，第29~32页。
② 参见柏拉图：《政治家》，第33页。
③ 柏拉图：《政治家》，第34页。
④ 柏拉图：《政治家》，第36页。

后，柏拉图对城邦的正义进行论述。

《理想国》中的城邦起源在于人类相互需要和分工协作的天赋，于是柏拉图认为城邦的正义就是不同阶级各司其职、互不干扰，即"每个人必须在国家里执行一种最适合他天性的职务……正义就是只做自己的事而不兼做别人的事……正义就是有自己的东西干自己的事情……当生意人、辅助者和护国者这三种人在国家里各做各的事而不相互干扰时，便有了正义，从而也就使国家成为正义的国家了"①。萨拜因曾对这一正义观进行了解释："正义乃是维系并凝聚一个社会的纽带，亦即把个人和谐地联合在一起，而其间的每一个人都根据其天赋的适应性和所接受的训练而找到了其毕生从事的工作。"② 从根本上来讲，正义的城邦其实就是专家组成的城邦。③ 至于不同阶级该以什么为职，尤其何种阶级可以成为统治者可谓理解城邦正义的关键所在。

柏拉图试图拿高贵的谎言来解决城邦内的阶级划分。④ 这样一来，正义似乎需要谎言的加持才能实现。⑤ 高贵的谎言兼有平等与差异两个方面。平等的一面是指大地是一切阶级共同的母亲，所以他们一定要"念念不忘，卫国保乡，御侮抗敌，团结一致"⑥。差异的一面是指"他们虽然一土所生，彼此都是兄弟，但是老天铸造他们的时候，在有些人的身上加入了黄金，这些人因而是最可宝贵的，是统治者。在辅助者（军人）的身上加入了白银。在农民以及其他技工身上加入了铁和铜"⑦。简言之，白银辅助黄金统治铁和铜。尽管阶级的天赋一般父子相承，但却免不了错综变化。这时就要好好考察，务使天赋与身份相符。⑧ 在这些阶级中，统

---

① 柏拉图：《理想国》，第 156～158 页。

② 乔治·萨拜因：《政治学说史》，第 88 页。

③ Cf.，Julia Annas, An Introduction to Plato's Republic, pp. 74 - 75.

④ 高贵的谎言不仅解决阶级划分，甚至用来支持优生政策。Cf.，Amélie Rorty,"Plato's Counsel on Education", Philosophy 73. 284 (1998), p. 174.

⑤ Cf.，Kateri Carmola, "Noble Lying：Jusitce and Intergenerational Tension in Plato's Republic", p. 39.

⑥ 柏拉图：《理想国》，第 130 页。

⑦ 柏拉图：《理想国》，第 131 页。

⑧ 参见柏拉图：《理想国》，第 131 页。

治阶级即黄金最重要，需要尤其留意。分辨和考察的标准主要有四，即年龄、能力、爱国和坚定。第一，统治者的年纪应该大，被统治者的年纪应该小；第二，统治者在各个方面都应该尽可能是最好和最有能力的人；第三，统治者应该鞠躬尽瘁，为城邦效力；第四，统治者保卫城邦的信念必须坚定，并且从小经受各种考验和诱惑。①

在明确了城邦的阶级划分之后，柏拉图进一步规定了正义城邦的具体政策。正义城邦的具体政策主要由男女平等、妇孺公有和哲学王统治这三个方面组成，即"一个安排得非常理想的国家，必须妇女公有，儿童公有，全部教育公有。无论战时平时，各种事情男的女的一样干。他们的王则必须是那些被证明文武双全的最优秀人物……治理者一经任命，就要带领部队驻扎在我们描述过的那种营房里：这里的一切都是大家公有，没有什么是私人的……由于他们要训练作战，又要做护法者，他们就需要从别人那里每年得到一年的供养作为护卫整个国家的一种应有的报酬"②。所谓男女平等，是指城邦应该实现男女在教育和义务方面的平等。男女在天赋上并无差别，只是女性比男性弱一些而已。因此女人接受同样的教育，肩负同样的工作并不违背自然，只是"在这些工作中她们承担比较轻些的，因为女性的体质比较文弱"③。罗森斯托克（Rosenstock）指出，尽管柏拉图看似解放了妇女，但是他其实只是成功消灭了妇女（eliminate the female）。④ 由于柏拉图试图在其理想国形成最大程度的一致，所以他不愿忍受差异：男女平等就意味着个人的身份有可能摆脱性别的偏差，即只有人而不存在男人或女人。

所谓妇孺公有，是指城邦的护卫者不能组成一夫一妻的小家庭，而要公有一切女人和孩子。⑤ 在妇孺公有的过程中，城邦可以通过各种手段来

① 参见柏拉图：《理想国》，第 126~129 页。
② 柏拉图：《理想国》，第 315 页。
③ 柏拉图：《理想国》，第 192 页。
④ Cf. ，Bruce Rosenstock，"Athena's Cloak: Plato's Critique of the Democratic City in the Republic"，Political Theory 22. 3（1994），p. 372.
⑤ 参见柏拉图：《理想国》，第 192 页。

规定男女之间的性秩序来保障优生政策和控制人口。① 这些护卫者之间也有相当独特的伦理关系，即护卫者要把所有在他婚后第 10 个月或第 7 个月出生的孩子当作子女，这些孩子的儿女则成为孙子、孙女，而孩子们要把自己出生期间的同龄人当作兄弟姐妹；这些人之间不许发生性关系。② 虽然妇孺公有显得令人难以接受，但是柏拉图认为这一政策符合正义。对一个城邦而言，分裂即化一为多是恶，团结即化多为一是善。③ 而妇孺公有政策会最大程度地在城邦内部加强团结的纽带，削弱分裂的因素：护卫者们不仅会因此变得相亲相爱，也会减少纠纷，因为"人们之间的纠纷，都是由于财产、儿女与亲属的私有造成的"④。

所谓哲学王统治，是指"除非哲学家成为我们这些国家的国王，或者我们目前称之为国王和统治者的那些人物，能严肃认真地追求智慧，使政治权力与聪明才智合而为一……除了这个办法之外，其他的办法是不可能给个人给公众以幸福的"⑤。简言之，哲学王是研究有关哲学和政治事务的真理的哲学家兼政治家。⑥

在对正义城邦的具体政策，尤其护卫者阶级的制度安排进行说明之后，阿得曼托斯提出了质疑，认为护卫者阶级毫无幸福感可言："我们的护卫者竟穷得像那些驻防城市的雇佣兵，除了站岗放哨而外什么事都没有份儿。"⑦ 对此，柏拉图给出了三个答复。第一，护卫者有如管理羊群的猎犬，如果不加以提防，他们很容易变成城邦的暴君和敌人。⑧ 第二，物质容易使人腐化，而护卫者尤其不能被腐化："别来硬要我们给护卫者以那种幸福，否则就使他们不成其为护卫者了。"⑨ 第三，城邦整体的幸福比护卫者阶级的幸福更加重要："我们建立这个国家的目标并不是为了某

---

① 参见柏拉图：《理想国》，第 194～197 页。

② 参见柏拉图：《理想国》，第 198 页。

③ 参见柏拉图：《理想国》，第 199 页。

④ 柏拉图：《理想国》，第 203 页。

⑤ 柏拉图：《理想国》，第 217 页。

⑥ 参见柏拉图：《理想国》，第 218 页。

⑦ 柏拉图：《理想国》，第 134 页。

⑧ 参见柏拉图：《理想国》，第 132～133 页。

⑨ 柏拉图：《理想国》，第 135 页。

一个阶级的单独突出的幸福，而是为了全体公民的最大幸福；因为，我们认为在一个这样的城邦里最有可能找到正义。"①

　　福德（Forde）指出《理想国》实现正义的方式显得十分极端且不讨人喜欢，因为柏拉图不仅试图说明正义的本质是什么，还要在言辞中表明实现最彻底和完美的正义所需的代价是什么。由此可见，即便最完美的正义能够排除万难并成为现实，人们或许也并不一定会真正热爱完美正义。与此相反，人们更愿意妥协正义以获得其他利益，比如家庭及其他私有财产。② 凯尔森（Kelsen）持相似的立场：绝对的正义并不存在，只是一个幻想，而世间只有利益、利益之争以及利益的调和。③

　　在城邦正义的关照下，柏拉图进而对个人的正义予以讨论。如果仅就正义的概念而论，个人的正义与城邦的正义没有区别："在国家里存在的东西在每一个个人的灵魂里也存在着，且数目相同。"④ 因此，灵魂和城邦有着相似的组成部分：黄金即统治者有如灵魂的理性部分，白银即辅助者有如灵魂的激情部分，铁和铜即爱利者有如灵魂的欲望部分。⑤ 三者的秩序一如城邦那样，即激情部分辅助理性部分来领导欲望部分。个人的正义，是指灵魂的三个部分都能像城邦的三个阶级那样各司其职，即"正义的人不许可自己灵魂里的各个部分相互干涉，起别的部分的作用。他应当安排好真正自己的事情，首先达到自己主宰自己，自身内秩序井然，对自己友善。当他将自己心灵的这三个部分合在一起加以协调……使所有这些部分由各自分立而变成一个有节制的和谐的整体"⑥。从某种意义而言，柏拉图持有一种直觉主义（intuitionism）的正义观，即正义具有无法阐述或定义的善，而这种善近似某种和谐与秩序。⑦

　　柏拉图为《法律篇》中的城邦提供了一个历史的成长方式。于是，

---

　　① 柏拉图：《理想国》，第 135 页。

　　② Cf. , Steven Forde, "Gender and Justice in Plato", The Americian Political Science Review 91. 3 (1997), p. 668.

　　③ Cf. , Hans Kelsen. "Platonic Justice", Ethics 48. 3 (1938), p. 400.

　　④ 柏拉图：《理想国》，第 171 页。

　　⑤ 参见柏拉图：《理想国》，第 160 ~ 169 页。

　　⑥ 柏拉图：《理想国》，第 175 页。

　　⑦ Cf. , Norman Dahl, "Plato's Defense of Justice", p. 830.

这个城邦的正义原则也更贴近实际，远不如《理想国》那样理想化。柏拉图甚至为这个城邦做了一系列的客观限制。首先，新城邦位置离海岸较远、地势崎岖、没有邻国。① 因为靠近海岸和地势平坦容易因交通便利和物产丰富而带来贸易和财富，这些不仅无益于培养正直和高尚的习俗，反而会使人民变得卑劣和狡猾。② 其次，新城邦的木材不多，无法大量造船。因为雅典的历史表明步兵往往能坚守阵地，而水手则怯懦无比，毫无爱国情怀。③ 最后，新城邦的居民则主要是杂居和移民：单一联合体容易团结，但不易接受与自身不同的法律和制度，杂居联合体更乐于遵循新的法律。④ 柏拉图对城邦的客观因素进行限定的原因或许可以在孟德斯鸠身上得到较好的体现。在孟德斯鸠看来，法律并非孤立的存在，需要结合风俗、气候、宗教、商业等特殊且具体的条件才能予以考察，因为法律"只不过是人类理性在各个具体场合的实际应用而已"⑤。换言之，法律不能离开具体条件，只应量体裁衣。因此，只有对城邦的种种客观条件做出限定之后，柏拉图才能为新城邦选择政体和法律，从而探讨城邦的正义。

在柏拉图看来，最高级的政体是神的统治。神统治下的城邦无所谓正义，因为它超越正义。克洛诺斯时代的政体就是典型的例子：当时的人们十分幸福，有丰饶的物产，完全无需努力劳动；神安排精灵即超人的存在物来统治和安排人类的所有事务，精灵统治的结果是"和平，对他人的尊重，良好的法律，绝对的公正，世界各族之间的幸福与和谐的状态"⑥。神的统治虽然更接近于传说，但是这种传说揭示出了一个十分重要的道理，即"哪里国家的统治者不是神而是凡人，哪里的人民就离不开辛劳和不幸"⑦。所以，我们要尽可能地模仿神的统治，顺从我们身上的理性

---

① 参见柏拉图：《法律篇》，第 108～109 页。

② 参见柏拉图：《法律篇》，第 109 页。

③ 参见柏拉图：《法律篇》，第 110～111 页。

④ 参见柏拉图：《法律篇》，第 113～114 页。

⑤ 孟德斯鸠：《论法的精神》，许明龙译，北京：商务印书馆，2012 年，第 15 页。

⑥ 柏拉图：《法律篇》，第 121 页。

⑦ 柏拉图：《法律篇》，第 121 页。

即神的因素，并将之称为法律。①

理想的城邦稍逊于神的统治，正义问题亦在理想的城邦中产生。理想城邦的正义与《理想国》中的城邦十分相似，即"在那里，古谚所说的'朋友之间真诚地共享财产'，最大限度地普及到整个城邦……在这样一个国家里，'私有财产'的观念是千方百计地从生活中彻底根除了"②。这样的城邦是人力可以企及的最佳和最正义的状态，因此应该在现实中想方设法接近。在现实中试图模仿这种理想的城邦被称为次优城邦。

次优城邦虽然不如神的统治与理想城邦那样完满，但却更实际可行。次优城邦同时也有自身独特的正义原则。这个正义原则主要包括平等、朴素、法治三个层面。

所谓平等的正义，即"为了避免偏见，对公民的评价或授职，尽可能完全平等地根据合乎比例的不平等"③。在柏拉图看来，立法者必须把正义当作立法的目标，而正义的关键在于"给予那些不平等的人以应得的'平等'"④。柏拉图进一步区分了两种平等。第一种是度量和数目的平等，即"一个人可以简单地用抽签来分配平等的份额"⑤。第二种真正且最好的平等是"给大人物多些，给小人物少些，而调整你所给的东西要考虑到每个人的真正品质……政治家的最基本的才能就是这一点——严格的公正"⑥。第二种平等，即"平等地根据合乎比例的不平等"以及"给予那些不平等的人以应得的'平等'"，就是次优城邦的正义原则。何种人可以占据支配地位是理解合乎比例与应得的关键。对次优的城邦来说，支配权力主要包括七个层面，即父母对子女的权力、出身高贵者对出身低贱者的权力、长辈对年轻人的权力、主人对奴隶的权力、强者对弱者的权力、聪明人对无知者的权力以及赢签对输签的权力。⑦ 由此可见，应得与

---

① 参见柏拉图：《法律篇》，第 121 页。
② 柏拉图：《法律篇》，第 150 页。
③ 柏拉图：《法律篇》，第 155 页。
④ 柏拉图：《法律篇》，第 168 页。
⑤ 柏拉图：《法律篇》，第 167 页。
⑥ 柏拉图：《法律篇》，第 167 页。
⑦ 参见柏拉图：《法律篇》，第 91～92 页。

合乎比例的平等主要建立在血缘、身份、年龄、隶属、强弱、智慧和运气的基础上。

所谓朴素的正义，即"与漠视财富相联系的正义观"①。具体而言，朴素的正义主要包括平等分配土地以及控制贫富差距。在次优的城邦里，国都最好在中央，国土划分 12 份包括 5040 块地产，每人共分得靠近国土中心和边境两处住房，② 而分配应该平等，即"土地肥沃的划得小一些，瘦瘠的划得大一些"③。控制贫富差距的原则是不能让一个人拥有超过四倍于自食其力的财富，额外部分必须上缴充公。④ 具体措施如下：公民必须分配土地和房屋，但要将土地看作城邦的共同财产；立法者可通过继承、移民和生育等政策来确保人口数量和家庭总数不变；私人不得买卖土地；私人不能占有金银及收受妆奁、利息。⑤ 这些措施的原因在于"美德和巨额财富是非常不相容的……追求金钱必须限制在美德的范围内……他将把金钱放在第三即最低的位置上，他的灵魂放在最高的位置上，他的身体则处在两者之间的某个位置上"⑥。

所谓法治的正义，可以在《法律篇》对最高统治者的制度安排中得到体现。《理想国》只是强调哲学王的绝对统治，但是《法律篇》却提倡拿制度的手段来寻求某种客观的混合和制约。神在斯巴达实行了双王制，以更合理的比例限制权力；另一个兼有人性和神性的救世主，将斯巴达人的气魄和谨慎结合在一起创立了 28 人的长老院使之在重大决定时有与国王同等的权威；又一位救世主用近乎抽签的方式建立了五长官的权力形式来约束国王。⑦ 这种法治使斯巴达免于像阿尔戈斯和迈锡尼那样覆灭，反而保证了城邦的稳定性。由此可见，在法治的正义眼中，自觉度远不如制度："他们绝不会靠誓言来约束一个年轻人的灵魂，而这个年轻人取得了

---

① 柏拉图：《法律篇》，第 147 页。
② 参见柏拉图：《法律篇》，第 156 ~ 157 页。
③ 柏拉图：《法律篇》，第 156 页。
④ 参见柏拉图：《法律篇》，第 155 ~ 156 页。
⑤ 参见柏拉图：《法律篇》，第 150 ~ 153 页。
⑥ 柏拉图：《法律篇》，第 153 ~ 154 页。
⑦ 参见柏拉图：《法律篇》，第 93 ~ 94 页。

权力后很可能变成僭主。"① 从某种意义上而言，法治的正义"暗示了一个原则上的倾向——人们所认定由博学的治邦者来担任统治是不可能的"②。

柏拉图为《政治家》的城邦提供了一个神话的成长方式，而这个城邦的正义原则是建立在人类对神的模仿的基础上的。城邦的正义是指政治家知识的人治，即"只要他们运用了知识，并且是正确地运用，尽其所能地使城邦平安、从坏变好，那么，我们就必须说，这样的政体是唯一正当的政体，合乎对这种正当政体之定义"③。拥有政治家知识的人就像神一样，因此他的统治最接近神，也最符合正义。简言之，《政治家》中的正义与政治家知识相关，而知识的性质可谓正义问题的关键。

政治家的知识有四点性质。第一，知识是政体善恶的标准，即"作为有关政体正当性之分辨的标志，既非少数或多数，亦非自愿与否，更不是贫富差别，而是知识"④。第二，大多数人无法获得这种知识。⑤ 第三，知识无需地位的加持："只要拥有王者之知识，不管是否真的在统治，都必须同样地被称作君主。"⑥ 第四，政治家的知识像医生的知识一样，旨在拯救被统治者和患者，而不计他们的意愿如何。⑦

在对政治家知识的性质和重要性进行剖析之后，柏拉图并未直接说明政治家及其知识具体是什么，而是对城邦中被统治阶级的知识进行了定义。一切关于工具、容器、载器、防御物、玩具、质料以及养料的知识都只是助因即被统治阶级的知识，而非政治家的知识。⑧ 除上述七种以外，奴隶、商人、雇佣、公仆、神甫以及智者的知识，也属于助因的范畴，不能归于政治家的知识，尽管这些知识有时很难从政治家的知识中分离

---

① 柏拉图：《法律篇》，第 94 页。
② 程志敏、方旭编：《柏拉图的次好政制：柏拉图〈法义〉发微》，第 19 页。
③ 柏拉图：《政治家》，第 74 页。
④ 柏拉图：《政治家》，第 72 页。
⑤ 参见柏拉图：《政治家》，第 72 页。
⑥ 柏拉图：《政治家》，第 73 页。
⑦ 参见柏拉图：《政治家》，第 73 页。
⑧ 参见柏拉图：《政治家》，第 62 ~ 65 页。

出来。①

《政治家》里的正义是知识的统治。政治家的知识与生产、防御、养护、服务、交换、行动、宗教、辩论等一切具体事务无关，只是关乎治理的知识："王者之知识，其自身不是行动，而是对有能力行动者的统治，它能够洞见发起并开创城邦之伟业的时机，而其他的则必须按它所规定的去做②……统治所有这些知识及法律的，照料所有城邦事务的，并且将它们以最正确的方式编织起来的——我们是否应该给予一个通名，以理解这一权力，看起来，最恰当的莫过于称之为政治（知识）。"③简言之，柏拉图认为，正义就是尽可能模仿神照料人的那种知识来对人进行统治，即统治那些有能力从事生产、防御、养护、服务、交换、行动、宗教、辩论等事务的人，并以正确的方式将他们编织在一起对城邦产生正面和有益的作用。

值得指出的是，《政治家》对正义问题的观点远比《法律篇》和《理想国》复杂。柏拉图虽然在《政治家》中明确指出正义就是政治家知识的统治，但是他同时认为知识的统治虽最似神、最正义，但在大多数情况下并不现实。次好的政体只能尽可能模仿知识统治，而最好的模仿就是不做"任何有悖于已经为我们所确立的成为规则和古代礼法习俗的事"④。换言之，现实可行的正义就是合乎法律的统治，即"对仅凭知识的统治与凭合乎法律的意见而进行的统治，我们在名称上不作区分……统治者，其行事既不依法律，又不合惯例，他还装作是一个有知识者……但是，主宰这一摹仿的，乃是某种欲望与无知，那么，这一类型，不应被称作僭主吗？"⑤ 由此可见，《政治家》中的正义原则有两个不同的维度。理论上来讲，知识的统治就是正义；从现实的层面而言，法律的统治也属于正义。有时，虚假的知识还不如真实的法律。只有当真实的知识确实存在时，理论的正义才胜于现实的正义。只要真实的知识一日不存在，法律的统治就

① 参见柏拉图：《政治家》，第 66～69 页。
② 柏拉图：《政治家》，第 97 页。
③ 柏拉图：《政治家》，第 97 页。
④ 柏拉图：《政治家》，第 87 页。
⑤ 柏拉图：《政治家》，第 87～88 页。

是人力可及的最优的正义。

四、不正义的类型

柏拉图如果想要真正击败他的批判对象并全面提出自己的正义观，他就不能仅仅定义正义是什么，还要进一步探讨不正义，尤其不正义的城邦类型。柏拉图曾在《理想国》里解释了研究不正义城邦的重要性，即城邦的政体类型与人的灵魂类型相联系。柏拉图说："美德是一种，邪恶却无数，但其中值得注意的有那么四种……有多少种类型的政体就能有多少种类型的灵魂。"[1] 我们一旦对城邦政体的品质进行考察，就能更好地了解个人灵魂的品质，因为城邦比个人更容易看清。[2] 魏因加特纳（Weingartner）指出，柏拉图并没有止于说明正义者有行正义以及杜绝不正义的倾向，而是制定了一种心理状态的体系，从而对各种不同行为背后的灵魂基础都进行了阐述。[3]

《理想国》中不正义的城邦主要有四种。第一种可谓荣誉政体，即斯巴达和克里特政制，仅次于哲学王统治的政体。[4] 第二种是寡头政体，低于荣誉政体。第三种是民主政体，低于寡头政体。第四种是僭主政体，他是哲学王统治的反面，即不正义的化身，亦是城邦的祸害。[5] 这四个政体都是从前一个政体中变动出来的。在柏拉图看来，"政治制度的变动全都是由领导阶层的不和而起的……既然一切有产生的事物必有灭亡，这种社会组织结构当然也是不能永久的，也是一定要解体的"[6]。柏拉图随即描述了这四种政体的变动过程和性质，并且同时对与之相符的灵魂进行了介绍。

柏拉图假定荣誉政体是从贵族政体即哲学王的统治中蜕变出来的，仿

---

① 柏拉图：《理想国》，第178页。

② 参见柏拉图：《理想国》，第317页。

③ Cf. ，Rudolph H. Weingartner，"Vulgar Justice and Platonic Justice"，p. 252.

④ 苏格拉底（柏拉图）对斯巴达和克里特政治的推崇在许多文本中可以找到明证。Cf. ，I. F Stone, The Trial of Socrates, Boston：Little Brown, 1988, pp. 123 - 24.

⑤ 参见柏拉图：《理想国》，第316页。

⑥ 柏拉图：《理想国》，第318页。

佛哲学王的统治曾经真正存在过一样。蜕变的过程如下：尽管贵族政体的统治阶级是智慧的，但他们有时也会犯错误尤其在选定生育时节、教育后代以及分辨金银铜铁阶级这些问题上出错；这样一来，统治阶级内部开始混杂金银铜铁，变得不再和谐一致，而仇恨、分裂和战争也由此产生；当趋向私利的铜铁集团与趋向美德和秩序的金银集团展开斗争并最终达成某种妥协时，荣誉政体最终诞生。① 荣誉政体介于贵族政体和寡头政体之间：单纯、勇敢而非智慧的人执掌国家权力；统治者参加公餐，接受强制教育，不得从事金钱和生产活动，终身从事体育锻炼和战争而轻视音乐训练。② 就其性质而言，荣誉政体是"善恶混杂的政治制度……但是这种制度里勇敢起主导作用，因而仅有一个特征最为突出，那就是好胜和爱荣誉"③。

克里斯托弗认为荣誉人与荣誉政体一样，都被对荣誉、胜利和美名的欲望支配。④ 荣誉人是哲学家的儿子。荣誉人的父亲是善的，看淡权力或金钱，但在实际生活中却常常因此吃亏和被人看不起；儿子耳濡目染父亲和社会现状之间存在的张力，想要比父亲做得更像一个堂堂的男子汉；⑤这两种力量争夺年轻人的灵魂，并使之成为一个折中性的人物，即"自制变成了好胜和激情之间的状态，他成了一个傲慢的喜爱荣誉的人。"⑥就其性质而言，荣誉人自信却缺乏文化，对奴隶严厉，对自由人和蔼，对长官恭顺；他们热爱权力和荣誉，希望通过战功和军人素质而非文艺和口才来获得；由于缺少最善的保障，他们向善之心不纯会越老越爱钱。⑦ 所谓最善的保障是指"掺和着音乐的理性。这是人一生美德的唯一内在保障，存在于拥有美德的心灵里的"⑧。

---

① 参见柏拉图：《理想国》，第 318～320 页。
② 参见柏拉图：《理想国》，第 320 页。
③ 柏拉图：《理想国》，第 321 页。
④ Cf. ，Christopher Rowe and Malcolm Schofield，The Cambridge History of Greek and Roman Political Thought，p. 229.
⑤ 参见柏拉图：《理想国》，第 322～323 页。
⑥ 柏拉图：《理想国》，第 323 页。
⑦ 参见柏拉图：《理想国》，第 322 页。
⑧ 柏拉图：《理想国》，第 322 页。

寡头政体从荣誉政体中蜕变出来。具体的蜕变过程如下：私人财富逐渐破坏了荣誉政体；那些富有的人发现财富能让他们长期挥霍浪费、违法作恶，于是，钱财越来越受到尊敬和爱戴，德性越来越被轻视；城邦开始让富人掌权，并以财产总数来规定参政资格。[①] 就其性质而言，寡头政体是"一种根据财产资格确定下来的制度。政治权力在富人手里，不在穷人手里"[②]。在柏拉图看来，这样会带来八种弊病。第一，选择统治者的标准错误；第二，在城邦内部造成富人与穷人的分裂；第三，统治者不敢武装人民作战；第四，全民贪财齐啬；第五，缺乏专业分工；第六、贫富两极分化；第七，为富不仁；第八，穷人不义。[③]

寡头人与寡头政体相似，是荣誉人的儿子。寡头人起初亦步亦趋地模仿父亲；后来父亲落了难导致人财两空；在目睹了这一切后儿子的荣誉心和好胜心产生了动摇，他因羞于贫穷而努力敛财，并把欲望和财富的原则奉为神圣。[④] 于是，"理性和激情将被迫折节为奴。理性只被允许计算和研究如何更多地赚钱，激情也只被允许崇尚和赞美财富和富人，只以致富和致富之道为荣耀"[⑤]。就其性质而言，寡头人崇拜金钱、节俭勤劳、寸利必得、不重教育、自我控制、双重性格以及不慕虚名。[⑥] 归根究底，寡头人并不坏，甚至比其他许多人更可敬，但是他们全然没有真正的至善。[⑦]

民主政体从寡头政体中产生。具体的过程如下：城邦一方面追求财富，一方面因财富而变得铺张懒惰；社会上平民越来越多，他们普遍渴望改朝换代；统治者也迅速被金钱腐化丝毫没有应对乱局的美德和能力，只能眼睁睁看着城邦走向内战和党争；平民取得胜利后，政敌被流放或处死，其余的人则有机会通过抽签来取得官职。[⑧] 就其性质而言，民主政体

---

① 参见柏拉图：《理想国》，第 324～325 页。
② 柏拉图：《理想国》，第 324 页。
③ 参见柏拉图：《理想国》，第 326～327 页。
④ 参见柏拉图：《理想国》，第 328～329 页。
⑤ 柏拉图：《理想国》，第 329 页。
⑥ 参见柏拉图：《理想国》，第 329～331 页。
⑦ 参见柏拉图：《理想国》，第 331 页。
⑧ 参见柏拉图：《理想国》，第 332～334 页。

有着最广泛和多种多样的自由："这是政治制度中最美的一种人物性格，各色各样，有如锦绣衣裳，五彩缤纷，看上去确实很美……由于这里容许有广泛的自由，所以它包括有一切类型的制度。"① 然而，民主政体存在两个问题，即没有规矩和不考虑应得："在这种国家里，如果你有资格掌权，你也完全可以不去掌权；如果你不愿意服从命令，你也完全可以不服从，没有什么勉强你的……在这种制度下不加区别地把一种平等给予一切人，不管他们是不是平等者。"② 对柏拉图来说，民主最大的问题不是没有规矩和应得，而是一种认识论（epistemological）的缺陷，即缺乏理念（eide）：民主制的自由排斥具有限制性、排外性和等级性色彩的理念；一旦没有理念，温顺可以演化成暴力，思想可以变得混乱，自由可以走向奴役。③ 由此可见，带来同样性的绝对自由往往不如施加同一性的理念更有利。

民主人与民主政体相似，是寡头人的儿子。民主人逐渐远离父亲节俭和被必要欲望支配的习惯："没有理想，没有学问，没有事业心……称傲慢为有礼、放纵为自由、奢侈为慷慨、无耻为勇敢……沉迷于不必要的无益欲望之中的……一面摇头一面说，所有快乐一律平等，应当受到同等的尊重……生活没有秩序，没有节制。"④ 就其性质而言，民主人同样集最多人格于一身，显得五彩缤纷，璀璨无比。民主人对各种不同的事物都有所涉猎，而其他人一般只是专注于某几件事情：民主人可以在不同种类的欲望之间自由徘徊。⑤

僭主政体从民主政体中产生。如果说荣誉政体、寡头政体和民主政体只是不够正义的话，僭主政体则是彻头彻尾的不正义。僭主政体产生于物极必反的道理，即"不顾一切过分追求自由的结果，破坏了民主社会的

① 柏拉图：《理想国》，第 335 页。
② 柏拉图：《理想国》，第 335~336 页。
③ Cf. ，Arlene Saxonhouse，"Democracy，Equality，and Eide：A Radical View from Book 8 of Plato's Republic"，The American Political Science Review 92.2（1998），p.282.
④ 柏拉图：《理想国》，第 339~341 页。
⑤ Cf. ，Dominic Scott，"Plato's Critique of the Democratic Character"，Phronesis 45.1（2000），p.23.

基础，导致了极权政治的需要"①，亦即"极端的自由其结果不可能变为别的什么，只能变成极端的奴役"②。具体的蜕变过程如下：民主城邦过多渴望自由，不能接受正派领导人任何程度的善意约束；于是，人们不仅不把法律的约束放在心上，还使统治者与被统治者、父亲与儿子、本国人与外国人、老师与学生，甚至动物与人之间变得平起平坐，没有区别；这时，僭主会从人群中产生，他假意保护人民的自由、平等、安全和福利，但却不断利用人民清洗异己，获得权力；他建立警卫队保卫自己、假仁假义争取民心、挑起对外战争以使人民负担军费和需要领袖、消灭所有异见分子、消灭所有有能力的人物、不断扩充卫队、雇人宣传僭主政治、擅自动用城邦的庙产和政敌的财产；最终，僭主会实现对城邦彻底的奴役和控制。③ 就其本质而言，僭主政体是"最严酷最痛苦的奴役"④。

僭主人与僭主政体相似，是民主人的儿子。民主人渴望奢侈，但由于他是被节约爱财的寡头人从小培养的，所以他会选择吝啬和奢侈中间的道路，但是僭主人却无法保持中道，他会被所谓的自由教唆，放纵自身的懒散和奢侈的欲望，消灭任何一丝正派和德性，最终他会变成醉汉、色鬼和疯子。⑤ 克里斯托弗指出，僭主的灵魂受到了欲望的绝对统治，而这些欲望大多毫无必要且无法无天。⑥ 他铺张浪费，纵情酒色；当花光收入后，他开始掠夺父母的财产、杀人越货、亵渎神圣甚至利用人民获得统治权。⑦ 究其性质而言，僭主人是"杀父之徒，是老人的凶恶的照料者……他们一生从来不真正和任何人交朋友。他们不是别人的主人便是别人的奴仆"⑧。

《政治家》中不正义的城邦主要有三种，即僭主政体、寡头政体和民

---

① 柏拉图：《理想国》，第 343 页。

② 柏拉图：《理想国》，第 345 页。

③ 参见柏拉图：《理想国》，第 343 ~ 350 页。

④ 柏拉图：《理想国》，第 354 页。

⑤ 参见柏拉图：《理想国》，第 356 ~ 358 页。

⑥ Cf. ，Christopher Rowe and Malcolm Schofield, The Cambridge History of Greek and Roman Political Thought, p. 229.

⑦ 参见柏拉图：《理想国》，第 358 ~ 361 页。

⑧ 柏拉图：《理想国》，第 354 ~ 362 页。

主政体。这三个政体虽然与《理想国》中的政体看似一样，但其产生的机理却完全不同。《政治家》中的政体更多是通过分割和拓展产生。在柏拉图看来，政治家知识的统治虽是最似神且最正义的政体，但在大多数情况下并不现实。所以，知识统治必须从其他现实的政体中区分出来，因为"这就好像将神与人区分开来一样"①。剩余的政体类型可以分为一人统治、少数人统治以及多数人统治，②而强迫与自愿、贫穷与富裕、有法与无法可以将其进一步分割。于是，一人统治成为僭主政体或君主政体，少数人统治成为贵族政体或寡头政体，多数人统治虽有分割，但民主政体的名称不变。③其中，僭主政体最不正义："一人统治，若以优良之成文的东西来约束它时，则在六种之中为最好；而若没有法律的约束，则生活于其中是最艰难、最难以忍受的。"④寡头政体在不正义方面属于中等："正如少数乃一与多之间的中道，我们可以认为，这样的话，无论是好是坏，它都处于中道。"⑤民主政体则在不正义方面最弱："在所有的有法的政体中，它是最坏的，而在所有的无法的政体中，它是最好的。"⑥

　　《法律篇》没有铺开研究不正义的城邦类型，只是有些零星琐碎的讨论。柏拉图在《法律篇》中认为正义在于平等、朴素与法治，因此任何破坏或缺乏平等、朴素与法治的城邦都不够正义，而与平等、朴素与法治全然对立的城邦则是最彻底的不正义。除此之外，柏拉图还对克里特和斯巴达即《理想国》中的荣誉政体进行了批判。克里特和斯巴达实行共餐、体育训练和装备武器这些做法都着眼于战争，因为"所有的城邦按其本性来说是在对每一个别的城邦进行着不宣而战的战争"⑦。如果不能确保战争的胜利，那么城邦的一切财富和幸福都会被胜利者抢走。

　　从某种意义上而言，克里特人和斯巴达人认为战争中取胜就是城邦治

---

①　柏拉图：《政治家》，第92页。
②　参见柏拉图：《政治家》，第69~70页。
③　参见柏拉图：《政治家》，第70页。
④　柏拉图：《政治家》，第91页。
⑤　柏拉图：《政治家》，第91页。
⑥　柏拉图：《政治家》，第91页。
⑦　柏拉图：《法律篇》，第9页。

理良好且符合正义的标准。① 对此，柏拉图提出了批判。第一，克里特和斯巴达的共餐和体育训练有煽动革命、鼓励同性恋的风险。② 第二，克里特和斯巴达把城邦"组织得像座军营，而不是一个居住在城镇里的人民的社会"③。第三，正义和法律的目标都在于最大的善，但是"最大的善既不是对外战争也不是内战，而是人们之间的和平与善意"④。

五、正义与不正义

在对不正义的类型进行阐述之后，柏拉图还需对正义与不正义本身的利弊进行论证。柏拉图之所以要论述正义与不正义本身的利弊，因为他需要借此将话题转向对正义本身的攻守上，即解释一个人为什么要选择正义。这个问题非常重要，因为"它牵涉到每个人一生的道路问题——究竟做哪种人最为有利？"⑤

柏拉图论述的第一步是提出三种善。第一种善，人们之所以欲求它是为了它本身；第二种善，人们之所以欲求它既为了它本身，也为了它的后果；第三种善，人们之所以欲求它不是为了它本身，而是为了它可以带来的报酬和利益。⑥ 在柏拉图看来，"正义属于最好的一种。一个人要想快乐，就得爱它——既因为它本身，又因为它的后果"⑦。这样一来，柏拉图就必须从本身和结果这两个方面说明正义胜于不正义之处。

柏拉图论述的第二步是从本身和结果的角度对比正义与不正义。在柏拉图与色拉叙马霍斯的第一次交锋中，柏拉图提出正义本身比不正义更具智慧和德性，其结果也比不正义更有利。正义之所以比不正义更具智慧，因为正义的人只要胜过异类，不正义的人则无论同异都要胜过，而聪明的人不要求超过同类，只有愚蠢的人才希望同时超过同类和不同类的人。⑧

---

① 参见柏拉图：《法律篇》，第 9 页。
② 参见柏拉图：《法律篇》，第 22 页。
③ 柏拉图：《法律篇》，第 60 页。
④ 柏拉图：《法律篇》，第 12 页。
⑤ 柏拉图：《理想国》，第 27 页。
⑥ 参见柏拉图：《理想国》，第 45 页。
⑦ 柏拉图：《理想国》，第 45 页。
⑧ 参见柏拉图：《理想国》，第 34～36 页。

正义之所以比不正义更具德性，因为心灵需要正义才能发挥其"管理、指挥、计划……生命"①的功能，换言之，"正义是心灵的德性，不正义是心灵的邪恶"②。正义的结果之所以比不正义更有利，因为不正义使人分裂、斗争、仇恨甚至自相冲突，而正义则使人友好、和谐。③柏拉图与色拉叙马霍斯的交锋只是正义与不正义的一次笼统比较，更深入、立体的对比，需要在城邦和灵魂的结构中进行。

在柏拉图看来，正义是善和幸福的顶点，而不正义是恶和不幸的顶点：正义的化身即王者的城邦和王者的灵魂分别是所有城邦和灵魂中最善和最幸福的，而不正义的化身即僭主的城邦和僭主的灵魂则是最恶和最不幸的。④普遍来说，不正义不如正义的原因有三。第一，不正义使城邦和灵魂中最好的部分受到奴役，即"整体及其最优秀部分则处于屈辱和不幸的奴隶地位……他的最优秀最理性的部分受着奴役"⑤。第二，不正义使城邦和灵魂一直处于贫穷和不能满足的状态。⑥第三，不正义使城邦和灵魂充满了恐惧、痛苦、忧患、怨恨、悲伤。⑦具体而言，不正义的生活状态、评判资格以及真实性都不如正义。

正义的生活状态远比不正义幸福。僭主每天活在恐惧当中，他甚至害怕身边的每一个人，因为他的周围全是敌人，他不能控制自己却要控制别人。⑧他无穷的欲望使他生活在真正的贫困和痛苦之中，而他的权力将使他变得更不正义、不诚实、不敬神、不念情，最终"他不仅使自己成为极端悲惨的人，也使周围的人成了最为悲惨的人"⑨。王者、荣誉、寡头、民主以及僭主，就是幸福和美德的次序。⑩由此可见，王者即正义的化

---

① 柏拉图：《理想国》，第 42 页。
② 柏拉图：《理想国》，第 42 页。
③ 参见柏拉图：《理想国》，第 39 页。
④ 参见柏拉图：《理想国》，第 363 页。
⑤ 柏拉图：《理想国》，第 364 页。
⑥ 参见柏拉图：《理想国》，第 365 页。
⑦ 参见柏拉图：《理想国》，第 365 页。
⑧ 参见柏拉图：《理想国》，第 366～368 页。
⑨ 柏拉图：《理想国》，第 368 页。
⑩ 参见柏拉图：《理想国》，第 369 页。

身，最幸福、有德；而僭主即不正义，最不幸、无德。

正义比不正义更具评判快乐的资格。灵魂如城邦有三个部分，即爱智部分、激情部分、爱利部分。[①] 人的类型由此也有三种，即爱智者、爱胜者、爱利者。[②] 对应着三种人也会有三种快乐：在爱利者看来，受尊重的快乐和学习的快乐除非能够生钱否则毫无价值；爱敬者认为金钱的快乐是卑鄙，而学习的快乐是无聊的瞎扯；爱智者认为同研究真理的快乐相比，其他的快乐都不是真正的快乐。[③] 在这三种人里，爱智者最正义，爱利者最不正义，而爱智者最有资格评判三种快乐的高低，因为爱智者对三种快乐的总体经验最丰富，掌握了判断的工具即推理，而且是唯一把知识和经验结合在一起的人。[④] 甘森（Ganse）指出，爱智部分能在不同选项之间进行正确计算，从而选择对作为一个整体的个人最有利的欲望和快乐；其他部分的选择显得十分庞杂和短视：饥饿只要食物，口渴只要饮品。[⑤] 由此可见，虽然僭主觉得自己的生活十分快乐，但是他并不具备评判快乐的资格。只有当爱智者或哲学王认为僭主的生活快乐时，他才是真的快乐。

正义比不正义的快乐更真实。除了爱智者或哲学王以外，其他人的快乐都并不真实，只是快乐的影像，[⑥] 因此"如果作为整体的心灵遵循其爱智部分的引导，内部没有纷争，那么，每个部分就会是正义的，在其他各方面起自己作用的同时，享受着它自己特有的快乐，享受着最善的和各自范围内最真的快乐"[⑦]。简言之，哲学王即正义的快乐更真实，比僭主要快乐729倍。[⑧]

柏拉图论述的第三步是通过心灵雕像的例子来对比正义与不正义。这个雕像的样子是人面怪兽，即把多头的兽像（欲望）、狮子像（激情）、

①　参见柏拉图：《理想国》，第370～371页。

②　参见柏拉图：《理想国》，第371页。

③　参见柏拉图：《理想国》，第371页。

④　参见柏拉图：《理想国》，第372～373页。

⑤　Cf. ，Todd Stuart Ganson, "Appetitive Desire in Later Plato", History of Philosophy Quarterly 18. 3（2001），p. 228.

⑥　参见柏拉图：《理想国》，第374页。

⑦　柏拉图：《理想国》，第380页。

⑧　参见柏拉图：《理想国》，第382页。

人像（理性）结合起来，然后在外面罩上一个人像。① 这样一来，主张不正义比正义更有利的人，就是在放纵和加强兽像和狮子像，而使人像变得虚弱无力；主张正义比不正义更有利的人，就是在使人像变得强大从而完全主宰整个雕像，并把狮子像变成盟友来管理多头的兽像。② 所谓美好，是指人像对兽像的控制；所谓丑恶，是指人像反而受制于兽像。③ 由此可见，正义是美好和高尚的，而不正义则充满丑恶和卑下。

柏拉图论述的第四步是用现世和死后的回报来对比正义与不正义。凯尔森（Kelsen）指出，柏拉图来世报应的思想资源来自毕达哥拉斯学说，而这种正义观的核心是因果报应（retribution）。④ 然而，在探讨现世和死后的回报之前，柏拉图需要证明人类具有感知这种回报的能力。于是，柏拉图引入了灵魂的概念，即不朽的事物能够思考永恒，而我们的灵魂就是不朽不灭的。⑤ 换言之，人的身体和生命可以终止，但灵魂却是永恒的，而灵魂的这种性质可以充分且持续地感受现世和死后的报应。

在现世，一个正义的人会得到神的眷顾，而不正义的人会受到神的谴责。只要坚持正义，无论一个人遭到什么样的不幸对他来说都是好事，因为神永远不会忽略任何一个追求正义和美德的人。⑥ 无论不正义的人蒙受怎样的幸福和恩赐最终都不会有好下场，他很像"那种跑道上在前一半跑得很快，但是在后一半就不行了的赛跑运动员"⑦。随着时间的推移，不正义的人最终会被人看穿，并受到众人的唾弃和厌恶。正义的人则会越来越受人们的喜欢和信任："只要愿意，就可以治理自己的国家，要跟谁结婚就可以跟谁结婚，要跟谁攀儿女亲家就可以跟谁攀亲家，还有你们过去说成是不正义者的，现在我说成是正义者的一切好处。"⑧ 虽然正义的

---

① 参见柏拉图：《理想国》，第 382 页。
② 参见柏拉图：《理想国》，第 385 页。
③ 参见柏拉图：《理想国》，第 385 页。
④ Cf. ，Hans Kelsen, "Platonic Justice", p. 387.
⑤ 参见柏拉图：《理想国》，第 412~413 页。
⑥ 参见柏拉图：《理想国》，第 420 页。
⑦ 柏拉图：《理想国》，第 420 页。
⑧ 柏拉图：《理想国》，第 420 页。

现世报好过不正义，但是当它与死后的报应相比时就显得微不足道了。①

在论及正义与不正义的死后报应时，柏拉图举出了厄洛斯的例子。厄洛斯死而复活，谈了自己在彼世的见闻：正义者死后升天享福，不正义者死后下地狱受苦，并各自承受十倍的报应。在历时一千年之后，灵魂可以重新选择投胎。这时，神会把诸多生活模式投在地上，让每个灵魂依次自己选择。由于人的选择是依次进行，所以会有不平等的人生，但是最后选的人只要坚持正义也会有不错的结果，起码不用死后下地狱受罪。与此同时，即便第一个人选择了看似风光幸福的僭主生活，但其中不仅包含吃自己孩子这样悲惨的命运，还要在死后遭受惩罚。② 由此可见，只要人们坚持正义，就"可以不为财富或其他诸如此类的恶所迷惑，可以不让自己陷入僭主的暴行或其他许多诸如此类的行为并因而受更大的苦，可以知道在这类事情方面如何在整个的今生和所有的来世永远选择中庸之道而避免两种极端。因为这是一个人的最大幸福之所在"③。由于"灵魂是不死的，它能忍受一切恶和善"④，所以人们要追求正义以便在现世和死后都能得到好报。

在此，柏拉图终于完成了他肩负的使命，即用概念化的方式阐明自己的正义观并解释正义与不正义的利弊。他不仅定义了正义，还从实质而非外表的层面说明正义本身及其结果都比不正义更有利。

第二节　荀子的礼义

正义的功能是处理有关平等与差异的那些问题。先秦儒家将履行正义功能的具体概念称为仁义礼。⑤ 仁义礼是儒家思想的核心概念："仁者人

---

① 参见柏拉图：《理想国》，第 421 页。
② 参见柏拉图：《理想国》，第 425～429 页。
③ 柏拉图：《理想国》，第 426～427 页。
④ 柏拉图：《理想国》，第 430 页。
⑤ 参见唐士其：《正义原则的功能及其在中国传统思想中的实现：一个比较研究的案例》，第 6～13 页。

也，亲亲为大；义者宜也，尊贤为大。亲亲之杀，尊贤之等，礼所生也。"①

仁是指爱他人，其基础是对亲人的爱："孝弟也者，其为仁之本与。"② 仁虽基于亲亲，但并不止于亲亲。仁的实现是一个从近到远的过程，即从亲亲延伸出泛爱众："老吾老，以及人之老；幼吾幼，以及人之幼。"③ 无私的泛爱众之所以能从偏私的亲亲之情中产生，主要在于人类有感同身受的同情心。对此，孟子曾举例说明："今人乍见孺子将入于井，皆有怵惕恻隐之心。"④ 这种怵惕恻隐之心无疑是人类同情心最好的佐证。⑤ 由于人皆有同情心，所以亲亲可演化为泛爱众。演化的具体机制是忠恕，即"己欲立而立人，己欲达而达人"⑥ 以及"己所不欲，勿施于人"⑦。由此可见，仁就是推己及人。值得指出的是，仁并非普遍的爱众人，或者爱人如爱己。仁者之爱应时刻注意亲疏和远近的分别。爱自己的孩子和父亲的程度要胜于别人的孩子和父亲，否则就如孟子批判的那样："墨氏兼爱，是无父也。无父无君，是禽兽也。"⑧

礼是指人与人亲疏贵贱的分别和格局，即朱熹所言："礼，亲疏贵贱相接之体也。"⑨ 梁启雄指出，礼不仅使人我之间各不相扰，还对个人自身的思想和行动进行制裁。⑩ 这样一来，无论是人我还是自身都能遵循合

---

① 朱熹：《四书章句集注》（中庸·二十章），北京：中华书局，2011 年，第 31 页。

② 朱熹：《四书章句集注》（论语·学而），第 50 页。

③ 朱熹：《四书章句集注》（孟子·梁惠王上），第 195 页。

④ 朱熹：《四书章句集注》（孟子·公孙丑上），第 220 ～ 221 页。

⑤ 对于因提倡人类自私自利倾向而著名的亚当·斯密来说，人类不乏同情心亦是不争的事实："无论人们会认为某人怎样自私，这个人的天赋中总是明显地存在着这样一些本性，这些本性使他关心别人的命运……这种本性就是怜悯或同情，就是当我们看到或逼真地想象到他人的不幸遭遇时所产生的感情。"参见亚当·斯密：《道德情操论》，第 5 页。

⑥ 朱熹：《四书章句集注》（论语·雍也），第 89 页。

⑦ 朱熹：《四书章句集注》（论语·卫灵公），第 155 页。

⑧ 朱熹：《四书章句集注》（孟子·滕文公下），第 253 页。

⑨ 朱熹：《四书章句集注》（中庸·二十八章），第 37 页。

⑩ 参见梁启雄：《荀子思想述评》，载《哲学研究》1963 年第 4 期，第 59 页。

理的亲疏贵贱格局。通过各种仪式及其他外在表现形式，礼显示甚至固化人与人之间的差异，形成"君君，臣臣，父父，子子"①的社会秩序。可以说，礼的作用就是强调尊卑和亲疏。一旦过于重视礼，人与人之间的关系就会变得十分拘谨且离心离德，也就是程子所说的"礼胜则离"②。因此，先秦儒家特别重视和谐与礼的关系，即"礼之用，和为贵……知和而和，不以礼节之，亦不可行也"③。对儒家而言，礼与和之间是一体两面的辩证关系。固然不能只有分别没有和谐，但同时不能一味和谐而忽略分别。分与和的平衡才是礼治的理想状态。

义旨在权衡和与分、仁与礼以及平等与差异，即"义者，宜也"④。义就是审时度势，具体问题具体判断。如此一来，义是一个动态的存在，没有确定不变的法则可依，需在各种情形下做出正确的选择。孟子曾试图举例指出义的复杂性："嫂溺不援，是豺狼也。男女授受不亲，礼也；嫂溺援之以手者，权也。"⑤不救嫂子是豺狼，伸手拉嫂子是非礼，但是在人命关天面前，宁非礼也不能不救——这一决策过程就是义。既然义变动不居，那么人们究竟该如何获得和把握义呢？在儒家看来，把握的方式只能是尊贤，即"义者宜也，尊贤为大"⑥。关于义的学问属于实践的智慧，无法只靠书本、言语或思辨传授。人们应该找到并亲近贤人，从他对每件事情的具体实践中学习和领悟。

先秦儒家用仁义礼来实现正义的功能即处理平等与差异。在仁义礼之中，仁与礼相对。仁虽以泛爱众为目的（平等），但并未忽视亲亲（差异）；礼虽强调尊卑、亲疏（差异），但亦关注和为贵（平等）。由此可见，仁与礼的区别并非一个倾向平等，另一个倾向差异。二者真正的不同是内外之分。仁更多是指兼有平等与差异的内在情感，礼则是兼有平等与差异的外在手段。

---

① 朱熹：《四书章句集注》（论语·颜渊），第129页。
② 朱熹：《四书章句集注》（论语·为政），第53页。
③ 朱熹：《四书章句集注》（论语·为政），第53页。
④ 朱熹：《四书章句集注》（中庸·二十章），第30页。
⑤ 朱熹：《四书章句集注》（孟子·离娄上），第2页。
⑥ 朱熹：《四书章句集注》（中庸·二十章），第30页。

荀子的正义概念侧重于礼义而非仁义的一面。荀子虽然无需像柏拉图那样进行概念化的创造，但是仁义礼在他的时代面临着严峻的挑战和质疑。在挑战和危机面前，荀子更倾向于重视外在手段的礼义，并认为只是发自内心却没有实现手段的仁义显得迂腐不堪。这并不意味着荀子不重视仁。他之所以提倡礼胜于提倡仁，因为他认为不以礼为手段就无法实现仁。在那个充满紧迫感的动荡年代，外在手段显得比内在情感更为根本。仁义礼早就被先秦儒家创造出来，但是在荀子的时代，仁义礼不仅变得势微，而且受到多方面的挑战。因此，荀子首先需要对这些不同的礼义观和质疑声进行批判。

一、批判的对象

在荀子看来，辩论和批判是他那个时代任何志在匡扶正道的思想家都必不可免的首要任务。起初，圣王完全可以利用自身的权势将民众引向正道即礼义之道，无需同任何人辩论。到了荀子的时代，圣王已没，天下大乱，奸言四起。那些明白礼义之道的人，没有行赏罚、下命令的权势和地位，而那些拥有权势和地位的人往往并不明白礼义。于是，辩论就变得十分必要。一方面，君子尤其应该同众人分享美好的道理，即"人莫不好言其所善，而君子为甚"①；另一方面，辩说可谓"用之大文也，而王业之始也"②。然而，众人辩来辩去，大多"蔽于一曲而暗于大理"③，很少有人真正明白礼义之道。荀子曾对当时的情形深感悲痛："假今之世，饰邪说，交奸言，以枭乱天下，矞宇嵬琐，使天下混然不知是非治乱之所存者有人矣……然而其持之有故，其言之成理，足以欺惑愚众。"④ 出于济世安民的伟大抱负以及自认掌握礼义之道的底气，荀子最终决定参与这个"诸侯异政，百家异说"⑤ 的大辩论，并对当时的流行观念进行批判。

具体而言，荀子旨在批判当时流行的八种礼义观，即纵情派、忍情

① 王先谦：《荀子集解》（非相篇），第 83 页。
② 王先谦：《荀子集解》（正名篇），第 409 页。
③ 王先谦：《荀子集解》（解蔽篇），第 374 页。
④ 王先谦：《荀子集解》（非十二子篇），第 89~90 页。
⑤ 王先谦：《荀子集解》（解蔽篇），第 374 页。

派、尚法派、玩辞派、假儒派、少齐派、屈顺派以及实力派。

纵情派的礼义观以它嚣和魏牟为代表。在他们眼中，礼义就是放纵情性之所欲，即达到绝对的自由和放纵，丝毫不愿接受任何约束。荀子认为这种礼义观的主要问题在于"纵情性，安恣睢，禽兽行，不足以合文通治"，杨倞对此的解释为"言任情性所为而不知礼义，则与禽兽无异"①。换言之，礼义有着约束和强制的一面：一味随心所欲、追求放纵，不仅根本不懂礼义，而且与禽兽无异。在荀子看来，"养人之欲应该以礼为则，不能肆意而不归"②。

与纵情派相反，当时同时流行着忍情派的礼义观。这种礼义观以陈仲和史鳅为代表。在他们眼中，礼义就是压抑性情，即处处实现克制和隐忍。荀子认为这种礼义观的主要问题在于"忍情性，綦谿利跂，苟以分异人为高，不足以合大众，明大分"，杨倞对此的解释为"苟求分异，不同于人，以为高行……即求分异，则不足合大众；苟立小节，故不足明大分"③。他们处处克制和压抑自己的性情，并希望以此高人一等的做法，实际上只是在标新立异、追求个性，根本没有办法用这种礼义观来团结和治理大众。礼义不只针对个人或少数人，必须具有相对普遍的适用性。

尚法派的礼义观则由慎到和田骈代表。在他们看来，礼义就是法的统治，而法上源于君主的意志，下来自众俗的意见。荀子认为这种礼义观的问题存在两点重要缺陷。一方面，它不懂得尊重和借鉴已有的经验以及先王的政策，反而不断发明各种各样的新法规，而这种创新只是以君主和群众持续变化的意志为基础，丝毫没有固定的章法可依。这样一来，尚法派的礼义观看似尚有法，实则尚无法，即"尚法而无法，下修而好作，上则取听于上，下则取从于俗，终日言成文典，反纠察之，则偶然无所归宿，不可以经国定分"④。另一方面，荀子认为尚法派不明白贤人和智者

---

① 王先谦：《荀子集解》（非十二子篇），第 90 页。
② 陈荣庆：《荀子与战国学术思潮》，北京：中国社会科学出版社，2012 年，第 171 页。
③ 王先谦：《荀子集解》（非十二子篇），第 91 页。
④ 王先谦：《荀子集解》（非十二子篇），第 92～93 页。

的重要性，即"慎子有见于后，无见于先"① 以及"慎子蔽于法而不知贤，申子蔽于埶而不知知"②。虽然有了法律和权势，国家也可以在一定程度上得到治理，但是法律和权势并非治理的关键。在荀子眼中，"社会治乱，靠的是君子而不是法"③，因为好的法律必待贤人和智者才能得到创造、颁布和维护，而权势亦必待贤人和智者用之才能实现治理的效果。由此可见，法律、权势和众意并不足以构成礼义，而圣贤及其经验才是礼义真正牢固的基础。就礼义而言，法律只是末节，圣贤才是根本。尚法派的礼义观无疑是在舍本求末。

玩辞派的代表人物是惠施和邓析。他们的礼义观是建立在文字游戏而非实质内容的基础上。荀子认为这种礼义观的主要问题是务虚、不实和无用，即"不法先王，不是礼义，而好治怪说，玩琦辞，甚察而不惠，辩而无用，多事而寡功，不可以为治纲纪"④ 以及"惠子蔽于辞而不知实"⑤。换言之，礼义的核心是其实际内容，而不在于言辞合理、逻辑连贯和自圆其说的能力。

假儒派的代表人物是子思和孟轲。子思和孟轲与荀子同门，都属于儒家，但荀子却认为他们的礼义观的最大问题在于似是而非，明明不甚明白圣王的礼义之道，却常常假造传统，伪托圣贤，即"略法先王而不知其统，犹然而材剧志大，闻见杂博。案往旧造说，谓之五行，甚僻违而无类，幽隐而无说，闭约而无解。案饰其辞而祗敬之曰：此真先君子之言也"⑥。荀子尤其反对孟子的性善论，因为在他看来性善论不仅完全与事实不符，⑦ 而且无益于礼义和圣王的合法性。如果人性本善，何须圣王和礼义的强制和教化。荀子正是在这个意义上提出："故性善则去圣王、息

① 王先谦：《荀子集解》（天论篇），第 312 页。
② 王先谦：《荀子集解》（解蔽篇），第 380 页。
③ 陈荣庆：《荀子与战国学术思潮》，第 232 页。
④ 王先谦：《荀子集解》（非十二子篇），第 93 页。
⑤ 王先谦：《荀子集解》（解蔽篇），第 380 页。
⑥ 王先谦：《荀子集解》（非十二子篇），第 93～94 页。
⑦ 荀子对人性的主要观点有三，即性本恶、善者伪、不能从性。Cf. , Dan Robins, "The Development of Xunzi's Theory of 'Xing', Reconstructed on the Basis of a Textual Analysis of 'Xunzi' 23, Xunzi 'Xing E' 性恶 ('Xing' is Bad)", p. 156.

礼义矣。"① 除了子思和孟轲之外，荀子还对其他儒门派别如子张、子夏和子游进行了批判，并认为他们的所作所为同样不懂装懂，有辱圣王之道。②

少齐派的代表人物是墨翟和宋钘。他们的礼义观的核心是不顾差异的平等。在墨子和宋子看来，天下的公患是资源不足引起的争斗。礼义的目的就是解决这一公患。具体而言，宋子试图从人的内部着手对欲望进行限制。他提出："人之情欲寡。"③ 荀子认为宋子的问题在于"有见于少，无见于多"④ 以及"蔽于欲而不知得"⑤。第一，"人之情欲寡"与事实不符，因为人的情欲不仅不寡，而且多到难以满足。⑥ 第二，欲望的多与少并不重要，也不会造成争斗和混乱，反而欲望是否受到正道的控制才是关键；否则即便人们的欲望很少，也可以斗得不可开交。⑦ 第三，"有少而无多，则群众不化"⑧：当人有很多欲望时，圣王可以利用这些欲望劝其为善；如果人们的欲望很少，那么圣王就失去了教化民众的凭借。

与宋子不同，墨子试图从外部即运用非乐和节用的政策来解决资源不足的问题。非乐的政策要求人们无论努力或不努力，每日必须粗茶淡饭、忧戚无乐。节用的政策要求统治者要"少人徒，省官职，上功劳苦，与百姓均事业，齐功劳"⑨。墨子认为，只要上上下下都能以贫穷、劳累和忧戚为生活常事，就不会有不足的感觉，也不会有争斗。然而，荀子却认

---

① 王先谦：《荀子集解》（性恶篇），第421页。

② "弟佗其冠，神禅其辞，禹行而舜趋，是子张氏之贱儒也。正其衣冠，齐其颜色，嗛然而终日不言，是子夏氏之贱儒也。偷儒惮事，无廉耻而耆饮食，必曰君子固不用力，是子游氏之贱儒也。"参见王先谦：《荀子集解》（非十二子篇），第103~104页。

③ 王先谦：《荀子集解》（正论篇），第335页。

④ 王先谦：《荀子集解》（天论篇），第312页。

⑤ 王先谦：《荀子集解》（解蔽篇），第380页。

⑥ 参见王先谦：《荀子集解》（正论篇），第335页。

⑦ "心之所可失理，则欲虽寡，奚止于乱！故治乱在于心之所可，亡于情之所欲。"参见王先谦：《荀子集解》（正名篇），第414~415页。

⑧ 王先谦：《荀子集解》（天论篇），第312页。

⑨ 王先谦：《荀子集解》（富国篇），第183页。

为"墨子蔽于用而不知文"①：俭约的政策反而会适得其反，使"天下尚俭而弥贫，非斗而日争，劳苦顿萃而愈无功，愀然忧戚非乐而日不和"②。俭约的政策看似符合功用，可以省下不少资源，但是这样一来根本没有人愿意努力奋斗，奖赏也无法发挥调节和劝勉的作用，因为努力是贫穷、劳累和忧戚，不努力还是贫穷、劳累和忧戚。这些根本不足欲，而"不足欲则赏不行"。对此，杨倞曾解释道："夫赏以富厚，故人劝勉，有功劳者而与之粗衣恶食，是赏道废也。"③ 与此同时，当统治者尽可能做到像普通百姓那样劳苦和节用后，他会失去威信，无法用惩罚来调节和限制众人，即"有见于齐，无见于畸……有齐而无畸，则政令不施"④。在墨子的政策下，努力不会受到奖赏，不努力也不会受到惩罚。

实际上，少齐派的礼义观的最大缺陷并不在于少欲或是节俭本身，而在于不顾差异的平等。换言之，墨子和宋子要求所有人都少欲、所有人都非乐、所有人都节用才是他们礼义观的真正问题，因为这种礼义观会破坏赏罚机制，而这一机制是治理天下的根本。在这一机制的作用下，地位越高、能力越强、贡献越大和努力越多的人，应该在相应的程度上减少勤苦、劳累和忧戚；与此相反的那些人则应该相应地增加勤苦、劳累和忧戚。一旦这一机制受到了破坏，无论众人多么少欲、勤苦、劳累和忧戚，天下只能越来越穷、越来越差。正是在这个意义上，荀子指出少齐派的礼义观"不知壹天下、建国家之权称，上功用、大俭约而僈差等，曾不足以容辨异、县君臣"⑤。由此可见，礼义需要同时兼顾平等与差异，即给应当平等者以适宜的平等，给应当差异者以适宜的差异。

屈顺派的代表为老子和庄子。二者虽是一派，但其礼义观却并不相同。在荀子看来，"老子有见于诎，无见于信"，而这种礼义观的弊病与墨子类似，即"有诎而无信，则贵贱不分"⑥。老子的礼义观提倡守柔、

① 王先谦：《荀子集解》（解蔽篇），第380页。
② 王先谦：《荀子集解》（富国篇），第185页。
③ 王先谦：《荀子集解》（富国篇），第183页。
④ 王先谦：《荀子集解》（天论篇），第312页。
⑤ 王先谦：《荀子集解》（非十二子篇），第91~92页。
⑥ 王先谦：《荀子集解》（天论篇），第312页。

不争和处众人之所恶，而其对象主要是君王。荀子认为，君王属于高贵的人物，因此不仅不能屈或处众人之所恶，而且应该伸或处众人之所爱。否则，如果高贵者变得屈弱卑下，那么贵贱之间的差别就不存在了。如上所述，礼义应该兼顾平等和差异，在本不平等的人身上必须体现差异。

庄子礼义观的核心可谓顺天，即治乱的关键不在人力而在天，所以只要因应上天。荀子认为这种礼义观的不足在于"蔽于天而不知人"①。从某种意义上来说，荀子推动了先秦思想的世俗化运动（secularization），即只将天看作自然现象，从而取缔了其意志、神圣和人格的一面。② 在荀子看来，天和人各有其职，而真正的圣王必须明白天人之分。就天而言，其职在于"不为而成，不求而得"③，其功在于自然变化使"万物各得其和以生，各得其养以成"④。无论这些职能和功绩有多么伟大、精妙和深刻，人尤其君主不应该陷入其中，因为人不能与天争职，也无需知天。与此相反，君主只需"官人守天而自为守道也"⑤。这里的道是指人之道，亦即礼义。人不用慕天或顺天，因为人自有人的职和功，而天亦不会与人争职。正所谓"天行有常，不为尧存，不为桀亡"⑥。天地、日月、星辰在尧与桀的时期并没有任何不同，然而尧实现了善治，桀却让天下大乱。一些罕见的自然现象在任何时代都可能发生：天下治理得好，即便见到所有异象，也只需觉得怪异而不必恐惧；天下治理得不好，即便一个异象都没有发生，也不能存有侥幸心理，毕竟与自然异象相比，人祸和人妖才真正值得畏惧。尽管有时君主常常雩以求雨、占卜以决大事，但是这并不代表天可以主导人间事务。君主之所以这样做，只是将其当作一种表现文治的手段。⑦ 由此可见，人间治乱与天无关，主要在人。人类应该务其在己者，努力把握自身的命运，不能听天由命、自我放弃。礼义不是一种消

① 王先谦：《荀子集解》（解蔽篇），第380～381页。
② Cf. , Ioseph Shih, "Secularization in Early Chinese Thought：A Note on Hsun Tzu", pp. 391, 403.
③ 王先谦：《荀子集解》（天论篇），第301页。
④ 王先谦：《荀子集解》（天论篇），第302页。
⑤ 王先谦：《荀子集解》（天论篇），第304页。
⑥ 王先谦：《荀子集解》（天论篇），第300页。
⑦ 参见王先谦：《荀子集解》（天论篇），第304～309页。

极、因循的天赐神物，而是人的主观能动性的最好体现。荀子甚至提出，人不仅不能顺天，反而要制天，即"大天而思之，孰与物畜而制之？从天而颂之，孰与制天命而用之？望时而待之，孰与应时而使之？因物而多之，孰与骋能而化之？思物而物之，孰与理物而勿失之也？愿于物之所以生，孰与有物之所以成？故错人而思天，则失万物之情"[1]。由此可见，荀子的主张"无望于天而有专于人。其所谓'制天命'，实质就是'人成天生'"[2]。

实力派的代表人物是陈嚣和李斯。他们都是荀子的学生，因此属于上述七派的后辈，亦是战国末期涌现的一批杰出的青年才俊。他们关切的核心问题都有关富国强兵、建功立业以及威加海内。在他们眼中，礼义之道不能很好地实现这些目标，因此远不如权势、力量和实用可取。从某种意义上而言，实力派提出了一种反礼义的礼义观。陈嚣曾质疑荀子有关仁义礼在大争的战国时代的用处："仁者爱人，义者循理，然则又何以兵为？"[3] 李斯亦认为仁义礼过于迂腐，根本不实用："秦四世有胜，兵强海内，威行诸侯，非以仁义为之也，以便从事而已。"[4] 换言之，实力派认为在实用的层面来看，礼义之道远逊于霸道或强道，而礼义之国也不如霸国或强国。这样一来，实力派为荀子提出了一个新的挑战：他不仅要说明礼义本身的宏大和高尚，还要证明礼义比非礼义更实用、有利。

在对这八种不同的礼义观，尤其实力派进行批判的过程中，可以发现荀子不能只对礼义本身的高尚和意义进行理论上的描述，还要从实用的层面说明礼义与非礼义本身的利弊。于是，在指出当时不同礼义观的不足之后，荀子需要重新梳理讨论的框架，提出自己的礼义观并对礼义本身进行辩护。

---

① 王先谦：《荀子集解》（天论篇），第 310 页。
② 康香阁、梁涛编：《荀子思想研究》，北京：人民出版社，2014 年，第 188 页。
③ 王先谦：《荀子集解》（议兵篇），第 274 页。
④ 王先谦：《荀子集解》（议兵篇），第 275 页。

二、讨论的框架

荀子采用了一种由内到外的框架来表达自己的礼义思想。由内到外，是指从人性的角度来考察礼义。在荀子眼中，个人的礼义是国家的礼义的基础，而个人的礼义则源于人性。曾子曾在《大学》中对这种框架进行了精辟的阐述："古之欲明明德于天下者，先治其国；欲治其国者，先齐其家；欲齐其家者，先修其身；欲修其身者，先正其心；欲正其心者，先诚其意；欲诚其意者，先致其知；致知在格物。物格而后知至，知至而后意诚，意诚而后心正，心正而后身修，身修而后家齐，家齐而后国治，国治而后天下平。自天子以至于庶人，壹是皆以修身为本。"① 简言之，礼义的起点是人性的修行：一个人先通过修行达到礼义，然而再治理家族、国家乃至天下；在礼义之人的治理下，家族、国家和天下也将符合礼义。对于礼义而言，人性至关重要：对礼义之国乃至礼义本身的理解必须建立在礼义之人的基础上。于是，在提出自己的礼义观之前，荀子需要首先对人的本性进行阐述。

在荀子眼中，人的本性并不善良，而善良主要依靠后天人为的努力，即"人之性恶，其善者伪也"②。荷马·达布斯（Homer Dubs）指出，新生儿根本没有任何善恶倾向，只有经历了一系列锻炼和成长之后，才会逐渐显露出道德品质，因此，人性观更多是一种形而上学的假设（metaphysical assumption）而非经验的现象（empirical phenomenon）。③ 至于性恶论的形而上学假设的用意是什么，学界一直存在争议。廖名春认为荀子性恶论的目的是否定孟子的道德先验论。④ 在丹·罗宾斯（Dan Robins）、唐君毅、蔡仁厚、谭宇权等学者眼中，荀子性恶观的一个重要用意就是强

---

① 朱熹：《四书章句集注》（大学），第5页。
② 王先谦：《荀子集解》（性恶篇），第420页。
③ Cf. , Homer Dubs, "Mencius and Sun‐dz on Human Nature", p. 213.
④ 参见廖名春：《荀子新探》，第92页。

调对人性进行超越的必要性。① 荷马·达布斯（Homer Dubs）指出荀子性恶论的目的就是为专制主义奠基：由于人性本恶，所以人们不能相信自己，要依赖外在强力。② 威廉·曼森（William Manson）进一步提出荀子的性恶论是为从春秋战国时代逐渐形成的官僚专制主义（bureaucratic despotism）提供理论支持：性恶之人同时需要教育的升华以及政府的强制。③ 杨筠如并没有从形而上学假设的视角来理解荀子的性恶论，反而认为性恶论是对时代的一种反映：战国时代的人阴险狡诈、贪得无厌、弱肉强食、道德泯灭，而"荀子看到了这种人心，哪能不激为性恶之论"④。

尽管学者未能就荀子性恶论的用意达成共识，但是不同观点之间无疑存在相通的地方，即荀子提倡用外力来约束、引导、改造人的本性。单就人的本性而言，"生而有好利焉，顺是，故争夺生而辞让亡焉；生而有疾恶焉，顺是，故残贼生而忠信亡焉；生而有耳目之欲，有好声色焉，顺是，故淫乱生而礼义文理亡焉。然则从人之性，顺人之情，必出于争夺，合于犯分乱理而归于暴"⑤。人生而好利爱争、缺乏辞让和节制。由此可见，人性有着"为恶的社会属性"⑥。如果一味顺应人的本性，人们必然会陷入争斗、邪恶和暴乱。荀子认为，人往往缺什么，才会想什么，即"凡人之欲为善者，为性恶也……苟无之中者，必求于外"⑦。郭沫若曾指出："人之所以要求善，正是因为内部没有善；人之所以强学而求礼义，

① Cf. , Dan Robins, "The Development of Xunzi's Theory of 'Xing', Reconstructed on the Basis of a Textual Analysis of 'Xunzi' 23, Xunzi 'Xing E'性恶（'Xing' is Bad)", p. 158；唐君毅：《中国哲学原论：原性篇》，见《唐君毅全集》（第13册），台北：台湾学生书局，1986年，第66页；蔡仁厚：《儒家心性之学论要》，台北：文津出版社，1990年，第74页；谭宇权：《荀子学说评论》，第127~130页。
② Cf. , Homer Dubs, "Mencius and Sun – dz on Human Nature", p. 216.
③ Cf. , William Manson, "Incipient Chinese Bureaucracy and Its Ideological Rationale：The Confucianism of Hsun Tzu", p. 281.
④ 杨筠如：《荀子研究》，第48页。
⑤ 王先谦：《荀子集解》（性恶篇），第420~421页。
⑥ 廖名春：《荀子人性论的再考察》，载《吉林大学社会科学学报》1992年第6期，第75页。
⑦ 王先谦：《荀子集解》（性恶篇），第425页。

正是因为自己原来没有礼义。"① 正因为人性本恶且在实践中发现了性恶带来的伤害，所以人们才会后天努力向善。后天的努力向善，亦是改造人性的过程。改造的具体手段包括师法和礼义，即"故必将有师法之化，礼义之道，然后出于辞让，合于文理，而归于治"②。正是在这个意义上，礼义才变得必要，人才有了高下之分。如果人性本善，那么礼义问题就不会产生，人会自然而然地生活在善良和谐之中："今诚以人之性固正理平治邪？则有恶用圣王、恶用礼义矣哉！虽有圣王礼义，将曷加于正理平治也哉！"③ 由于人性本恶，所以师法、圣王和礼义才有了用武之地："荀子的性恶论，不仅揭示出了外在制度的必要，尤其对不能教化之人更是如此，而且也从心性上为礼义的教化搭设了桥梁。"④ 制造礼义并教化众人的圣王并非外来神物，只要一个人依照礼义之道全面改造了自己的本性，他就有机会成为圣人。与此相反，如果一个人全然不顾礼义，只愿放纵自己邪恶的天性，那么他就会成为十足的小人。由此可见，人们运用礼义对本性进行改造的意愿和程度，可以进一步在人与人之间制造等级。

荀子虽然提出人性本恶，但是同时认为生来有义是人与禽兽的主要区别。这样一来，性恶与有义就成了对人性的两种相互矛盾的看法。尼维森（Nivison）认为有义是针对人类这个物种，而性恶则主要关注作为个体的人。⑤ 换言之，在禽兽的关照下，作为物种的人类可谓有义，但这不能说明人性本善，因为强于禽兽并不意味着善和德性。与此相反，单从人类内部来看，作为个体的人则显得恶。这一矛盾尚存在另一个理解方式，即从可以（capacity）与能（ability）的角度着手。⑥ 人都可以为善，不代表人都能为善；人都可以成为圣人，不代表人都能成为圣人；尽管可以为善或圣人，但实际或许只是恶或小人。由此可见，这两种不同的理解方式都指

① 郭沫若：《十批判书》，见《郭沫若全集》（历史篇第二卷），第220页。
② 王先谦：《荀子集解》（性恶篇），第421页。
③ 王先谦：《荀子集解》（性恶篇），第425页。
④ 李桂民：《荀子思想与战国时期的礼学思潮》，第79页。
⑤ Cf. , David Nivison, The Ways of Confucianism: Investigations in Chinese Philosophy, Chicago: Open Court, 1996, pp. 203－213.
⑥ Cf. , Kim－Chong Chong, "Xunzi's Systematic Critique of Mencius", p. 215.

出生来有义并不妨碍人性本恶。

　　除了性恶之外，人需要组成群体的特点也使礼义变得必要。试想一下，如果性恶之人只过一种孤立和分散的生活，那么他们根本无需礼义，大可以尽情放纵本性，过一种与禽兽类似的生活。然而，人的身体素质远不如其他野兽："力不若牛，走不若马。"① 为了自身的安全和利益，人必须组成群体，以群体的力量战胜牛、马等一切比自身强大的事物。正是在这个意义上，郭沫若才认为"'能群'是人类所以能够克服自然界而维持其生存的主要的本领"②。但是，人性本恶的现实，使这种群体生活往往不仅难以发挥群力，反而容易陷入自相残杀。正是在性恶和能群的交互作用下，礼义才得到真正的起源。从某种意义上而言，荀子把礼义视为人群维持生存的必要条件。③ 荀子提出："人生不能无群，群而无分则争，争则乱，乱则离，离则弱，弱则不能胜物，故宫室不可得而居也，不可少顷舍礼义之谓也。"④ 在葛兆光看来，"'分'的原则就是'礼'，礼义一方面是为了使人际关系和睦，一方面也为了对各种人加以区别，《礼论》中说'贵贱有等，长幼有养，贫富轻重，各有称也'，就是说的这个由'分'而维持的'群'的秩序"⑤。人必须组成群体，而性恶的人群很容易陷入纷争和混乱，所以需要运用礼义来对群体进行协调和治理。性恶是人的自然，而礼义是人为。可见，人的自然根本不足恃，而人为因素才具真正的价值。⑥

　　三、礼义的定义

　　通过由内到外的框架，荀子从人性的角度阐述了礼义的起源，并为自身的礼义观提供了讨论的基础。以此为起点，荀子进而对礼义的本质、原

---

①　王先谦：《荀子集解》（王制篇），第 162 页。

②　郭沫若：《十批判书》，见《郭沫若全集》（历史篇第二卷），第 225 页。

③　参见李泽厚：《中国古代思想史论》，第 111 页。

④　王先谦：《荀子集解》（王制篇），第 163 页。

⑤　葛兆光：《中国思想史》（第一卷），第 152 页。

⑥　参见王邦雄：《论荀子的心性关系及其价值根源》，载《鹅湖月刊》1983 年第 8 卷第 10 期，第 25 页。

则和效果进行了定义。

就其本质而言，礼义的核心是分和义。礼义的目的是让一群恶人过善的群体生活，即"群居和一之道"①。由于人的本性都好利爱争且不能离开群体，所以需要礼义通过安排有限资源和物质利益来规范这种群居生活，即"荀子信性恶，故注重物质上之调剂"②。荀子与墨子不同，并不认为资源不足是礼义产生的原因。在荀子看来，资源不足是一个伪命题，因为资源的充足与否主要相对人欲而言。在永不满足、相互攀比的人欲面前，资源恒定不足。举例来说，有十个人，每个人的本性都想富有天下，然而天下只有一个。如果所有人都尽从天性之欲的话，就会觉得资源不足，即"势不能容，物不能赡也"③。假设某种奇迹发生，突然凭空出现了十个天下，这十个人每人都可以分得一个天下，但是他们很快就又会觉得资源不足，因为这时所有人都想一人拥有十个天下。由此可见，这并不意味着资源不足，只能说明人的欲望无穷无尽。在人欲的问题上，荀子反对宋子的观点，认为人欲本来很少且可以得到节制是罔顾事实的自欺欺人。即便有人真像宋子设想的那样，天生少欲且能自制，那也只对少数人成立，不能以此对群体生活进行普遍的规范。既然问题的关键不在资源不足，而普遍减少和限制人欲并不现实，实际能做的就是在"分"上着手。

在相对有限的资源与无限的人欲面前，人类实现群居和一的关键是"分"，即尽可能合理地将有限的资源在无限的人欲中进行分配。黄玉顺认为："人们的利益追求导致利益冲突，这种冲突导致群体纷争，这种纷争导致群体的整体匮乏。解决这个问题的办法就是建立一套社会规范及其制度，其目的是在一种社会秩序中合理地分配利益，从而恰当地满足人们的欲求"④。用荀子的话来说，"人之生，不能无群，群而无分则争，争则乱，乱则穷矣"⑤ 以及 "人何以能群？曰：分。分何以能行？曰：义。故

---

① 王先谦：《荀子集解》（荣辱篇），第 70 页。
② 梁启超：《先秦政治思想史》，北京：商务印书馆，2014 年，第 113 页。
③ 王先谦：《荀子集解》（荣辱篇），第 70 页。
④ 黄玉顺：《中国正义论的形成：周孔孟荀的制度伦理学传统》，第 351 页。
⑤ 王先谦：《荀子集解》（富国篇），第 177 页。

义以分则和，和则一，一则多力，多力则强，强则胜物，故宫室可得而居也"①。在荀子看来，充分满足无穷无尽的人欲是不可能的事，不满足或尽可能少满足则过于极端，所以唯一正确、可行的方法就是让人欲得到适当满足。至于何为适当，尤其在不同场合对不同的人而言何为适当，则需要判断即"义"。因此，杨倞认为"分义相须也。义，谓裁断也"②。分和义，就是礼义的本质。一方面，礼义在无限人欲中"分"有限资源；另一方面，礼义运用"义"来判断何种分法最适当。

值得指出的是，荀子的"分"不仅指分配，还包含分别和名分这两层含义。所谓人因分能群，并不仅仅意味着资源的分配，而且要求将名分不同的人进行分别，从而给不同名分的人分配应得之物。正是在这个意义上，刘子静才认为"荀子之所谓'分'，不仅是'分物'，乃分人类之'地位界限'也"③。至于具体如何对不同的名分进行分别和分配，则需要"义"来审时度势。在分和义的作用下，礼义可以实现让一群恶人群居和一的目的。

礼义的原则可以由"维齐非齐"④来概括。维齐非齐，是指要想实现群居和一，就必须在人与人之间形成差等，即平等和和谐必须在差等的基础上建立。换言之，这是一种不平等的平等或者平等的不平等，因为真正和完全意义上的绝对平等并不可能。⑤荀子曾对这一原则进行过详尽解释："分均则不偏，执齐则不壹，众齐则不使。有天有地而上下有差，明王始立而处国有制。夫两贵之不能相事，两贱之不能相使，是天数也。执位齐而欲恶同，物不能澹则必争，争则必乱，乱则穷矣。先王恶其乱也，故制礼义以分之，使有贫富贵贱之等，足以相兼临者，是养天下之本也。"⑥人的欲望相似且无穷无尽。如果不在人与人之间建立差等，即让一些人贫贱、另一些人富贵，那么人们不仅会为满足欲望进行争斗，而且

① 王先谦：《荀子集解》（王制篇），第 162～163 页。
② 王先谦：《荀子集解》（王制篇），第 163 页。
③ 刘子静：《荀子哲学纲要》，第 112 页。
④ 王先谦：《荀子集解》（王制篇），第 151 页。
⑤ 参见郭沫若：《十批判书》，见《郭沫若全集》（历史篇第二卷），第 233 页。
⑥ 王先谦：《荀子集解》（王制篇），第 151 页。

无法在群体中建立任何形式的权威或服从，而这种组织关系是群体得以运作、维系和发挥力量的关键所在。

具体而言，维齐非齐的差等秩序由两个不同层面组成。一方面是纵向的等级制，即"君君、臣臣、父父、子子、兄兄、弟弟"；另一方面是对横向的分工制，即"农农、士士、工工、商商"①。这样一来，"可使得各人的身份与地位都分得清清楚楚，毫不含糊，从而使各人按其身份与地位而各行其适宜的事情"②。等级制建立了明确的统治和被统治关系，使群体可以避免内斗，从而发挥众人的力量。一旦失去或破坏了等级制，群体就又会陷入群龙无首、各自为政的局面，即"无君以制臣，无上以制下，天下害生纵欲。欲恶同物，欲多而物寡，寡则必争矣"③。分工制建立了明确的职业划分，使群体中的每个人都可以分享众人齐心协力的产出，即"故百技所成，所以养一人也。而能不能兼技，人不能兼官"④。如果这种分工协作的制度受到了破坏，人们即便没有再次展开内斗，也会变得日益贫穷。亚当·斯密就曾指出，没有众人的分工合作，一个文明国家里最微不足道的人，也很难获得最基本的生活必需品。⑤ 至于不同的人应该获得什么样的等级和分工，可谓理解荀子礼义思想的重要环节。

对荀子而言，等级关系在地位、血缘、年龄、德性、性别、能力以及亲疏这七个因素的基础上建立。第一，地位主要针对贵贱，认为贱人应该听命于贵人，如臣事君。第二，血缘主要针对亲子关系，认为子女应该听命于父母，如子事父。第三，年龄主要针对长幼，认为幼小的人应该听命于年长的人，如弟事兄。第四，德性主要针对贤与不肖，认为不肖者应该听命于贤人。第五，性别主要针对男女，认为女人应该听命于男人，如妇事夫。第六，能力主要针对能罢，认为罢不能者应该听命于能人。第七，亲疏主要针对亲近程度，属于辅助和次要的因素：只有当一个人需要在两

---

① 王先谦：《荀子集解》（王制篇），第162页。

② 梁家荣：《仁礼之辨：孔子之道的再释与重估》，北京：北京大学出版社，2014年，第152页。

③ 王先谦：《荀子集解》（富国篇），第174页。

④ 王先谦：《荀子集解》（富国篇），第174页。

⑤ 参见亚当·斯密：《国民财富的性质和原因的研究》上卷，第12页。

个人之间进行选择而这两个人各方面的条件又完全相似时，亲疏才会发生
作用，即选择自己更为亲近的那位。① 值得指出的是，荀子的等级关系具
有因人而异的灵活性。举例来说，乙既是甲的弟弟，又是丙的哥哥：在甲
面前，乙应该履行弟弟的义务，而在丙面前，乙又应该有哥哥的样子。在
这种等级制下，每个人需要根据对象的不同，灵活地在不同身份和义务中
穿插，即"时诎则诎、时伸则伸也"②。

　　荀子并没有对什么人应该分得何种职业予以明确规定。尽管如此，他
仍就统治权力的归属问题进行了说明。在荀子看来，君主即最高统治者与
其他种种职业的核心区别在于"人主者，以官人为能者也；匹夫者，以
自能为能者也"③。君主的专长是知人善用，而其他人要具备极强的专业
能力。君主应该量能受官，使"其人载其事而各得其所宜"④。就统治阶
级内部而言，善于用人的人应该成为君主，然后发挥自己知人善用的专长
为每个人安排合适的岗位和官职。虽然原则如此，但是在实际操作中君主
并不需要亲力亲为地指派和了解每一位下级官吏，因为君主只需把握关
键，即选择一位相来辅佐自己处理这些具体事务，而任用王公士大夫时需
要考察的关键是他们能否依照礼义行事。⑤ 至于统治阶级以外的人，荀子
没有明确规定他们究竟应该自发选择自己的职业，还是听命君主或下级官
吏的决定。无论自发选择还是他人决定，都必须充分考虑这个人平常在哪
方面有更多的积累以使其积累能够有所发挥；当这个人有了自己的职业
后，他的孩子一般情况下都应该子承父业，即"人积耨耕而为农夫，积
斫削而为工匠，积反货而为商贾，积礼义而为君子。工匠之子莫不继事，
而都国之民安习其服"⑥。

　　在对礼义的本质和原则进行说明之后，荀子需要将礼义运用到具体的

① 参见王先谦：《荀子集解》（仲尼篇），第112页；（君子篇），第438页；（王制篇），第162页；（大略篇），第475页。
② 王先谦：《荀子集解》（仲尼篇），第113页。
③ 王先谦：《荀子集解》（王霸篇），第209页。
④ 王先谦：《荀子集解》（王霸篇），第233页。
⑤ 参见王先谦：《荀子集解》（王霸篇），第209页；（王制篇），第148页。
⑥ 王先谦：《荀子集解》（儒效篇），第143页。

人和国家当中来阐述礼义的效果。在荀子看来，礼义是一种道。一个人如果掌握了这种道，他就是礼义之人。一个国家如果掌握了这种道，就会成为礼义之国，而国家掌握礼义之道的关键在于君主是否运用礼义来修己治国。从某种意义上而言，个人和国家层面的礼义是相通的。身体和国家都只是礼义得以施展的对象和载体，而掌握身体和国家的那个人即君主才是礼义能否施展以及施展到何种程度的关键。简言之，个人的礼义是国家的礼义的基础，而国家的礼义只是个人的礼义的延伸，即"荀子以礼为核心，将作为伦理道德规范的礼延伸到政治、法律领域，成为统治者治国的方针、策略，成为制约人们一切活动的准绳"①。

就个人层面而言，礼义之人可以由士、君子和圣人代表。荀子认为士、君子和圣人都是礼义之人，因此只存在程度的不同，而没有质的区别，即"好法而行，士也；笃志而体，君子也；齐明而不竭，圣人也"②。由此可见，士、君子和圣人只是礼义之人的三个不同层次而已，其中士最低，君子为中，而圣人最高，即"始乎为士，终乎为圣人"③。士虽然处处按照礼义之道行事，但是他只知遵守礼义的具体程序，并不全然明白其所以然的原理，即"故隆礼，虽未明，法士也"④。君子可谓礼义之人的核心：士的标准过于简单，圣人又太难达到，而君子或许是常人之力所能及的最高标准。君子不仅能够按照礼义之道行事，而且能够明白具体程序背后的原理。如果说士因敬畏礼而听命于礼，那么君子则因理解礼义而运用礼，即"故君子者，治礼义者也"⑤。士只善于执行礼，而君子可以用礼来应变。在士和君子之上，圣人是一种近乎神一样的境界。他无需敬畏或理解礼义，因为他是礼义的源泉。圣人大可从心所欲：他的一举一动、一言一行都会成为礼义的法则。虽然人性本恶，但是圣人可以通过自身后天的努力完全克服本性之恶并达到至善。随后，圣人会把自己的心得感悟

---

① 苏哲、储昭华：《明分之道：从荀子看儒家文化与民主政道融通的可能性》，第301页。

② 王先谦：《荀子集解》（修身篇），第33页。

③ 王先谦：《荀子集解》（劝学篇），第11页。

④ 王先谦：《荀子集解》（劝学篇），第17页。

⑤ 王先谦：《荀子集解》（不苟篇），第44页。

变成礼义使众人能够懂得辞让以实现群居和一，即"礼义者是生于圣人之伪，非故生于人之性也……圣人积思虑，习伪故，以生礼义而起法度"①。然而，圣人也是人，并非天外飞仙。每个人都有改造自身成为圣人的潜能，而礼义亦具备被所有人理解的可知性。但是，潜能不代表现实，而现实亦不能抹杀潜能，即"故涂之人可以为禹则然，涂之人能为禹未必然也。虽不能为禹，无害可以为禹"②。归根究底，圣人不过涂之人"积善而全尽"③而已。全尽二字听起来稀松平常，但在实践中早已超出大多数人的能力范围。赵俪生就曾指出潜能与实现在圣人问题上的张力："路上走路的人，可能懂一些做成禹的道理，也具备一些可能成为禹的质地与材具，这些人不是一点这样的积累都没有的，但终究做不成禹。"④由此可见，圣人或许终究只是某种奇迹。

就国家层面而言，荀子并没有进一步区分礼义之国的不同层次，而是将其等同于圣王的统治。圣王将运用礼义之道，使国家中所有人都得到适当的分配份额，而众人也会因此安于自身的等级和分工，从而达到群居和一的效果，即"故先王案为之制礼义以分之，使有贵贱之等，长幼之差，知愚、能不能之分，皆使人载其事而各得其宜，然后使悫禄多少厚薄之称，是夫群居和一之道也。故仁人在上，则农以力尽田，贾以察尽财，百工以巧尽械器，士大夫以上至于公侯，莫不以仁厚知能尽官职，夫是之谓至平"⑤。这样的国家无需追求军事、领土和人口等外在的硬实力，因为四面八方的人民都会慕名前来投靠，即所谓"能以礼挟而贵名白，天下愿，令行禁止，王者之事毕矣"⑥。

四、非礼义的类型

如前所述，荀子的礼义观不能仅从理论上描述礼义，还要从实用的角

---

① 王先谦：《荀子集解》（性恶篇），第 423 页。
② 王先谦：《荀子集解》（性恶篇），第 429 页。
③ 王先谦：《荀子集解》（儒效篇），第 143 页。
④ 赵俪生：《读〈荀子〉札记》，载《齐鲁学刊》1991 年第 1 期，第 12 页。
⑤ 王先谦：《荀子集解》（荣辱篇），第 70 页。
⑥ 王先谦：《荀子集解》（王制篇），第 235 页。

度说明礼义与非礼义的利弊。这样一来，荀子仍需探究非礼义的类型。非礼义的类型同样可以分为人和国家这两个层面。

就人的层面而言，非礼义主要由庶人、小人以及奸雄三者组成。庶人又称众人，是指普通百姓，亦工农商。① 荀子认为任何因不知礼义而不按礼义之道行事的人，都要归为庶人。② 他们不识礼义，因此只在无知和混沌的意义上非礼义，即"短绠不可以汲深井之泉，知不几者不可与及圣人之言"③。他们只知努力做事，而无所谓礼义，即"孝弟愿悫，軥录疾力，以敦比其事业而不敢怠傲，是庶人之所以取暖衣饱食，长生久视，以免于刑戮也"④。如果庶人非礼义的原因在于不识礼义也无所谓礼义的话，那小人则主动选择非礼义。在非礼义之人的概念中，小人是一个核心概念。一方面，庶人只是普通百姓，不具备在礼义与非礼义之间进行选择的必要知识；另一方面，奸雄则是小人之杰，在非礼义之中属于出类拔萃、难以达到的境界。小人或许是常人之力所能及的最高标准。这一点无疑与君子的情况类似。实际上，荀子一直把小人与君子相对立，将二者看作非礼义与礼义的代表，即"君子，小人之反也"⑤。虽然小人从各个方面都与君子相反，但是二者最根本的区别在于对义和利的取舍。君子选择用礼义改造自己好利的本性，而小人则选择顺从自己的本性，即"人之生固小人，无师无法则唯利之见耳"⑥。所以，小人非礼义的原因是主动选择不顾礼义，而"唯利所在，无所不倾"⑦。在庶人和小人之上，奸雄不仅选择非礼义，而且能够文过饰非、蛊惑人心，为非礼义进行似是而非的辩护，即"听其言则辞辩而无统，用其身则多诈而无功，上不足以顺明王，下不足以和齐百姓，然而口舌之均，噡唯则节，足以为奇伟偃却之属，夫

---

① 参见王先谦：《荀子集解》（儒效篇），第 144 页。
② 参见王先谦：《荀子集解》（王制篇），第 148 页。
③ 王先谦：《荀子集解》（荣辱篇），第 69 页。
④ 王先谦：《荀子集解》（荣辱篇），第 60 页。
⑤ 王先谦：《荀子集解》（不苟），第 43 页。
⑥ 王先谦：《荀子集解》（荣辱篇），第 64 页。
⑦ 王先谦：《荀子集解》（不苟篇），第 50 页。

是之谓奸人之雄"① 以及"彼以让饰争，依乎仁而蹈利者也，小人之杰
也"②。

就国家的层面而言，非礼义主要在霸、强、安存、危殆以及灭亡上得
到体现。荀子认为国家只是道的另一个载体，因此与人的情形类似，即选
择什么样的道来规范自己就会成为什么样的人，选择什么样的道来治理国
家就会成为什么样的国家。由此可见，霸、强、安存、危殆和灭亡的关键
就在于道的选择。第一，霸国仅次于王国，而霸道亦仅次于圣王的礼义之
道。依据马积高的理解，荀子"认为它们是两个不同的层次，即王道是
他的高层次的政治理想，霸道则是一种有缺陷的政治追求"③。霸道的核
心是诚信之道。虽然霸国没有遵循礼义，但却在一定程度上掌握了治理天
下的道理：于内霸国赏罚诚信、不欺其民，因此众人能发挥力量使国家日
益强盛；于外霸国盟约诚信、不欺其与，因此享有相对和平的国际环境使
国家的地位和威信日益增强。④ 这样一来，霸国虽然没有运用礼义，但仅
凭诚信之道也可以获得不错的成绩，即"非本政教也，非致隆高也，非
綦文理也，非服人之心也，乡方略，审劳佚，谨畜积，修战备，齺然上下
相信，而天下莫之敢当"⑤。第二，强国和强国之道的核心是实力。在荀
子看来，实力之道有互相矛盾的两面：一方面，强道不关心礼义或者诚
信，一切以实用和力量为出发点，运用各种政治手段使国家实现富国强
兵，从而开疆扩土兼并他国；另一方面，真正的强道反而应该保存和凝聚
实力而非从事兼并战争，因为战争不仅会削弱和分散自己的力量，而且容
易使自己陷入危险和虚弱的境地。⑥ 无论强大之后是否从事战争，强国屹
立于天下的资本始终是实力而非礼义或诚信。第三，安存之国和安存之道
的核心是顺民。具体来说，顺民之道要求统治者事事顺从众人的意志，并

① 王先谦：《荀子集解》（非相篇），第 88 页。
② 王先谦：《荀子集解》（仲尼篇），第 107 页。
③ 马积高：《荀学源流》，上海：上海古籍出版社，2000 年，第 88 页。
④ 参见王先谦：《荀子集解》（王制篇），第 155～156、171 页；（王霸篇），第 201～202 页。
⑤ 王先谦：《荀子集解》（王霸篇），第 202 页。
⑥ 参见王先谦：《荀子集解》（王制篇），第 154 页。

尽可能做到宽容和厚待，即"立身则从佣俗，事行则遵佣故，进退贵贱则举佣士，之所以接下之人百姓者则庸宽惠，如是者则安存"①。第四，危殆之国和危殆之道的核心是疑夺。所谓疑夺之道，是指统治者好狐疑而用奸佞，对下则侵夺百姓，即"立身则轻楛，事行则蠲疑，进退贵贱则举佞说，之所以接下之人百姓者则好取侵夺，如是者危殆"②。第五，灭亡之国和灭亡之道的核心是诈利。诈利之道可谓礼义之道的对立面，也是非礼义的顶点，而二者的区别就像小人和君子那样泾渭分明。从某种意义上而言，灭亡之国就是小人得以运用诈利之道进行统治的国家。在诈利之道的作用下，灭亡之国全然不顾礼义，一切以利为导向：于内为了小利可以诈凌其民，于外为了大利可以诈凌其与；在统治者诈凌他人的同时，这些诈凌的对象也会对统治者进行诈凌；国家上下相互诈凌、分崩离析，而国际之间也全然一副相互倾轧的危机局面。于是，国家越是唯利是图、崇尚权谋诈利，越无法免于削弱和灭亡。③

五、礼义与非礼义

在对非礼义的类型进行阐述之后，荀子还需比较礼义与非礼义的利弊，而这一任务是为了解释一个人为什么要选择礼义。礼义之道主要受到非礼义来自三个方面的挑战，即利益、诚信和实力。因此，礼义与非礼义的比较也将在这三个方面进行。

利益的挑战，是指从利益的角度来反对礼义，亦即义利之辨。从个人层面来说，小人是利益至上的代表，而君子则代表礼义至上；从国家的层面来看，灭亡之国代表利益，而圣王之国则代表礼义。这一挑战的重要性在于其试图彻底颠覆礼义：礼义只是美好的理想和幻觉，在现实中不仅无法实现，而且无利可图；与其追求无用的礼义，还不如唯利是图。因此，荀子如果想要对礼义进行辩护，就不能只是强调礼义之道本身好在哪里，而要尤其指出礼义之道的结果比利益至上的非礼义更加有利。就个人而

① 王先谦：《荀子集解》（王制篇），第171~172页。
② 王先谦：《荀子集解》（王制篇），第172页。
③ 参见王先谦：《荀子集解》（王霸篇），第202~203页。

言，荀子通过三点证明礼义之人比非礼义之人生活得更好。第一，礼义之人会获得数量更多的利益，即"从道而出，犹以一易两也，奚丧！离道而内自择，是犹以两易一也"①。第二，礼义之人能够重己役物，而利益至上者会被物所役：由于礼义之人更看重利益之上的礼义，所以无论利益的多寡或美恶都能做到悠然自得；利益至上之人只看重物质和利益，没有任何超越性，所以无论利益的多寡或美恶都会郁郁寡欢。② 第三，礼义之人能够获得荣，而利益至上者只会招致辱：荣是所有人都希望获得的利，而辱是所有人都想要避开的害。荣辱不会凭空而起，必然会有所征兆，而礼义和利益就是最大的征兆，即"先义而后利者荣，先利而后义者辱"③。就国家而言，利益至上之国会灭亡，而礼义之国则会称王天下。荀子认为国家只是不同道的载体，因此既可以巨用也可以小用。先义而后利是在巨用国家，到了顶点就是圣王之国；而先利而后义则是在小用国家，到了顶点就会灭亡。④ 利益不如礼义的原因在于它根本无法团结或治理众人，因为一旦将利益看得最重，国家会为实现利益最大化而不择手段。这种行为和思想只是"佣徒粥卖之道也，不足以合大众、美国家"⑤。与此同时，国家亦会因相互欺诈、倾轧和自利而走向灭亡。礼义之道则不然：它爱民如子，能够在群体间进行适当的分配，并且将群居和一看得高于一切利益，于是"百姓莫不贵敬，莫不亲誉"⑥。

诚信的挑战，是指从诚信即霸道的角度反对尊崇礼义的王道。在荀子看来，崇尚诚信的霸道虽然不如王道，但也掌握了部分真理，其成绩绝非侥幸，即"其霸也宜哉！非幸也，数也"⑦。郭沫若认为荀子"在原则上是重视王道的，但也并不反对霸道"⑧。这一观点并不准确。荀子或许觉得霸道并非一无是处，但他归根究底持反对霸道的立场。在他看来，王道

① 王先谦：《荀子集解》（正名篇），第417页。
② 参见王先谦：《荀子集解》（正名篇），第418~419页。
③ 王先谦：《荀子集解》（荣辱篇），第58页。
④ 参见王先谦：《荀子集解》（王霸篇），第206页。
⑤ 王先谦：《荀子集解》（议兵篇），第280页。
⑥ 王先谦：《荀子集解》（议兵篇），第281页。
⑦ 王先谦：《荀子集解》（仲尼篇），第106~107页。
⑧ 郭沫若：《十批判书》，见《郭沫若全集》（历史篇第二卷），第236页。

远胜于霸道，因为霸道只拥有部分的德和义而未能极尽：虽然霸道具有诚信，但是它的宗旨却非善和德性本身，而依然是为了争权夺势。于是，荀子批判霸道"非本政教也，非致隆高也，非綦文理也，非服人之心也。乡方略，审劳佚，畜积修斗而能颠倒其敌者也。诈心以胜矣。彼以让饰争，依乎仁而蹈利者也，小人之杰也"①。简言之，霸道于内于外的诚信，都只是增进力量和权势的手段：诚信看似符合德性和礼义，但霸道却将其降为夺取利益的工具。从某种意义上而言，霸道与小人一样都是利益至上：小人只是赤裸裸地利益至上，所以显得唯利是图；霸主则会用德性的面纱进行伪装，所以尽管利益至上却看似诚信；一个是真小人，另一个是伪君子。礼义之道则不然：它真心实意地将德性、善和礼义看得至高无上；这种思想和行为无需争权夺势，因为所有人都将心悦诚服，想要与之为善乃至早日归顺；这样一来，天下所有力量和权势不用费尽心机就会自行得到。②

实力的挑战，是指从实力即强道的角度反对尊崇礼义的王道，亦即前文所述由陈嚣和李斯为代表的实力派。实力派并不认为唯利是图或者运用德性的外表来谋取利益胜于礼义之道。在他们看来，礼义固然比小人之道和霸道更加崇高，但是却并不适宜几乎天天都在发生兼并战争的战国时代，即便霸道和小人之道也显得过于刻板和绝对。从某种意义上而言，他们认为无论什么道或者原则都只是虚架子，而真正值得重视的是力量的实用性。他们对礼义之道的质疑主要集中在礼义对战争和富国强兵来说毫无用处。对此，荀子从三个方面进行了反驳。第一，礼义并非无益于战争：真正的战争应该"禁暴除害"而非为了争夺和兼并；对于真正的战争来说，礼义之道能够发挥极大的作用，即"所存者神，所过者化，若时雨之降，莫不说喜"③。第二，礼义有益于真正意义上的富国强兵、威行诸侯，因为礼义之道能够得人心、使人效死力，而这才是富强的关键，即"坚甲利兵不足以为胜，高城深池不足以为固，严令繁刑不足以为威，由

---

① 王先谦：《荀子集解》（仲尼篇），第 107 页。
② 参见王先谦：《荀子集解》（仲尼篇），第 107～108 页。
③ 王先谦：《荀子集解》（议兵篇），第 274 页。

其道则行，不由其道则废"①。第三，荀子举出了秦国的例子。在实力派的价值体系中，秦国是讲究实用和强道的典型：秦国实现了四世有胜和富国强兵，但却从未遵循礼义之道，只是靠"以便从事而已"②。荀子恰恰认为秦国的例子充分证明了实力不如礼义。秦国实现富国强兵之后，其威强超过了商汤和周武王，可谓号令天下莫敢不从，而其广大则远迈舜和禹，可谓幅员辽阔。但是，秦国的威强、广大和四世有胜不仅没有使之称王天下，反而"忧患不可胜校也，諰諰然常恐天下之一合而轧己也"③。如果秦国可以实行礼义之道，那么它根本不用常年出兵征战就能称王天下，而且不会有顾虑和忧患。简言之，秦国能够富强并非侥幸，但是它有如此优越的地形、风俗、百吏、官员和朝廷却仍然无法免于忧患、称王天下，因为它不能实行礼义之道。④ 在荀子看来，这无疑证明实力不如礼义，即"力术止，义术行"⑤。

第三节　正义与礼义的比较

柏拉图用来履行正义功能的概念是正义（dike），而荀子的概念是礼义。在阐述了柏拉图的正义与荀子的礼义之后，本书将从五个方面对二者进行比较分析。第一个方面将比较正义与礼义的批判对象。第二个方面将比较正义与礼义的讨论框架。第三个方面将比较正义与礼义的定义。第四个方面将比较不正义与非礼义的类型。第五个方面将比较正义与礼义的选择。

一、正义与礼义的批判对象

就批判对象而言，柏拉图和荀子的文本既有独特的观点，也面临了相似的问题。柏拉图批判了六种不同的正义观，即诚实还债、善友恶敌、不

① 王先谦：《荀子集解》（议兵篇），第 275~276 页。
② 王先谦：《荀子集解》（议兵篇），第 275 页。
③ 王先谦：《荀子集解》（强国篇），第 295 页。
④ 参见王先谦：《荀子集解》（强国篇），第 295~297 页。
⑤ 王先谦：《荀子集解》（强国篇），第 293 页。

甘的妥协、发财的机会、自由的追寻以及强者的利益。荀子则批判了纵情派、忍情派、尚法派、玩辞派、假儒派、少齐派、屈顺派以及实力派这九种不同的礼义观。在这些观点中，不甘的妥协和屈顺派是柏拉图和荀子文本特有的观点；发财的机会、自由的追寻与纵情派类似；诚实还债、善友恶敌与少齐派的类似；强者的利益与实力派类似。

不甘的妥协是柏拉图文本特有的观点。格劳孔和阿得曼托斯认为正义是得不义之惠与吃不义之亏的不甘的妥协。换言之，人本身并不热爱正义。正义只是众人共同达成的一种契约性的妥协。这种妥协的结果以法律的形式要求所有人遵守：破坏或不遵守的人就被视为不正义者。然而，这种众人签订契约以达成妥协的情形并未在荀子的文本中得到提及。荀子文本中更常见的情况是君王为其下的臣工和庶民订立规矩。

反对顺从上天是荀子文本特有的观点。老子和庄子的屈顺派认为礼义就是守柔并顺从上天。荀子认为这种礼义观"蔽于天而不知人"。人与天有各自不同的职守，人应该发挥主观能动性来改造自己的环境、实现自己的职守。天不仅不会而且无法干涉人的事务：人的治乱与天无关。上天的异象只值得怪异并不值得恐惧。即便当时流行的对鬼神的祭祀和崇拜，也只是治理的一种文饰而非真有鬼神存在。在荀子眼中，"鬼神现象的产生是由于人们心理失常的结果；自然界也没有不可理解的奇怪现象"①。从某种意义上而言，屈从上天并不符合礼义，而真正的礼义或许需要"制天命而用之"的魄力。然而，这种天人相分的无神论精神并未在柏拉图的文本中得到体现。对柏拉图来说，理性就是神性，而正义就意味着神的存在（presence of divinity）。② 因此，柏拉图的文本充斥着对神圣性的推崇：即便正义也需要从神圣性那里寻找合法性与力量。

发财的机会和自由的追寻与纵情派的礼义观有相通之处。柏拉图在《法律篇》中指出了两种全新的正义观。一种认为正义就是发财的机会，无论是否因此被奴役都无所谓。另一种认为正义就是毫无顾忌地追求自由

---

① 李德永：《荀子的思想》，载《文史哲》1957年第1期，第32页。

② Cf. ，M. B Foster, "On Plato's Conception of Justice in the Republic", pp. 215 ~ 216.

的生活。它嚣和魏牟的纵情派则认为礼义就是放纵性情，一切都随心所欲。这种礼义观虽然显得与发财的机会和自由的追寻比较相似，但实际存在不少区别。第一，荀子并没有对发财和自由进行区分。在他看来，二者都属于放纵性情之欲。第二，柏拉图认为把正义当作发财的机会，有可能会因此陷入奴役；不顾一切地追求自由生活，有可能丢失人应有的节制和体面。然而，荀子却将放纵性情等同于禽兽。换言之，柏拉图只是认为这样的正义观不够好，但荀子却认为这样的礼义观不配为人；柏拉图只是把毫无顾忌的自由等同于放纵，荀子却把毫无顾忌的自由等同于禽兽。第三，放纵可以用节制来进行克服，但是禽兽往往不能自制，必须外力的强制。

诚实还债、善友恶敌与少齐派的礼义观类似。克法洛斯认为正义就是"有话实说，有债照还"。玻勒马霍斯认为正义就是"把善给予友人，把恶给予敌人"。墨翟和宋钘的少齐派认为礼义就是减少欲望和不必要的消耗，并在人与人之间尽可能实现彻底的平等。这几种观点的相似之处是它们都提倡不顾差异的平等。诚实还债的问题在于，它要求所有债务人都要诚实履行义务，而不顾债权人的差异：即便债权人疯了，债务人还应该诚实履行，哪怕是将致命的武器还给他。善友恶敌的问题类似，它要求对所有敌人都要恶，对所有朋友都要善，而不顾朋友、敌人、善、恶的差异和真假。少齐派认为所有人都要吃苦耐劳，并减少欲望和消耗，而不考虑人与人之间地位、能力、品性、天赋的差异。陈孟麟指出，这些差异之所以重要，因为它们能够"用诸如高低、多少、苦乐等在一定条件下可以转化的现象，来取消事务性质和反映事务性质的概念的确定性"[1]。换言之，朋友、敌人、善、恶、人绝非简洁、绝对的概念，应该具体问题具体对待。由此可见，上述这些观点的共同问题就是把复杂的问题简单化，而没有充分考虑差异和应得等重要因素。正义或礼义要兼顾平等和差异：给予应当平等者以应得的平等，给予应当差异者以应得的差异。

强者的利益与实力派的礼义观十分相似。色拉叙马霍斯认为正义就是

---

[1]　陈孟麟：《荀况逻辑思想对墨辩的发展及其局限》，载《中国社会科学》1989年第6期，第135页。

强者的利益，即谁的力量大，谁就能制定正义的规则来保障自己的利益。陈嚣和李斯的实力派认为礼义之道根本没有权势、力量等硬实力可靠、实用。这两种观点的相似之处在于它们其实并没有提出一种全新的正义或礼义观，而是从赤裸裸的权力逻辑的角度来批判正义或礼义。从某种意义上而言，它们甚至是在提倡不正义和非礼义。对于那些原本就无所谓正义的人来说，这种力量的观点将带来虚无主义；对于那些一直希望了解正义的人来说，这种观点显得令人厌恶且十分无聊①：色拉叙马霍斯与实力派的观点既是最严峻的挑战，也是最无足轻重的挑战，因为它们跳出了正义来批判正义。无论如何，柏拉图和荀子不能仅仅分析哪种正义或礼义观点更好，还要从根本上证明正义或礼义比不正义或非礼义更有利。尽管如此，这两种观点仍存在显著的不同。强者的利益认为正义与不正义并没有本质的优劣，不过是强者人为的裁决罢了，即保障自己利益的就是正义，破坏自己利益的就是不正义。实力派认为礼义与非礼义的本质存在优劣，而礼义的问题只是不够实用。简言之，强者的利益是从正义毫无意义的角度反对正义，而实力派则是从礼义不够实用的角度反对礼义。因此，荀子只需要向实力派证明礼义同样实用，而柏拉图则需要说明正义的意义。二者的共同点是都要从根本上证明正义或礼义比不正义或非礼义更有利，但是荀子证明的重点是实用性，而柏拉图关切的重点则是有用性。实用性的论证需要结果有利，而有用性则要求本身和结果都有利。

二、正义与礼义的讨论框架

为了阐明自己的正义或礼义思想以进一步回应批判对象的观点，柏拉图和荀子都建立了自己的讨论框架。柏拉图选择了以大见小的框架，即通过城邦的正义来探究个人的正义以及正义本身。柏拉图为正义的产生提供了三种方式。第一，理论的方式，即城邦起源于人类互相需要和分工协作的天赋，而正义问题则产生于繁华的城邦。第二，历史的方式，城邦起源于洪水过后的自然发展，而正义问题则在资源不足、仁爱不足以及形成共同体的情形下产生。第三，神话的方式，即城邦和正义起源于神撒手不

① Cf. , Peter J. Steinberger, "Who is Cephalus?", p. 193.

管，人需要安排自己的群体生活的时刻。荀子选择了由内到外的框架，即通过了解人性来探究个人与国家的礼义。荀子认为只有当性恶的众人需要组成群体的时候，礼义才会产生。值得指出的是，理论的方式和神话的方式全然不在荀子的考虑范围内。荀子认为人性本恶，所以否认人类具有互相需要和分工协作的天赋。荀子同样排斥神的存在，所以礼义不可能产生于神的撒手不管。在荀子的眼中，神从来就没有管过。

由此可见，荀子对礼义起源的看法与柏拉图的历史方式更为接近。这两种观点都认为只有当资源显得不足，人类充满猜疑和妒忌，并且需要组成共同体或群体的时候，正义或礼义才会被创造出来协调人与人之间的关系。尽管如此，这两种观点同样存在显著的不同。柏拉图从外部世界来解释资源不足和仁爱不足。他认为仁爱不足的原因是人们不再相互隔绝，而相互隔绝能够培养人们对彼此的仁爱之心。资源不足同样是一个客观现实，因此必然会使不再隔绝的人们陷入争斗。荀子则从内部世界解释资源不足和仁爱不足。他认为人性本恶，仁爱是一种后天的人为努力，而人的天性一定自私自利。资源不足同样是一个主观问题，资源并非绝对不足，只是在无穷无尽的人欲面前显得相对不足。这样一来，柏拉图和荀子的着力点势必也会随之而异。柏拉图的着力点更外向，即配合客观现实来思考、感觉、行动；荀子的着力点更内向，即从内在主观世界出发来思考、感觉、行动。换言之，柏拉图倾向于从外部世界找原因、力量和方法，即通过外部的影像再来认识内心；荀子倾向于从内心深处找原因、力量和方法，即把内心的模拟投射到外部世界。

三、正义与礼义的定义

柏拉图的正义观有三个不同的层次。第一，柏拉图在《理想国》中提出，正义就是让各个阶级都能各司其职、互不干涉。第二，柏拉图在《法律篇》中提出，正义就是保证平等、朴素和法治。第三，柏拉图在《政治家》中提出，正义就是模仿神照料人的那种知识，并运用那种知识使各行各业的人都能以正确的方式编织在一起。荀子的礼义观可以概括如下：掌握维齐非齐的分义原则，使一群恶人能够实现群居和一。

柏拉图的正义观与荀子的礼义观有两点相似之处。第一，相似的目的。无论在《理想国》、《法律篇》还是《政治家》中，正义的目的都旨在实现共同体的幸福，即城邦的团结、和平和善意。礼义的目的同样是实现群体的利益，即群居和一和发挥群力 。第二，相似的原则，即兼顾差异和应得的平等。《理想国》中让每个阶级都各司其职的正义观，就涉及差异和应得：让有差异的阶级坚守各自应得的职责。《法律篇》中的平等是指一种合乎比例的不平等，亦即兼顾差异和应得。《政治家》中的正确的编织方式，同样需要将差异与应得合乎比例地编织在一起。荀子的礼义，需要对不同的人进行区分和裁决，给予有差异者以应得的差异，这样才是惟齐非齐。

柏拉图与荀子对差异和应得的裁决者有不同看法。柏拉图在《理想国》中提出了高贵的谎言，将裁决者归为上天或神。荀子则将裁决者归为圣王。柏拉图将裁决者归为上天和神，旨在为裁决的结果寻找坚固的合法性和神圣性。荀子将裁决者归为圣王，同样希望建立合法性和神圣性。由此可见，他们眼中合法性和神圣性的来源十分不同：柏拉图把超越人的神看作源泉，荀子则认为人之英杰是真正的源泉。

柏拉图与荀子对构成等级关系的因素存在分歧。柏拉图的等级关系建立在年龄、能力、爱国、坚定、血缘、身份、隶属、强弱、智慧以及运气这十因素上。荀子的等级关系主要建立在地位、血缘、年龄、德性、性别、能力以及亲疏这七个因素之上。柏拉图和荀子都认为，年龄、血缘、能力（强弱、智慧）、地位（身份、隶属）、德性（坚定）是决定等级关系的重要因素。他们的不同点在于爱国、运气、性别和亲疏这四点。就爱国而言，柏拉图关注的重点是城邦共同体，因此有很强的排他意识：更加热爱城邦且愿意保护城邦的人应该获得更高的等级；荀子关注的重点则不是一城一国，而是以天下苍生为念，因此具有更强的包容性：能够拯救天下万民于水火的人而非爱国者才应该获得更高的等级。就运气而言，柏拉图认为能够幸运地在抽签时取胜的人应该获得更高的等级，因为这意味着神和上天的眷顾；荀子则否认上天或神能够干预人事，因此对运气等偶然性的因素并不以为然。就性别而言，柏拉图虽然认为女人比男人要弱一些，但是却提倡男女在教育和义务方面的平等；荀子文中很少提及女性，而少数与女性有关的话语都要求男性获得比女性更高的等级。就亲疏而言，荀子坚持一种推己及人的差序格局，即"好像把一块石头丢在水面上所发生的一圈圈推出去的波纹。每个人都是他社会影响所推出去的圈子的中心"①。这样一来，关系亲疏远近不同的人对中心人物而言就会有等级之分。然而，柏拉图并不将这一点看作等级关系的基础。

柏拉图与荀子对城邦（国家）和个人的联系有不同观点。柏拉图认为个人的正义与城邦的正义没有根本性的区别，因为二者都是一个更高、更抽象的原则即各司其职、互不干涉的实例形式（exemplification）。② 城邦的组成部分都可以在灵魂中找到对应：黄金即统治者有如灵魂的理性部分，白银即辅助者有如灵魂的激情部分，铁和铜即爱利者有如灵魂的欲望部分。对于城邦来说，"善莫大于每个人都应当能够占据他有资格占据的职位"③。个人的正义同样要求灵魂的不同部分能够各司其职，从而形成一个有秩序的整体。从某种意义上而言，柏拉图是从系统的角度来看待正义。正义是一个系统的良性运作，而这个系统包含不同的组成部分。这些组成部分在城邦与个人身上都有对应的部分：如果城邦中的部分能够良性运作，就实现了城邦正义；如果灵魂中的部分能够良性运作，就实现了个人正义。④ 然而，荀子并不从这个角度理解礼义。在他看来，礼义并非一个系统而是一种道。国家和个人都只是这个道的载体：如果个人能够把握并运用礼义之道，就是礼义之人；⑤ 如果国家能够把握并运用礼义之道，就是礼义之国。由于国家把握和运用礼义之道的方法是通过最高统治者，因此礼义之人就是礼义之国的基础。换言之，柏拉图的正义是一个系统，而这一系统同时在城邦和个人中存在；荀子的礼义则是一个道，个人需要运用这种道成为礼义之人，如果这个人恰好是国家的最高统治者，那么他的国家就能成为礼义之国。

---

① 费孝通：《乡土中国》，北京：北京出版社，2005 年，第 32 页。

② Cf. ，F. C White，"Justice and the Good of Others in Plato's 'Republic'"，p. 404.

③ 乔治·萨拜因：《政治学说史》，第 94 页。

④ 莫尔（Mohr）认为城邦正义是个人正义的基础，因为灵魂的良性运作不能独立实现，需要外部力量的支持。换言之，唯有在正义的城邦中，个人才能获得实现正义的外部力量。Cf. ，Richard Mohr，"The Eminence of Social Justice in Plato"，p. 195.

⑤ 尽管礼义之人可以进一步细分为士、君子、圣人这三个程度不同的层次。

四、不正义与非礼义的类型

在柏拉图看来，不正义的政体类型包括荣誉政体、寡头政体、民主政体以及僭主政体，而不正义的个人类型包括荣誉人、寡头人、民主人以及僭主人。荀子的非礼义的国家类型包括霸国、强国、安存之国、危殆之国以及灭亡之国，而非礼义的个人类型包括庶人、小人以及奸雄。

柏拉图的不正义与荀子的非礼义的最大区别，可以在体与道之分上得到体现。如上所述，柏拉图是从系统即体的角度理解正义。因此，他的不正义的类型也是建立在体的基础上，即不正义是一个系统的不良运作，而这个系统可以在个人和城邦身上找到对应。政体中的不同阶级与灵魂中的不同部分相互对应：不同阶级的变迁会导致城邦政体的变迁，灵魂不同部分的变迁会导致人的变迁。这样一来，荣誉政体可以对应荣誉人，寡头政体可以对应寡头人，民主政体可以对应民主人，僭主政体可以对应僭主人。荀子却是从方法即道的角度理解礼义。所以，他的非礼义的类型也是建立在道的基础上，即非礼义只是错误的方法，这个方法能够以个人或国家为载体，而个人与国家之间并没有直接的对应关系。

体、道之分的一个重要结果是使二者对不正义与非礼义类型的描述方式产生偏差。由于柏拉图关注不正义的体，所以他从机理和性质的层面描述不正义的类型。荣誉、寡头、民主都不含明确的褒贬色彩或结果暗示，只是陈述占据统治地位的阶级的客观性质。由于荀子关注非礼义的道，所以他从结果和褒贬的层面描述非礼义的类型。安存、危殆、灭亡、小人以及奸雄包含鲜明的褒贬倾向和结果暗示。

体、道之分的另一个结果是使二者对不正义与非礼义类型产生不同的理解。柏拉图能够描述出爱荣誉阶级掌权的荣誉政体、富人阶级掌权的寡头政体以及平民阶级掌权的民主政体。这些政体类型无疑都超出了荀子的想象范围。在荀子的视域中，政体只有一人统治这一种：国与国之间的差异并不源于政体而是所行之道。由于柏拉图是从系统的角度看待不正义的类型，而系统会有不同的组成结构，所以他能根据组成结构来理解和设置不同的政体类型。荀子则是从方法的角度看待非礼义，而他的方法又仅限于一人用来治理国家的道，所以荀子只能理解一人统治的政体。简言之，柏拉图是从政体的角度理解不正义的类型，而荀子是从治道的角度理解非礼义的类型。

五、正义与礼义的选择

柏拉图认为正义之所以值得欲求，因为它比不正义更好。正义本身就比不正义更具智慧和德性，其现世和来世的回报也更有利。荀子认为礼义之所以值得选择，因为它比非礼义更好。礼义比唯利是图的小人之道更有利，比讲究诚信的霸道更根本，比尊奉实力的强道更实用。

虽然柏拉图和荀子都旨在证明正义与礼义比不正义与非礼义更值得选择，但是他们的论证方式却存在显著差异。荀子更多是从现世可以直接获得的实际利益的角度来为礼义辩护，而柏拉图在此之上对本身和来世的层面予以了更多关注。就本身层面的分歧而言，荀子需要回应的对象更多认为礼义本身固然高尚，但是不够实用；柏拉图需要回应的对象则不仅认为正义在现实中没用，甚至觉得正义本身还不如不正义。这样一来，荀子只需证明礼义在现实中比非礼义还要实用、有利就行，因为礼义本身的优越性是自明和公认的；柏拉图除了要证明正义的结果比不正义更好，还要说明正义本身的优越性。就来世层面的分歧而言，荀子认为天人有分，而人应该努力做好自己分内的事情，因此礼义的回报和结果不应受到来世、鬼神和上天的干预；柏拉图却坚持把正义的结果部分置于神和来世的支配下，因为他认为这样一来人们在进行选择时不仅会考虑现世的惩罚或奖赏，还要担心来世的报应，而这无疑有益于劝人遵循正义。换言之，荀子认为只有打破对鬼神和上天的迷信，人才能发挥自己的主观能动性，从而选择礼义：人不能有丝毫侥幸心理，因为无论鬼神和上天的意志如何，只要行非礼义之事，就会受到惩罚。柏拉图认为只有高举神和上天的旗帜，才能让人按正义行事：上天和神一直牢牢站在正义的一边，只要人行不正义之事，即便能够规避现世的制裁，也无法逃脱神和来世的惩罚。

第二章　实现正义的程序

在阐述了柏拉图与荀子的正义概念之后，本书将探讨二者实现正义的方法。从功能还原的立场上来看，实现正义的一个重要方法是程序控制。所谓程序控制，是指通过标准化的程序来达到控制的目标。在标准程序的要求和作用下，具体的实现途径变得有章可循、步骤清晰，这样可以充分避免随意、主观和含混的弊端。具体来说，柏拉图的程序控制通过法律实现正义，而荀子的程序控制通过礼乐实现礼义。

第一节　柏拉图的法律

在柏拉图看来，实现正义的程序是法律。程序的意义在于无论城邦中统治者或公民的天赋、意愿如何，只要他们依法从事，那么正义就能得到实现。一般来说，只要他们触犯或违反了法律，他们就是在妨碍正义的实现。在这种情形下，法律的制定就显得至关重要，因为一旦法律得到确立，剩下的事务就只需按程序办理。如果法律的目的和内容根本不能体现正义，那么人们无论如何遵守程序也无从实现正义。

一、法律的性质

在《法律篇》中，柏拉图指出法律的目的是获得最大的善，而最大的善主要是指和平与善意，即"每个立法者制定每项法律的目的是获得最大的善……不过，最大的善既不是对外战争也不是内战，而是人们之间的和平与善意"①。在一般人看来，最大的善通常是指善治、幸福或快乐等更根本的因素，而和平与善意不应该在善的优先级上占据最高的位置。柏拉图之所以会拔高和平与善意的地位或许与他在《法律篇》中回应的对象有关，即克里特和斯巴达的法律。在克里特人和斯巴达人眼中，能在战争中取胜就是治理良好的城邦，而好的法律应该尽可能确保战争胜利。② 如此一来，克里特人和斯巴达人就向柏拉图提出了一个色拉叙马霍斯式的挑战，即法律应该以强权和胜利而非善和正义为目标，因为正义不过强者的奴仆。在他们看来，不论一个城邦的法律如何正义、美好，一旦在战争中落败，它的一切美德、财富和幸福都会瞬间化为乌有，成为征服者的战利品。③ 于是，在表达自己的真实观点之前，柏拉图首先对这种反正义的法律目的论予以了批判。柏拉图认为这种法律的最大问题在于它根本不是一个城邦的法律，而是在为一座军营或一支部队服务。④ 换言之，柏拉图旨在探讨何种法律可以使一个城邦实现正义和最大的善，而克里特和斯巴达的法律与这一主题并不相符。从某种意义上而言，柏拉图认为克里特和斯巴达的法律颠倒了战争与和平之间的主次关系。格劳秀斯对这一关系的论述基本可以反映柏拉图的立场。在他看来，战争会把人们带向和平，而和平亦是战争的目的和结果。⑤ 然而，克里特和斯巴达的法律无疑将战争视为和平的目的，即和平时期的立法工作应该着眼于战争。出于对这一立场的批判，柏拉图提出："只有当他把他所制定的有关战争的法律当成和平的工具，而不是他的关于和平的立法成为战争的工具时，他才成为一个真正的立法者。"⑥ 柏拉图首先说明法律的目的是为了城邦而非军队，然后才阐述了自己的观点。

　　一个旨在城邦而非军队的法律，其目的仍是获得最大的善。这里的最

---

① 柏拉图：《法律篇》，第 12 页。
② 参见柏拉图：《法律篇》，第 9 页。
③ 参见柏拉图：《法律篇》，第 9 页。
④ 参见柏拉图：《法律篇》，第 60 页。
⑤ Cf.　，Hugo Grotius, The Rights of War and Peace, p. 134.
⑥ 柏拉图：《法律篇》，第 12 ~ 13 页。

大的善是指尽可能培养出完善的公民，[1] 而完善的公民通常需要兼顾美德和利益。所谓美德，不仅仅是在战争中取胜，而是"美德的整体"[2]。所谓利益，又可以分为神的利益和人的利益：神的利益是指智慧（良好的判断力）、自制（天生的自我节制）、正义（前两者同勇敢相加）以及勇敢；人的利益是指健康、漂亮、力量以及财富。[3] 其中，"人的利益考虑到了神的利益，并且所有这些利益都依次指向理性，理性则是至高无上的"[4]。由此可见，克里特和斯巴达错把善的最小部分当成了善的全部。值得指出的是，最大的善固然听起来虚无缥缈、难以捕捉，其实只要把握住正义即可，因为正义虽是神的利益中的一部分，但它却同时是其他部分相加之和。从某种意义上而言，正义就是具体化的神的利益，而神的利益又主宰了人的利益：正义即具体的善。然而，即便正义也难免流于理想，缺乏切实可行的途径。因此，最实际的正义需要通过理性和法律来表达。简言之，法律的目标是最大的善，而最大的善由美德和利益组成；善无从把握，只能由正义代表；正义虽然比善更具体，但并不切实可行；理性和法律可以在实际中体现并操作正义和善的精神。

柏拉图进一步举出波斯和阿提卡的例子来阐述法律的另一个目的——适度。柏拉图强调法律应该着眼于"城邦的自由、团结和智慧"[5]。具体的实现原则是适度，即通过法律来结合两种母制，不能有所偏废。在柏拉图看来，一切政体产生于两种母制，即君主制和民主制，分别由波斯人和雅典人发展到极致，然而"要享有自由、友谊和良好的判断力，对一种政治制度来说，绝对需要的是把上述两者结合起来"[6]。波斯失败的原因就在于过度重视和强调君主制的一面，即"他们过度地剥夺了人民的自由并且致力于引进极权政治，以致他们破坏了这个国家中的一切友谊和共

---

① Cf., Huntington Cairns, "Plato's Theory of Law", p. 360; Christopher Bobonich, Plato's Utopia Recast: His Later Ethics and Politics, p. 120.

② 柏拉图：《法律篇》，第15页。

③ 参见柏拉图：《法律篇》，第16页。

④ 柏拉图：《法律篇》，第16页。

⑤ 柏拉图：《法律篇》，第106页。

⑥ 柏拉图：《法律篇》，第96页。

同精神……人民过分地屈从而统治者过分地有权有势"①。与此相反，阿提卡的失败经验表明"完全不要权威，那要比服从一种中等程度的控制要坏得多得多……全然不尊重比自己更高明的人，就是对极度邪恶的无耻的让步，而这一切都来自于过分的自由"②。由此可见，在中等专制或自由的法律下，人们都能得到很大的福利，但是当波斯人或阿提卡人把法律推向极端自由或专制后，他们反而自取其害。③萨拜因甚至将这种适度理解为"'混合式'国家的原则……通过各种力量的平衡来达到和谐，或者通过把具有不同倾向的各种原则结合在一起的方式来达致和谐"④。沿着这一思路，可以发现亚里士多德的混合政体理论乃至孟德斯鸠的权力分立理论都可以在柏拉图的适度中找到原型。

法律的第三个目的即实用，主要在法律的必要性上得到了体现。人们之所以需要法律，因为很少有人能够在现实生活中辨别最有益的事物，并将这种知识运用于实际。就城邦而言，人们很难真正具备认识和落实公共利益的能力，即便有人可以做到，他也容易陷入盲目自大的非理性的泥潭："一种非理性的避苦趋乐的心理将统治着他的性格，使他把这两个目的放在更为正义和更好的东西之前。"⑤换言之，人的理性统治虽然听起来很美好，但在实际中不仅困难重重，反而会带来灾难。关于法律的必要性，柏拉图曾做过精辟的论述："理性，如果它是真实的并真正具有天然的自由，那么它就应该拥有普遍的力量：把它置于某种别的事物的控制之下是不对的。但在事实上，这种情况在任何地方都是找不到的……这就使得我们必须选择第二种替代品，即法律和规则。"⑥换言之，法律的目的就是实用、可行：虽然法律只是一种替代品，但是它真实存在且可以发挥实际作用。在古实（Cusher）看来，法律的实用性还在其消极效用上得到体现：法律的积极效用是促进公民的德性，但是这种效用未必能够实现；

① 柏拉图：《法律篇》，第101页。
② 柏拉图：《法律篇》，第102～106页。
③ 参见柏拉图：《法律篇》，第106页。
④ 乔治·萨拜因：《政治学说史》，第112页。
⑤ 柏拉图：《法律篇》，第301页。
⑥ 柏拉图：《法律篇》，第301页。

法律的消极效用则是防范人性固有的恶，而这无疑是法律最基本和现实的效用。① 值得指出的是，由于德性需要最基本的外在物（比如健康和财物）才能获得，② 所以法律的另一个现实作用就是规范和保障这些外在物。

在《政治家》中，法律的目的主要在于防止滥用权力。权力（知识）的拥有者既有能力行善，也可以作恶，一念圣王、一念独夫，即"伟大的船长与医生'能抵许多人'……想救我们中的哪一个，就救哪一个，想毁掉谁，就毁掉谁"③。由于圣王并非常见的现象，所以人们在现实中需要某种制度安排来制约统治者的权力：召集众人的会议来对一些重要问题提出解决方案，并将多数人的意见变成城邦的法律。④ 孟德斯鸠同样认为权力的滥用不可避免，需要制度的约束："自古以来的经验表明，所有拥有权力的人，都倾向于滥用权力，而且不用到极限绝不罢休……为了防止滥用权力，必须通过事物的统筹协调，以权力制止权力。"⑤ 此外，任何人或制度都很少具有兼顾个体差异性和多样性的能力，即"谁有能力老是坐在每一个人的身边，而且从这个人出生至死亡，为他作出适合于他的精确规定？"⑥ 在这样的情况下，与其让某一个人由自己的喜好或意见来决定其他人的生活，还不如集体地给予所有人以同样的规则。如此一来，即使最终的结果未必正义，但至少保障了过程的正义。

在对法律的目的进行讨论之后，柏拉图进一步考察了法律的基础。柏拉图认为法律的基础主要由神和理性这两个不同层面组成。潘戈（Pangle）认为《法律篇》一直不受政治学家重视的一个重要原因，就是它对

---

① Cf. , Brent Edwin Cusher, "From Natural Catastrophe to the Human Catastrophe: Plato on the Origins of Written Law", p. 293.

② Cf. , Gabriela Carone, "Pleasure, Virtue, Externals, and Happiness in Plato's 'Laws'", p. 339.

③ 柏拉图：《政治家》，第82页。

④ 参见柏拉图：《政治家》，第83页。

⑤ 孟德斯鸠：《论法的精神》，第185页。

⑥ 柏拉图：《政治家》，第77页。

宗教和神的关注：柏拉图制定的法律无时无处不着眼于神。① 实际上，与其说柏拉图对宗教和神有额外的关注，不如说他只是遵循那个时代的潮流。梅因（Henry Maine）曾指出，早期的人类文明大多试图将神的影响作为每一种生活关系和社会制度的基础，而那时的法律和政治思想亦无处不体现这一信念。② 从某种意义上而言，宗教与法律之间的密切联系依然可以在现代人的世界中得到体现。伯尔曼（Harold Berman）认为，所有已知文化都存在着法律与宗教的相互作用，因为"人类随时随地都要面对未知的未来，为此，他需要对超越其自身的真理的信仰，否则，社会将式微，将衰朽，将永劫不返。同样，人类处处、永远面对着社会冲突，为此，他需要法律制度，否则，社会将解体，将分崩离析……若没有另一方，则任何一方都不能够完满。没有信仰的法律将退化为僵死的法条……而没有法律的信仰将蜕变成为狂信"③。正是由于法律与宗教的分离以及法律不再被信仰，所以现代人才会陷入一场整体性危机（integrity crisis），即对生活意义和未来的迷茫。④ 或许出于类似的考虑，柏拉图才会在《法律篇》的开头指出克里特和斯巴达的法律都是由神而非人制定。⑤ 从柏拉图的立场上看来，将法律奠基于神的基础上有两点重要意义。第一点是拔高法律的地位。柏拉图在《政治家》中提出，在神的治理下，正义甚至没有存在的必要，因为一切事物和生活都处在最幸福的状态，由此可见，最完满的统治是神的统治；人力可以企及的最正义和最理想的城邦是接受政治家知识的人治，而政治家及其知识不过是对神的最成功的模仿；然而，在大多数情况下，知识统治并不现实，因此次好的城邦需要进一步对政治家的知识进行模仿即实现法律的统治。⑥ 由此可见，将法律奠基于神的基础上，就为其提供了神圣的合法性。人们之所以要遵守法律，不仅因

---

① Cf. ，Thomas Pangle，"The Political Psychology of Religion in Plato's Laws"，p. 1059.

② Cf. ，Henry Maine，Ancient Law：Its Connection with the Early History of Society，and its Relations to Modern Ideas（Fourth Edition），London：John Murray，1870，p. 6.

③ 伯尔曼：《法律与宗教》，梁治平译，北京：商务印书馆，2012 年，第 39 页。

④ 参见伯尔曼：《法律与宗教》，第 12 页。

⑤ 参见柏拉图：《法律篇》，第 7 页。

⑥ 参见柏拉图：《政治家》，第 32 、74、87 页。

为政府的强制机关如此要求，还因为它是对神的模仿。第二点是使人不仅敬畏现世的法律，还对神的惩戒保持恐惧。如果要将法律奠基于宗教的基础上并使人们畏惧神的惩戒，柏拉图势必需要对神的存在予以证明。于是，柏拉图在《法律篇》中对神进行了详尽的讨论。首先，柏拉图对无神论的观点进行了批判。在无神论者看来，一切宇宙和天文现象都可以用泥土和石头而非众神的存在来进行解释。柏拉图却认为灵魂先于物质、灵魂的自我运动、灵魂的二元论以及理性的存在都足以证明神的存在。神是其他物体的第一推动者，而神同时自我推动。[1] 其次，柏拉图进一步对神虽存在但不理人间事务的观点进行了批判。他认为神尤其重视细节且以独特的方式关注着人间事务。最后，柏拉图批判了神可以被买通的观点。他提出无论一个恶人花多大代价和心思，神也不会被他买通，而一个好人即便不去收买，神也会保佑他。由此可见，神不仅存在，而且关注人事、不可买通。人们一旦违背法律，不仅会受到法律在现实的制裁，还会遭受神的惩戒。[2]

柏拉图认为法律的另一个基础是人的理性。从某种意义上而言，法律就源于政治专家的理性，可谓实现智慧者统治（rule of the wise）的次好方式，[3] 因此理性可谓法律最重要的基础。理性基础主要起到了三点作用。第一，法律的理性基础能够防止强力的滥用。罗斯科·庞德（Roscoe Pound）指出，法律的本质就是"依照一批在司法和行政过程中使用的权威性法令来实施的高度专门形式的社会控制"[4]。这种控制势必需要政治组织的强力的配合。政治组织的强力必须以理性为基础，否则就会陷入强者利益乃至专制主义的泥沼，即"谋求在理性的基础上并以人们所设想的正义作为目标来实现社会控制……如果没有一个在理性基础上受到承认

---

[1] 亚里士多德则认为神是推动其他物体的唯一不动者。Cf. , Stephen Menn, "Aristotle and Plato on God as Nous and as the Good", The Review of Metaphysics 45. 3 (1992), p. 544.

[2] 参见柏拉图：《法律篇》，第312～342页。

[3] 最佳实现方式应是开明君主的直接统治。Cf. , Shawn Fraistat, "The Authority of Writing in Plato's Laws", pp. 658, 660.

[4] 罗斯科·庞德：《通过法律的社会控制》，沈宗灵译，北京：商务印书馆，2010年，第25页。

的要求的话，那么就只有为了强力本身而任意行使强力"①。由此可见，柏拉图将法律置于理性之上，就是为了让强力能够有的放矢，不被他人任意行使。第二，法律的理性基础是把人们拉向神性和美德的金线。对柏拉图来说，法律以理性为基础不仅能够避免政治强力的滥用，还能起到教化人民的作用。人不过是众神的傀儡，身上的诸多情感像绳索一样操控着人们；在绳索此来彼往的过程中，人们常常"穿过了邪恶和美德的交汇线"②；在这一架构中，以理性为基础的法律将人们拉向正确的地方，即"这根绳索是金的和神圣的，传导着'计算'的力，一个国家的力就叫做公法"③。第三，法律的理性基础能够对人的不同激情进行计算。在柏拉图眼中，激情主要包括快乐与痛苦、信心与恐惧，而这些激情对社会和个人的性格往往起到了决定性的作用。④边沁（Jeremy Bentham）对功利主义的探讨或许可以作为柏拉图立场的注脚。边沁指出："自然把人类置于两位主公——快乐和痛苦——的主宰之下。只有它们才指示我们应当干什么，决定我们将要干什么。是非标准、因果联系，俱由其定夺……功利原理承认这一被支配地位，把它当做旨在依靠理性和法律之手建造福乐大厦的制度的基础……功利原理是指这样的原理：它按照看来势必增大或减小利益有关者之幸福的倾向，亦即促进或妨碍此种幸福的倾向，来赞成或非难任何一项行动。"⑤与边沁有所不同的是，柏拉图的理性的核心并不在于对利益即增大幸福和减少痛苦的计算，而主要是对正当性即是非曲直的衡量："把这四者加以'计算'，我们就判断出快乐和痛苦的是非曲直，当它作为一个国家的一个公共决策来表述时，它就获得'法律'的名称。"⑥

　　柏拉图认为法律有两个基础，即神和理性。一个人应该遵守法律，因

① 罗斯科·庞德：《通过法律的社会控制》，第58～59页。
② 柏拉图：《法律篇》，第33页。
③ 柏拉图：《法律篇》，第33页。
④ 参见柏拉图：《法律篇》，第23、32～33页。
⑤ 边沁：《道德与立法原理导论》，时殷弘译，北京：商务印书馆，2000年，第58～59页。
⑥ 柏拉图：《法律篇》，第33页。

为它既有着神的一面，又符合人的理性。神的基础为法律提供了神圣的合法性，并为死后的惩戒预留了空间。理性的基础则预防了强力的滥用，将人拉向了德性的方向，并计算出各种激情的是非曲直。

二、法律的统治

在阐述了法律的基础后，柏拉图开始对法律本身进行考察。柏拉图进一步将法律本身分为法律的序言和法律的内容两个部分。所谓法律的序言，是指对"法律的永久性部分和个别细分出来的部分"① 所作的纲领性补充，而这种补充主要是说服的性质。具体而言，法律的序言包括法律的原则和法律的主题。

法律的原则主要在四个方面得到体现：

第一，法律大于权力。真正得到善治的城邦应该建立在法治的基础上，而法治尤其需要统治集团服从法律，即"在守法政体中，因为法律有效地限制着统治者的行为，清晰的是法律而非统治者拥有至高权威"②。统治者应该是法律的仆人，并因善于遵守法律而获得城邦的最高权力，因为"如果法律是政府的主人……人们能够享受众神赐给城市的一切好处"③。

第二，法律的权威如同神授。人们不能仅仅因为惧怕政府的刑罚和强制才服从法律，而要尤其恐惧神的惩戒，因为"正义之神从不擅离职守，她对背弃神圣法律的那些人实施报复"④。这样一来，人们就不会觉得自己可以侥幸不受惩罚而触犯和违背法律。在众神的眼中，人是否受到惩罚的依据只在于这个人是不是好人，有没有违法，而一个"恶人即使为众神做了大量事情，也不过是白费时间"⑤。然而，如果一个奉公守法的好人想要敬神或为神做些什么的话，他也有具体的次序可依，即先是诸神、

---

① 柏拉图：《法律篇》，第 133 页。
② 程志敏、方旭选编：《哲人与立法：柏拉图〈法义〉探义》，邹丽、刘宇等译，上海：华东师范大学出版社，2013 年，第 139 页。
③ 柏拉图：《法律篇》，第 123 ~ 124 页。
④ 柏拉图：《法律篇》，第 124 页。
⑤ 柏拉图：《法律篇》，第 125 页。

精灵、英雄、远祖，最后是健在的父母，因为"就债务人偿还第一笔债款和数额最大的债款而论，清还最先欠下的债务是合适的和正确的"①。

第三，法律必须得到遵守。除了神的惩戒对人的警示之外，城邦也需要强化一系列惩处机制来确保法律必须得到遵守的原则，即"在城邦中，禁止任何人做有悖于法律的事情，若有人敢这样，就判处最终极的惩罚——死刑……这便是第二等的"②。

第四，很少有人能够超越法律。真正的智慧（政治家的知识）只能被极少数人获得，而这些人往往为众人制定了法律："尽管法与成文规则乃是对真理之摹仿，它们都尽其所能地抄自那些有知识者。"③ 因此，大多数人不能违法，否则就是在践踏类似真知的模仿。然而，尽管大多数人不能违背法律和成文规则，但是真正有知识者却可以凌驾在法律和规则之上，因为"如若他们是有技艺的，那末，这就不再是一种摹仿，而就是最真之事物的本身"④。

法律的主题主要涉及一个人的灵魂、身体、财产以及各种关系，即"一个人应该怎样严肃和从容地对待他的灵魂、身体和财产……一个人怎样对待他的父母、他自己和他的财产，以及他与国家、他的朋友、他的亲属、外国人和同胞的交往"⑤。

在人的内部或外部，都存在相似的支配关系，即强大和优越者为主、弱小和卑下者为奴。除了众神之外，一个人的灵魂最为神圣、强大和优越，因此人必须尊重他的灵魂。⑥ 沉溺于感官快乐，将美看得重于美德都不是尊敬灵魂，与此相反，"'尊敬'就是坚持高贵的东西"⑦，而美德就是高贵的东西。

在灵魂之后，人们其次应该尊敬身体。尊敬的具体方法是保持匀称，

---

① 柏拉图：《法律篇》，第 125 页。
② 柏拉图：《政治家》，第 81~82 页。
③ 柏拉图：《政治家》，第 86 页。
④ 柏拉图：《政治家》，第 87 页。
⑤ 柏拉图：《法律篇》，第 134~139 页。
⑥ 参见柏拉图：《法律篇》，第 134 页。
⑦ 柏拉图：《法律篇》，第 136~137 页。

因为"介于所有这些极端情况之间的中间状态的身体，才是最完美的和最匀称的，因为一个极端使灵魂勇敢和轻率，而另一个极端则使灵魂可怜和卑躬屈膝"①。

在财产面前，人们也应该做到适度。以遗产为例，过多或过少的遗产对下一代都没有好处，而"一份不让围在年轻人周围的马屁精垂涎而又能充分满足这个年轻人所需一切的遗产，是最适合他的环境的，也是所有情况中最好的"②。与此同时，比起金钱，谦逊才是留给孩子们最好的遗产。③ 在柏拉图的立场上看，德性是真正的财产，远比金钱重要。

柏拉图对不同的关系有着相应的规范。对于父母，人应该孝敬父母、养活父母、尊敬父母、为父母送葬，因为这些行为即孝道属于债务和还债的范畴。④ 对于朋友，我们要为他们付出更多，并给予他们更高的评价，而我们从他们那里得到的应该更少，给予自己的评价也要更低，因为只有这样，我们才能得到他们的善意对待。⑤ 对于城邦和公民，一个人与其追求在任何形式的竞赛中获得胜利，还不如以他对法律的尊重"所取得的荣誉来击败每一个人"⑥。对于外国人，人们应该尤其善待，因为"外国人之间或反对外国人的一切犯罪，受到神的报复要比市民之间的犯罪来得快"⑦。

在柏拉图看来，法律兼有说服和强制的一面。⑧ 法律的序言主要承担了说服的一面，即说明法律的原则和底线，并且解释人们对自身、财产以及他人所负的义务。法律序言的意义就在于把各项带有强制色彩的法律条文中意涵的原则和主题以说服的形式呈现出来，希望人们可以通过序言就懂得服从法律的价值和好处。概括地讲，立法者试图通过立法取得的效

---

① 柏拉图:《法律篇》，第 137 页。
② 柏拉图:《法律篇》，第 138 页。
③ 参见柏拉图:《法律篇》，第 138 页。
④ 参见柏拉图:《法律篇》，第 126 页。
⑤ 参见柏拉图:《法律篇》，第 138 页。
⑥ 柏拉图:《法律篇》，第 138 页。
⑦ 柏拉图:《法律篇》，第 138 页。
⑧ 参见柏拉图:《法律篇》，第 126 页。

果，就是使公民乐于遵循美德。① 如果公民本身就乐于遵循美德，则无需立法者的存在。如果法律的序言可以说服公民遵循美德，则无需法律的正文。当法律的序言不能靠说服使人遵循的话，那么法律的正文及与之相伴的惩处则会以强制的手段使人服从。值得指出的是，真正意义上的奉公守法绝不限于遵守法律的正文，而应尤其遵循法律的精神。②

　　法律正文的内容主要涉及行政、生活、经济、刑罚以及国际这五个方面：

　　第一，有关行政的法律。有关行政的法律包括 37 人团、将军及其相关人员、议会、法庭、监察官、管理员、教育官员以及宗教官员。在柏拉图看来，当城邦组织得很好且有完善的法律时，"任命不称职的官员负责施行法典乃是浪费了优良法典"③。因此，针对官员的法律即行政法非常重要。

　　1. 37 人团——在各级官员之中，37 人团即法律维护者需要尤其重视，因为只要安排好他们就可以在选择其他官员时省不少精力。④ 选举的具体方式如下：在神庙中选举，每个选举人推选自己心仪的人，公开形成 300个候选人，再从 300 人中提名 100 人，最终从 100 人中选出得票最多并经过复查的 37 人。⑤ 这些人主要充当法律维护者的角色，如保管官员财产申报等文件或者充任审判贪污罪的法官；他们的任期不能超过 20 年，年龄不应小于 50 岁。⑥

　　2. 将军及其相关人员——将军产生的方式如下：37 人团编制候选人初步名单，选举人是所有服过或正在服兵役者；可以反提议；得票最多的三人通过复查后成为将军。⑦ 将军产生之后，可以拟定 12 个连队指挥官的初步名单，每个部落一人；提名、选举和复查的方法同选将军一样。⑧

---

①　参见柏拉图：《法律篇》，第 127 页。
②　Cf.　, Paul Shorey, "Plato's Laws and the Unity of Plato's Thought. I", p. 369.
③　柏拉图：《法律篇》，第 160 页。
④　参见柏拉图：《法律篇》，第 162 页。
⑤　参见柏拉图：《法律篇》，第 164～165 页。
⑥　参见柏拉图：《法律篇》，第 164～165 页。
⑦　参见柏拉图：《法律篇》，第 165～166 页。
⑧　参见柏拉图：《法律篇》，第 166 页。

至于骑兵指挥官则与将军类似：37 人团起草初步名单，选择和反提议同选将军相同，骑兵选举受步兵的监督，两个得票最多的人成为骑兵指挥官。① 轻装备兵、弓箭手或其他兵种的指挥官无需选举，直接由将军们指派。② 将军及其相关人员的职责在于确保军队服从指挥和集体行动：兵籍名册上的人必须服兵役，否则要受规避兵役的处罚；在每一场战争后都要奖赏有功者；如果有人在战争期间逃跑，将以脱离战争行列的罪名受罚。③

3. 议会——议会有 360 个成员，分为 4 组，每组 90 人，正好同每个等级推选成员的人数对应。每个等级都必须参加最高和第二等级的提名，否则要支付罚金；第四等级可以不参加第三等级的提名而不受罚；第三和第四等级可以不参加第四等级的提名而不受罚。每个等级要选出 180 人然后抽签取半，复查后任职。这种制度是君主制和民主制之间的折中。④ 柏拉图之所以这样认为，因为他将选举与抽签分别看作君主制与民主制的特征。选举与抽签的混合不仅体现了柏拉图有关适度即混合政体的观点，还反映了柏拉图独特的正义观。柏拉图曾特意区分了两种平等，其中抽签符合数目的平等，即分配平等的份额；选举则符合比例的平等，即能者多得，不能者少得。⑤ 在柏拉图眼中，真正正义的行政安排需要兼顾两种平等：首先运用君主制的方式选举出足够能干且拥有民意支持的能者；然后运用民主制的方式在诸多能人中抽签取出需要的人数。这样一来，既可以保证有能者担任城邦的官职，又可以在有能者之间分配平等的份额。与此同时，柏拉图为议会进一步设立了执行委员。在他看来，一个庞大的群体很难夜以继日地照管城邦事务，因此需要进一步设立执行委员，即把议会成员分为 12 批，每月一批，轮流当值。⑥ 值得指出的是，柏拉图并非在所有的官职安排上都要求选举与抽签的混合。在上述 37 人团和军事官员

---

① 参见柏拉图：《法律篇》，第 166 页。
② 参见柏拉图：《法律篇》，第 166 页。
③ 参见柏拉图：《法律篇》，第 380 ~ 382 页。
④ 参见柏拉图：《法律篇》，第 166 ~ 167 页。
⑤ 参见柏拉图：《法律篇》，第 167 页。
⑥ 参见柏拉图：《法律篇》，第 168 页。

的问题上，柏拉图只要求君主制的选举方式。毕竟法律和战争可谓国之大事，容不得丝毫儿戏，一定要让能者中的能者来担任。

4. 法庭——法庭系统有三级，最低一级是邻居组成的简单法庭，之上是处于中间层的其他法庭即部落法庭，最高是为所有公民所设的普通法庭。陪审员则通过抽签选举。当他人对自己或公共利益造成伤害时，可以将案件从简单法庭移交到其他法庭，而普通法庭一定要结案。上诉成功或失败都有可能使赔偿或刑罚加倍。法官的错误可以在 37 人团面前申诉。[①]

5. 监狱——监狱主要由三种，即公共监狱、感化中心以及乡村监狱。公共监狱靠近市场，关押大批普通犯人；感化中心则靠近夜间议事会会址；乡村监狱是荒凉地点，冷僻至极，有惩罚的意思。[②]

6. 监察官——监察官的选举程序如下：在神庙通过分组、选举和抽签的方式选出 3 人，至少 50 岁；这 3 人指派 12 个监察官；监察官为阿波罗神庙工作的祭司；监察官在身前和身后都将享受尊贵和荣誉；人们可以对不称职的监察官进行告发。[③] 监察官的职责在于保护城邦制度的安全并对各种官吏的活动进行监察，所以监察官必须"在道德上是令人钦佩叹服的人物"[④]。

7. 管理员——城邦主要有三种管理员，即国家管理员或警卫队长、城市管理员以及市场管理员。国家管理员或警卫队长由 60 人组成：每个部落提供五人，每人再从其部落挑选 12 个年轻人当帮手；他们的职责是巡视和保卫国土安全；任期两年，在这期间他与其下属必须遵守集体生活的准则，比如到国内每个地区都设的公共食堂内一起用餐，否则将受到惩罚。[⑤] 城市管理员共 3 人：从第一等级中选出 6 人，抽签 3 人，复查后任职；他们把城市的 12 部分分为 3 组；职责包括照管道路、监督建筑物、用水、市容等。[⑥] 市场管理员共 5 人：从第一和第二等级中选出 10 人，

① 参见柏拉图：《法律篇》，第 177～179、399 页。
② 参见柏拉图：《法律篇》，第 342～343 页。
③ 参见柏拉图：《法律篇》，第 385～389 页。
④ 柏拉图：《法律篇》，第 385 页。
⑤ 参见柏拉图：《法律篇》，第 170～173 页。
⑥ 参见柏拉图：《法律篇》，第 174 页。

抽签 5 人，复查后任职；维护市场应有的秩序，照管庙宇和水源，惩罚罪犯。①《法律篇》对管理员的安排与当时雅典现行制度的最大区别就在于选举与抽签。在柏拉图时代的雅典，负责城邦具体事务的各种管理员的产生方式都是靠抽签，② 而《法律篇》的管理员的产生仍旧混合了抽签和选举。当时的雅典是真正意义上的民主政制，即人民大众的权力几乎主宰着城邦的一切。抽签无疑最符合这种民主政制的精神，因为抽签预设了人与人之间能力和价值的平等。对于当时的雅典人来说，人与人之间原本平等，因此每一个人都应该具有管理公共事务的平等机会，纯不能厚此薄彼。密尔（John Mill）曾指出雅典政制可谓理想中最好的政府形式，因为每个公民不仅拥有主权，而且能够实际参与城邦某个具体公职。这样做的好处主要有两点："每个人或任何一个人的权利和利益，只有当有关的人本人能够并习惯于捍卫它们时，才可免于被忽视……从事于促进普遍繁荣的个人能力愈大，愈是富于多样性，普遍繁荣就愈达到高度，愈是广泛普及。"③ 对于经由密尔阐述出的雅典人的原则，柏拉图亦在一定程度上赞同。归根究底而言，他与这种立场的主要分歧是程度问题。雅典人认为每一个人都有直接参与实际政治的权利和能力，但是柏拉图却有所迟疑并倾向于将人分为三六九等。对于柏拉图来说，这些不同层次的人能干些什么就去干些什么，能参与到什么程度就参与到什么程度。如果让原本不平等的人强行获得平等的对待，即干同样的事情或者参与到同样的程度，反而是一种不平等与不正义。与此同时，在那些真正平等的人之间，应该采取雅典人的抽签方式，即让那些有能力参与实际政治的人们都具有同等的机会。

8. 教育官员——教育官员主要有三个层面。第一个层面是学校和体育馆的主管人员，他们负责日常运营、课程、组织和纪律。第二个层面是负责竞赛的官员，他们充当体育和艺术比赛的裁判员。第三个层面是教育总监，他是男孩和女孩全部教育的指导员，不小于 50 岁的父亲，亦是城

① 参见柏拉图：《法律篇》，第 174~175 页。
② 参见亚里士多德：《雅典政制》，日知、力野译，北京：商务印书馆，1959年，第 61~62 页。
③ J. S. 密尔：《代议制政府》，汪瑄译，北京：商务印书馆，1982 年，第 44 页。

邦高级官员中最重要的一员；除执行委员和议员以外的全体官员秘密投票选出教育总监，任期五年。①

9. 宗教官员——每个庙宇都应该有庙祝和祭司，他们的产生方式部分通过选举、部分通过抽签，但仍需经过复查；他们应该从特尔斐神庙得到宗教法律。②

第二，有关生活的法律。有关生活的法律包括宗教、婚姻、奴隶、规划、节日、赛事、公餐、遗产、孤儿、亲权、孝顺以及葬礼。这类立法的中心思想是将生活安排得"与人类的善和精神美德相一致"③。

1. 宗教——每个地区都分有一位神或神的儿子，并提供祭坛和有关用品。每个月举行两次祭献。一次在 12 个部落中的一个举行，另一次在每个部落中的 12 个地方性社团中的一个举行。如此一来，不仅可以普遍得到神的恩惠，而且使人们彼此亲近和熟悉。④

2. 婚姻——男女在适当的年龄应该彼此了解；25～30 岁之间必须结婚，否则要交罚款并且不受晚辈尊敬。婚姻应该尽可能遵守两条原则，即娶一个比男方地位略低的妻子，并尽可能找有利于城邦而非个人认为最有魅力的联姻。在具体的婚礼中，即便穷人也要准备最低限度的财产用来结婚和生活，婚宴的人数和规格都受到严格限制，婚礼当日不应醉酒。新婚夫妇应该离开父母的家，另营新居。⑤

3. 奴隶——奴隶十分重要，因为一个好奴隶甚至比主人的兄弟或儿子做得还要多。此外，奴隶是主人美德的试金石，因为当一个人拥有对另一个人近似无限的权力时，他对正义的真实态度就会很快显现。⑥ 柏拉图继承了雅典法律对奴隶的观点，即奴隶是私人财产。⑦ 针对奴隶的具体法律规定如下：在法律允许的范围内，主人可以随意对待奴隶；获得自由的

① 参见柏拉图：《法律篇》，第 175～177 页。
② 参见柏拉图：《法律篇》，第 169～179 页。
③ 柏拉图：《法律篇》，第 182 页。
④ 参见柏拉图：《法律篇》，第 183 页。
⑤ 参见柏拉图：《法律篇》，第 184～188 页。
⑥ 参见柏拉图：《法律篇》，第 189～190 页。
⑦ Cf. ，Amir Meital and Joseph Agassi, "Slaves in Plato's Laws", p. 327.

奴隶如果不履行对前主人一月三次的服务仍可被逮捕；获得自由的奴隶结婚必须经过前主人的同意；获得自由的奴隶不得比前主人富裕，否则要把超过的部分赠与前主人；获得自由的奴隶不能在城邦居住超过 20 年；获得自由的奴隶如果财产超过第三等级的限度必须在 30 天内离境。①

4. 规划——在全国 12 个分区中建立 12 个村落；每个村落建立庙宇、市场和军事防御。② 为了安全和护卫，庙宇建在市场和城墙周围的高地上；为了严肃和神圣，庙宇周围是行政机关和法院。理想状态是不设城墙，因为城墙不仅对安全不会有什么好处，还会助长软弱的灵魂。但是，如果一定要设城墙的话，私人房屋应该建造在水源的右边以便于防御。③

5. 性爱——法律要禁止同性恋和乱伦行为，并对人类其他不良性欲望进行控制。男人应该通过体育和意志训练来征服性欲，因此只应同妻子性交。一旦同妻子以外的人发生了性关系，就必须进行保密，否则将受到惩罚。在最理想的状态下，正确的性行为只是建立在生儿育女的目的上，并且需要正确的态度、时机和方式。然而，一旦自觉和自制的理想无法实现，就必须退而求其次地制定第二等好的法律即性事保密。④

6. 节日——每年的节日不能少于 365 次，每天至少对某个神有一次正式的祭献；规定 12 个节日以纪念 12 位神，每个部落分有一位神，每个月祭祀其中一位，并安排合唱队表演和进行文化体育比赛；把不同神的庆典区分开，把地狱的神放置在第十二个月来庆祝。⑤

7. 赛事——在和平时期，每个公民都要参加军事训练。具体而言，一个月至少一天进行军事演习，男女和小孩都必须参加；制定一个尽可能模拟真实战斗环境的战争游戏，并给有功者颁奖。城邦应该培养运动员式的公民，因此要多提供和组织一些竞技比赛。这样既能保证参与者的安全，也可以训练他们的尚武精神，并为战争做好准备，其中包括三个重要竞赛：赛跑即速度比赛，因为跑步的速度和敏捷有助于战争；武装战斗即

---

① 参见柏拉图：《法律篇》，第 349~350 页。
② 参见柏拉图：《法律篇》，第 270 页。
③ 参见柏拉图：《法律篇》，第 191~192 页。
④ 参见柏拉图：《法律篇》，第 256~262 页。
⑤ 参见柏拉图：《法律篇》，第 246 页。

体力的较量，代替乱踢乱打的摔跤；赛马即骑术的较量。除军事和体育赛事之外，城邦还应安排一些文艺比赛，比如合唱和跳舞。值得指出的是，并非任何人都可以进行文艺创作。作曲家的年龄不得小于 50 岁，而且要有杰出的成就并得到教育官员和其他法律维护者的授权；未经审查的歌曲不得演唱。①

8. 公餐——新婚夫妇不能把私人生活排除在社会之外，还应像婚前一样继续参加公餐，因为这一习惯对安全有很大的贡献。② 至于公餐的组织和食物供应，立法者因地理的局限，只能利用陆地，无需关心来自海洋的食材。③

9. 遗产——以前的遗产法规定任何人可以根据自己的意愿来处置自己的遗产，但是人临死前容易被哄骗和胁迫，所以这种遗产法有弊端。更好的办法是把遗产看作属于民族、祖先、后代以及城邦，处处以这些因素为考量，并把个人的喜好放在第二位。实际的法律则对继承权有详尽的描述，其中男女在继承中的地位有所不同。④

10. 孤儿——法律维护者要像父母一样对待孤儿，并为孤儿找到监护人；父母的亡灵会惩罚欺负孤儿的人；如果监护人虐待孤儿将受到惩罚。⑤

11. 亲权——父亲通过家族会议投票可以弃养孩子；孩子可以在法律维护者那里告父母精神失常；夫妻可以离婚和再婚；不同身份的人所生孩子的身份和归属也有所不同。⑥

12. 孝顺——孩子要赡养和尊敬父母，因为父母是活着的神龛且对子女有恩，神亦会因子女的孝顺而给予奖励。如果孩子不孝顺父母，会受到不同程度的惩罚。⑦

---

① 参见柏拉图：《法律篇》，第 247～254 页。
② 参见柏拉图：《法律篇》，第 193 页。
③ 参见柏拉图：《法律篇》，第 263 页。
④ 参见柏拉图：《法律篇》，第 358～362 页。
⑤ 参见柏拉图：《法律篇》，第 364～366 页。
⑥ 参见柏拉图：《法律篇》，第 366～368 页。
⑦ 参见柏拉图：《法律篇》，第 370 页。

13. 葬礼——法律对死者的丧葬事务有三点规定，即听从神谕解释者们以此岸或彼岸世界诸神的名义举行献祭活动，不让死者侵犯生者的土地以及不为葬礼而铺张。①

第三，有关经济的法律。在上述有关公餐的讨论中，食物供应是立法者需要解决的一件重要事务。这一事务涉及生产劳动的方方面面。柏拉图主要通过农业、工业和商业来对有关经济的法律进行了规定。

1. 农业——有关农业的法律包括土地、邻里、收成、供水以及分配这五个方面。（1）土地：没有人可以侵占他人土地，否则要受到神和法律的双重惩罚。②（2）邻里：人们要尽可能避免侵犯其邻居的权益和财产，并应该在适当的时候相互帮助、合作；否则，城邦官员可以勒令其赔偿，并予以批判和惩罚。③（3）收成：无论自由民、奴隶还是外国人都不能在收获季节前吃水果或者偷吃别人的水果，否则将受到不同程度的惩罚。④（4）供水：如果有人蓄意破坏和污染其他人的供水，不仅要缴罚款还需予以清洁。⑤（5）分配：食物分配应该施行类似克里特的规则，即每种谷物要按月分成 12 份，每个 1/12 再按比例分成三份给市民、奴隶以及工匠（外国人），只有第三份可以买卖。⑥

2. 工业——有关工业的法律包括规划、原则、地位以及诚信这四个方面。（1）规划：在全国建立 13 个工匠团体，一个安置在中心城市，其余分配在环绕周围的 12 个分区；每个村落都要有对农夫有用的工匠。⑦（2）原则：城邦中的每个人尤其这些工匠都只能有一种职业，不能兼做两种职业，即便是做一种职业再监督一种职业也不行。⑧（3）地位：工匠与军人的地位相等，因为"两个阶层都不断地为土地和人民服务，后者

---

① 参见柏拉图：《法律篇》，第 401～402 页。
② 参见柏拉图：《法律篇》，第 264 页。
③ 参见柏拉图：《法律篇》，第 264～265 页。
④ 参见柏拉图：《法律篇》，第 266～267 页。
⑤ 参见柏拉图：《法律篇》，第 267 页。
⑥ 参见柏拉图：《法律篇》，第 269 页。
⑦ 参见柏拉图：《法律篇》，第 270 页。
⑧ 参见柏拉图：《法律篇》，第 268 页。

通过在战争的各种战斗中冲锋陷阵，前者则借助于生产工具和货物收取报酬"①。（4）诚信：如果工匠未能按时完成任务，将受到神和法律的双重惩罚，他将赔偿欺骗雇主的价款，并无偿再完成一次工作；雇主未按时支付工匠报酬也会受到惩罚；缔约双方都要坦诚，不能相互欺骗，亦不应利用信息不对称来谋取私利。②

3. 商业——有关商业的法律包括规则、赊账、退货、欺诈、贸易以及抑商这六个方面。（1）规则：交易和商业的普遍规则要求任何未经许可的人都不能触及或干预他人的财产，因为不能为了钱财而丢掉正义。③（2）赊账：买卖不得赊账或赊货。④（3）退货：因买卖双方信息不对称的不同情况会对退货有不同规定。⑤（4）欺诈：价格统一和商品不能掺假，否则就是欺诈。⑥（5）贸易：进出口都不征税；不能进口国内无用的奢侈品，不能出口国内必须保存的货物；进出口受12位年轻的法律维护者监督；军用物资可以交换；进出口的货物在全国都不能为赚钱而零售。⑦（6）抑商：商人阶级要尽可能小；有地产的公民不能从事商业活动或者为私人服务的工作，否则就犯了不名誉罪，监禁一年，再犯监禁期加倍；只有外国人才能从事商业活动；商人要多行善事，不干坏事；法律维护者必须密切监督和调控商人和商业行为；商业被人看不起的原因在于商人放大了人性的贪欲，其中富裕用奢侈腐蚀人的灵魂，而贫困用痛苦使灵魂变得可耻，所以要通过法律的手段来对商人和商业活动进行限制。⑧

第四，有关惩罚的法律。任何惩罚性质的法律都意味着一种羞辱，因为它不是直接针对美德而是邪恶，即通过威胁和惩罚来规范行为。柏拉图

① 柏拉图：《法律篇》，第356页。
② 参见柏拉图：《法律篇》，第357页。
③ 参见柏拉图：《法律篇》，第347页。
④ 参见柏拉图：《法律篇》，第350~351页。
⑤ 参见柏拉图：《法律篇》，第350~351页。
⑥ 参见柏拉图：《法律篇》，第352~353页。
⑦ 参见柏拉图：《法律篇》，第269页。
⑧ 参见柏拉图：《法律篇》，第354~356页。

将羞辱制度化的做法，旨在维护城邦。[①] 这些制度化的手段包括罚金、监禁、鞭打、下乡、侮辱、罚站以及死刑。具体而言，惩罚性的法律主要包括抢劫神庙、政治颠覆、叛国、意外杀人、愤怒杀人、自卫杀人、故意杀人、自杀、故意伤害、偷窃和暴力伤害、渎神、毒品和妖术、精神病、诽谤、乞丐、毁坏等。值得指出的是，柏拉图对死刑案件的审理程序进行了规定：法官都是法律维护者，法庭由表现优异的前行政官员组成；法官论资排辈坐在一起面向公诉人和被告人；所有有空闲时间的公民都应参加；公诉人和被告人相继发言；资深法官交叉询问；其余法官依次对疑点查问；法官在一致同意的论点上签字；这样的程序反复三次后，法官投票并以赫斯提神的名义起誓公正和正确。[②]

1. 抢劫神庙——外国人或奴隶抢劫神庙的惩罚是刺青、鞭打、罚款和驱逐，而公民则将面临死刑。[③]

2. 政治颠覆——政治颠覆主要针对那些破坏城邦法治或煽动民众叛乱以实现特殊个人利益的罪人。这些人将面临死刑。[④]

3. 叛国——叛国罪是指那些旨在损害或出卖城邦利益的罪犯。这些人将面临死刑。[⑤]

4. 意外杀人——在比赛、战争、军事训练以及医疗中的非故意杀人，可以免除死刑和道德败坏，所受的惩罚包括接受道德净化并远离死者在国内常去之地。[⑥]

5. 愤怒杀人——愤怒中的杀人分为冲动性和报复性。有预谋并造成更大的罪恶，就应该接受更重的刑罚；反之较轻。[⑦] 此外，愤怒杀人会因犯罪者和被害人身份的不同，受到轻重程度不同的惩罚。一般情况下，惩罚主要限于道德净化和流放，但情节特别严重或者有悖伦理道德（如奴

---

① Cf. , Virginia Hunter, "Institutionalizing Dishonour In Plato's 'Laws'", pp. 134 – 142.

② 参见柏拉图：《法律篇》，第 275～277 页。

③ 参见柏拉图：《法律篇》，第 274～275 页。

④ 参见柏拉图：《法律篇》，第 276 页。

⑤ 参见柏拉图：《法律篇》，第 277 页。

⑥ 参见柏拉图：《法律篇》，第 288～289 页。

⑦ 参见柏拉图：《法律篇》，第 291 页。

隶愤怒杀死自由民和主人、孩子愤怒弑杀父母）则可以考虑死刑。①

6. 自卫杀人——除了奴隶自卫杀死自由民要受到惩罚之外，剩下的所有自卫杀人都可以免于道德败坏的罪名。自卫杀人无罪的情况则包括：杀死夜间入室的贼；杀死拦路抢劫的强盗；受害者的父母或儿子杀死对妇女实施性强暴的罪犯；丈夫杀死强奸妻子的强奸犯；为了拯救父亲、母亲、孩子、兄弟或妻子的生命而杀人。②

7. 故意杀人——这种杀人完全出于预谋和非正义。一般来说，故意杀人往往因贪欲、野心和恐惧而起。故意杀人会受到双重的惩罚，即在来世得到报应并在现世遭受驱逐或死刑的法律制裁。在故意杀人的案件中，对血亲的谋杀最可恶，因此犯罪者不仅要遭受众神的报应，还要承受死刑和暴尸。只有这样，才能以儆效尤。③

8. 自杀——那些并非走投无路就杀死自己的人，不能体面地安葬。④

9. 故意伤害——那些由于故意杀人而导致伤害的人应该以故意杀人罪受审，但可以免于死刑，只遭受驱逐和财产弥补的惩罚。⑤

10. 盗窃和暴力伤害——对盗窃和暴力伤害的惩罚原则为：对受害人损失的程度进行相应的赔偿，并承担附加的刑罚来鼓励犯罪者改造，即让刑罚既反映罪行，又能充分补偿受害人。⑥ 就暴力伤害而言，年轻人不能殴打老年人，但被老年人殴打则要逆来顺受。任何殴打自己父母和长辈的行为都是极重的罪行，所以犯罪者一方面会受到天谴，另一方面应该受到现世的惩罚，即被众人群起而攻之。此外，任何殴打自由民的奴隶必须被捆绑起来。⑦

11. 渎神——柏拉图对无神论、神不关心人间事务以及神可以被收买这类观点进行了反驳。在他看来，"众神存在、他们关心我们、他们绝对

① 参见柏拉图：《法律篇》，第 291～293 页。
② 参见柏拉图：《法律篇》，第 294～300 页。
③ 参见柏拉图：《法律篇》，第 294～298 页。
④ 参见柏拉图：《法律篇》，第 299 页。
⑤ 参见柏拉图：《法律篇》，第 301～304 页。
⑥ 参见柏拉图：《法律篇》，第 372 页。
⑦ 参见柏拉图：《法律篇》，第 306～310 页。

不同非正义的事情妥协"①，因此渎神是一项罪名，必须受到惩处。上述三种渎神的原因可以引申出六种犯罪，即简单的无神论（直言不信神但人不坏）和隐蔽的无神论（邪教和迷信的阴谋分子，狡猾欺诈，大奸似忠），前者感化五年，后者死刑；那些认为神不关心人类或可贿赂的人（各有两种），其中简单的亵渎（愚蠢而受骗）要去感化中心五年，除夜间议事会成员不得探望，而隐蔽的亵渎（发起这些观点骗人）要送去乡村监狱，死后尸体必须扔出国境，不得埋葬。此外，任何人都不得在私人住所里设神龛，因为这会促进自身的邪恶，也会将不信神传染给整个城邦。②

12. 毒品和妖术——下毒伤害他人健康和妖言蛊惑他人灵魂的人，都要受到不同程度的惩罚。③

13. 精神病——精神病患者不能出现在大庭广众之下，否则亲友接受罚款。④

14. 诽谤罪——任何人辱骂或者诽谤他人都要受到惩罚。⑤

15. 乞丐——治理得好的国家不应该存在乞丐；如果有人强行乞讨，应该被国家管理员遣送出境。⑥

16. 毁坏——奴隶或动物破坏物品，其主人甚至自身都要受到不同程度的惩罚。⑦

17. 证人——拒绝作证或作伪证都要受到相应的惩罚。⑧

18. 其他——除上述行为以外，还有许多情况会受到法律的惩罚。这些情况包括冒充使节、窃夺他人、担保和搜查、暴力阻止他人出庭、暴力妨碍体育和文化比赛、收取盗窃物品、隐藏被驱逐者、私下签订和平协议

---

① 柏拉图：《法律篇》，第 342 页。
② 参见柏拉图：《法律篇》，第 343～345 页。
③ 参见柏拉图：《法律篇》，第 371～372 页。
④ 参见柏拉图：《法律篇》，第 373 页。
⑤ 参见柏拉图：《法律篇》，第 373 页。
⑥ 参见柏拉图：《法律篇》，第 375 页。
⑦ 参见柏拉图：《法律篇》，第 375 页。
⑧ 参见柏拉图：《法律篇》，第 376～377 页。

或进行战争、官员收受馈赠等。①

　　第五，有关国际的法律。有关国际事务的法律，主要在于尽可能限制城邦与城邦之间的交流，因为交流会带来各种风俗习惯的混合。培根（Francis Bacon）曾指出保持城邦善治与这种交流和混合之间的张力，即当立法者"看到了当时这个国度的兴盛繁荣景象和无以复加的幸福，他觉得自己崇高而远大的理想已经完全实现，而现在唯一要做的就是怎样就自己所见到的，永远保持住人民现在已经获得的幸福生活。所以，他在这个国家的根本法律之中公布了一些限制外邦人入境的禁令，以免受外来的奇闻异事和殊方异俗的影响"②。柏拉图同样认为这种混合对一个依法治理良好的城邦来说有弊无利。然而，他同时清醒地明白完全意义上的闭关锁国不仅不可能，而且会阻碍城邦的文明进步。因此，最好的办法只能是从出境、入境和居留这三个层面进行限制。

　　1. 出境——对公民出境的限制如下：不满 40 岁的人不能离开城邦；只有因公派出的信使、外交使节和观察员才能出去。观察员必须在 50 至 60 岁之间并且是公民中的模范；在境外调查 10 年后要向一个委员会报告。委员会由年轻人和年长者混合组成，其成员包括荣誉祭司、最年长的 10 位法律维护者、历年的教育官员，这些人每人提携一名 30 至 40 岁的年轻人。这个委员会将根据观察员的报告来决定对其的赏罚。③ 这种限制出境的原则可以参照培根对本色列岛的规定进行理解，即"在取其长、弃其短、趋其利、避其害的情况下可以与外邦人交往"④。换言之，出境并非绝对禁止，但要减少到不超过有益于城邦进步的限度。

　　2. 入境——对外国人入境的限制如下：将外国商人安排在市区外的贸易港，要严密控制并将接待控制在必要的最低的限度；将外国观光客安排在神殿附近居住，本国居民与外国观光客互相不能侵害；将外国使节作为国宾，由将军等负责接待；外国考察员必须超过 50 岁，由聪敏且富有

---

① 参见柏拉图：《法律篇》，第 379 ~ 380、395 ~ 398 页。
② 弗·培根：《新大西岛》，何新译，北京：商务印书馆，2012 年，第 18 页。
③ 参见柏拉图：《法律篇》，第 391 ~ 394 页。
④ 弗·培根：《新大西岛》，第 19 页。

的人在舍下接待，并且可以拜访一些教育官员和道德名人。①

3. 居留——对外国人定居和移民的限制如下：存在开放的外国人团
体；外国人必须有一门技能；居留不能超过 20 年；不用缴税；期限满了，
必须收拾财产回国；如果有卓越贡献，可以在议会和公民大会申请延期或
永久居留等特权；外国人的孩子必须是工匠；孩子的居住时期从 15 岁开
始计算；离境之前注销入境登记。②

三、法律的局限

通过对法律的目的、基础、序言和内容进行阐述，柏拉图看似为正义
找到了一个现实可行的实现方式，即通过程序化的法律来反映和实现正义
的精神。这种实现方式既可以抽象到原则和主题的层面，也可以具体到人
生老病死的方方面面。简言之，正义的精神无处不在法律之中得到实现。
然而，这种实现方式并非完美无缺，仍然存在不少弊病。法律的局限主要
在法律本身的不足以及人对法律的超越上得到反映。

在柏拉图看来，大多数制度天然有所缺陷，而这种缺陷会逐渐玷污和
腐化美好的制度本身。法律本身的不足主要有三个方面。一方面是指立法
时的遗漏和时间的腐蚀。法律初建之时本来就难免有所遗漏，而随着时间
推移法律本身会进一步腐化并产生瑕疵。③ 另一方面可以在九头蛇的例子
中得到体现。法律本身的遗漏和腐化需要立法者不断对其加以修改和调
试，而这一行为无疑是在砍九头蛇的脑袋：永远砍不完，只是在不断自找
麻烦。④ 但是，如果人不进行修改、调试和更新，法律同样会陷入绝境：
类似一个固执、迂腐、狭隘的人。⑤ 法律的变化性（variability）决定它几
乎永远不会处于静止状态。⑥ 最后一方面是指法律无力应对复杂、差异和

① 参见柏拉图：《法律篇》，第 394～395 页。

② 参见柏拉图：《法律篇》，第 272 页。

③ 参见柏拉图：《法律篇》，第 181～182、377 页。

④ 参见柏拉图：《理想国》，第 145 页。

⑤ Cf. ，Gustav Mueller, "Plato and the Gods", The Philosophical Review 45. 5
(1936), p. 459.

⑥ Cf. ，Paul Stern, "The Rule of Wisdom and the Rule of Law in Plato's Statesman",
p. 268.

变易的事务，而人事从来就不简单。法律的核心无疑是普遍原则，而任何普遍原则都无从把握或规范不同且多样的人事。① 用柏拉图的话来说："法律从来不曾有能力来准确理解什么对所有人同时是最好与最正义的，也没有能力来施予他们最好的东西，因为人的差异性、人的行动的差异性以及人事的变易性，不承认技艺能对一切事物作一简单而永恒之断言……法律是简单的，而相对于那些从来就不简单的事物，它要在所有的时候都处于最佳状态，这岂不是不可能的吗？"②

　　除了法律本身的不足以外，人对法律的超越也进一步体现了法律的局限。法律的存在和运行都依赖人；法律的漏洞和腐化都需要人来修改和调试；法律还需人的解释以使其在具体场合下可以应对人事的复杂、差异和变易。除上述这三个方面，人对法律的超越还在法律的护卫上得到反映。柏拉图认为在为法律注入一种抵抗颠覆的力量之前，立法工作仍未完成。这种护卫法律的力量是一个由人组成的委员会。这个委员会的具体安排如下：在法律维护者中，选择 10 名最年长的人，加上所有获得国家最高荣誉的人以及曾到国外调查如何护卫法律不受伤害的人。出席会议的人各带一名在天赋和教育上都很出色的 30 岁以上的年轻人。会议在天亮前就要召开。③ 值得指出的是，这个委员会又绕回了人治和知识统治的立场，即"议事会的成员必须由掌握了必要的知识的人来指定，而且只有经过事前的教育和大量热烈的讨论之后，他们才能成功地担负起自己的职责……只要我们精心选拔议事会的成员，给他们以适当的教育，并在受过教育之后，入主我国的要害部门，成为保卫者。他们的保卫能力之高是我们一生中从未见过的"④。庞德曾对这一局限进行过精辟的阐述："法律不会自己实施，一定要有人来执行法律，一定要有某种动力来推动个人使他超越规则的抽象内容及其与理想正义或社会利益理想的一致性之上，去做这件事

---

① Cf. , Paul Stern, "The Rule of Wisdom and the Rule of Law in Plato's Statesman", p. 268.
② 柏拉图：《政治家》，第 75 页。
③ 参见柏拉图：《法律篇》，第 403～405 页。
④ 柏拉图：《法律篇》，第 415～416 页。

情……每个人的良心是紧要行动关头时对是非的最后仲裁者。"① 换言之，法律固然重要，但是人的品质更为根本。这样一来，《法律篇》的结尾走回了《理想国》的起点：两个城邦实际不存在任何本质的区别。② 法律的统治最终通向了哲学王。

第二节　荀子的礼乐

荀子实现礼义的程序是礼乐。这里的礼是指礼法，而乐主要是音乐。值得指出的是，礼法与礼义并不相同，二者的区别可以拿狭义和广义来说明。礼义更多关乎概念和原则等抽象层面，即广义的礼；礼法则是指规章和程序等具体层面，即狭义的礼。从某种意义上而言，礼义是礼法的基础，而礼法的具体程序同时是礼义的抽象原则的重要实现手段。就礼义的实现而言，程序的意义在于只要统治者和百姓能够尽可能遵循礼乐的具体要求和规定，就会实现礼义。这样一来，礼乐的性质尤为重要：只要礼乐的性质是为了实现礼义，那么其具体要求和规定就是实现的程序。

一、礼乐的性质

礼起源于对欲望与物质的调节："荀子以为人性恶，故不能不用礼义音乐来涵养节制人的情欲。"③ 换言之，人性不能任其自然发展，必须有法度来进行裁制。④ 人们生来就有欲望，并希望得到满足；如果欲望的满足没有界限的话，那么众人就不能免于争端；争端会带来混乱，而混乱会造成贫困；先王厌恶混乱，因此制礼来对欲望与物质这种供需关系进行调节和分配，即"使欲必不穷乎物，物必不屈于欲，两者相持而长，是礼

---

　①　罗斯科·庞德：《通过法律的社会控制》，第 36～37 页。

　②　Cf. , Ernest Barker, Greek Political Theory: Plato and His Predecessors, p. 406; P. A. Brunt, Studies in Greek History and Thought, Oxford: Clarendon Press, 1993, pp. 250 - 251; George Klosko, "The Nocturnal Council in Plato's Laws", pp. 74 - 88.

　③　胡适：《中国哲学史大纲》，第 257 页。

　④　参见陈大齐：《孟子性善说与荀子性恶说的不相抵触》，见廖名春选编：《荀子二十讲》，北京：华夏出版社，2009 年，第 259～260 页。

之所起也"①。可见，礼的主要目的和功能就是"结束'自然状态'，解决利益冲突问题"②。艾凡赫（Ivanhoe）指出，不少学者认为荀子的性恶观与霍布斯类似，即不受约束的人性将使人的生活变得"孤独、贫困、卑污、残忍而短寿"③。但是，在他看来，荀子与霍布斯存在一个根本区别：荀子的礼不仅用来协调人与人之间的争端，还要防止自然被无穷无制的人欲破坏。④ 艾凡赫的观点极具启发性，因为他为荀子的礼找到了除社会伦理之外的另一个维度，即生态伦理（ecological ethic）。在荀子的语境下，社会伦理可谓"养人之欲"，而生态伦理则是"使物不屈"。就养人之欲而言，礼拿不同的食物和味道来养口，拿不同的香味来养鼻，拿不同的装饰和样子来养目，拿不同的乐器和声音来养耳，拿不同的房屋和床榻来养体。在养人之欲的同时，礼还会别之以使物不屈。具体而言，别是让众人都能各当其宜，即使贵贱、长幼和贫富不同的人都能得到适宜的分配份额，比如贵人的欲望能够比贱人得到更多、更好的满足。⑤ 换言之，"人们所分得利益的多寡，是与他们所承担的社会责任相一致的"⑥。这样一来，人欲既得到了适当的满足，物质也不会在无穷的人欲面前显得匮乏。艾凡赫将欲与物之间的和谐状态称为"愉悦的对称"（happy symmetry）。⑦ 在愉悦的对称之下，社会伦理和生态伦理能够同时得到实现。

具体而言，礼的用处主要体现在个人与国家。对个人来说，礼是为人处世的准则，即"礼者，人之所履也，失所履，必颠蹶陷溺。所失微而其为乱大者，礼也"⑧。这套准则要求人们在不同情形、身份和对象面前，能够有适宜的行为，即"贵者敬焉，老者孝焉，长者弟焉，幼者慈焉，

---

① 王先谦：《荀子集解》（礼论篇），第 337 页。

② 黄玉顺：《中国正义论的形成：周孔孟荀的制度伦理学传统》，第 352 页。

③ 霍布斯：《利维坦》，第 98 页。

④ Cf. ，Philip Ivanhoe，"A Happy Symmetry：Xunzi's Ethical Thought"，pp. 309 – 310.

⑤ 参见王先谦：《荀子集解》（礼论篇），第 337～338 页。

⑥ 黄玉顺：《中国正义论的形成：周孔孟荀的制度伦理学传统》，第 353 页。

⑦ Philip Ivanhoe，"A Happy Symmetry：Xunzi's Ethical Thought"，p. 315.

⑧ 王先谦：《荀子集解》（大略篇），第 479 页。

贱者惠焉"①。对国家来说，礼是政治的原则，即"礼者，政之挽也。为政不以礼，政不行矣"②。礼既是表明治乱的准绳，也可以用来治理天下。为为人处世或治理国家而服务的礼，可以分为高低不同的三个层次。在最高层次，礼的内在情感与外在形式能够俱尽；其次，内在情感与外在形式会此消彼长；最后，即便没有外在形式，但是内在情感能够做到真挚和质朴，即"故至备，情文俱尽；其次，情文代胜；其下复情以归大一也"③。

在荀子眼中，乐起源于人喜爱欢乐的天性。荀子认为人的性情不能免于欢乐，而欢乐必然会用声音和动静来进行表达；欢乐虽然有了表达的方式，但仍需接受礼义之道的规范，否则就会陷入祸乱；先王于是制作《雅》、《颂》之乐来进行规范。④ 简言之，礼义之道是乐的基础和原则，而乐尤其《雅》、《颂》可谓实现礼义的具体程序。

乐有四种主要用途。第一，乐能和谐社会，即"故乐在宗庙之中，君臣上下同听之，则莫不和敬；闺门之内，父子兄弟同听之，则莫不和亲；乡里族长之中，长少同听之，则莫不和顺。故乐者，审一以定和者也，比物以饰节者也，合奏以成文者也，足以率一道，足以治万变"⑤。第二，乐于外表达征诛，于内表达揖让，有齐一中和的效果，即"故乐者，出所以征诛也，入所以揖让也。征诛揖让，其义一也。出所以征诛，则莫不听从；入所以揖让，则莫不从服。故乐者，天下之大齐也，中和之纪也，人情之所必不免也"⑥。第三，乐能饰喜得人，即"且乐者，先王之所以饰喜也……是故喜而天下和之"⑦。第四，乐特别善于教化人心、移风易俗，即"夫声乐之入人也深，其化人也速，故先王谨为之文。乐中平则民和而不流，乐肃庄则民齐而不乱"⑧。

从客观的角度来看，礼是荀子的核心观念。这一点无疑与孔子和孟子

---

① 王先谦：《荀子集解》（大略篇），第475页。
② 王先谦：《荀子集解》（大略篇），第477页。
③ 王先谦：《荀子集解》（礼论篇），第346页。
④ 参见王先谦：《荀子集解》（乐论篇），第368页。
⑤ 王先谦：《荀子集解》（乐论篇），第368～369页。
⑥ 王先谦：《荀子集解》（乐论篇），第369页。
⑦ 王先谦：《荀子集解》（乐论篇），第369页。
⑧ 王先谦：《荀子集解》（乐论篇），第369页。

一样，因此大多数学者将荀子视为儒家。然而，荀子的文本却常见礼与法并用的现象，比如"礼者，法之大分也"①、"礼法之枢要"②、"隆礼至法则国有常"③ 等。这是否说明荀子是一个法家，尤其考虑到他的两个著名学生李斯和韩非都与法家有着千丝万缕的联系。实际上，这无疑是后人对荀子的误读。荀子愿意以儒家的立场为出发点，吸收包括法家在内的其他学派的优秀成果，但是这绝不能作为否定他儒家地位的证据。荀子虽然谈及法，但是他的法是礼统摄之下的法。如果将礼比作总司令的话，那么法就是隶属于该司令下的军长。正是在这个意义上，荀子实现礼义的程序才被称为礼乐而非礼乐法——礼包含着法。对于礼与法之间的关系，林宏星曾进行过恰到好处的论述："礼在荀子那里不论在国家之治理、秩序之达成以及个人之修身方面皆是灵魂和核心，是总纲，因而就此角度而言，所谓的'法'总是隶属于'礼'之下，并作为'礼'的补充手段出现。"④在这种解释下，势必会面临一些新问题。礼有哪些不足，需要法来补充？如果法能够补充礼，那么荀子为什么不直接用法来取代礼，反而保持某种礼法并用、以礼摄法的结构？为了回答上述问题，需要首先对礼进行历史的考察。

礼不仅并非荀子或孔子所独创，甚至有超过周朝的远古起源。孔子曾说："殷因于夏礼，所损益，可知也；周因于殷礼，所损益，可知也。"⑤由此可见，礼早在夏朝的时候就已经有了比较完备的体系。作为中华民族的一种源头性的制度，礼的核心与祭祀祖先鬼神密不可分。王国维曾对礼的字源予以考察："推之而奉神人之酒醴亦谓之醴，又推之而奉神人之事，通谓之礼。"⑥ 从某种意义上而言，礼就起源于原始宗教和祭祀活动。在后来的发展中，礼逐渐超越了宗教祭祀的范畴，并被不断赋予更加广泛

① 王先谦：《荀子集解》（劝学篇），第 11 页。
② 王先谦：《荀子集解》（王霸篇），第 217 页。
③ 王先谦：《荀子集解》（君道篇），第 234 页。
④ 林宏星：《〈荀子〉精读》，第 191～192 页。
⑤ 朱熹：《四书章句集注》（论语·为政），第 60 页。
⑥ 王国维：《观堂集林》（卷六）第一册，北京：中华书局，1991 年，第 291 页。

的内涵："并非直接继承了祭祀仪式意义上的礼，更重要的是原始社会中祭祀乃是团体的活动，而团体的祭祀活动具有一定的团体秩序，包含着种种行为的规定。礼一方面继承了这种社群团体内部秩序规定的传统，一方面发展为各种具体的行为规范和各种人际关系的行为仪节。"① 荀子乃至儒家所提倡的礼的本质，即这种集宗教、政治、社会、文化为一体的规范体系，只不过随着历史的发展，礼被赋予了夏、商、周等不同时代的独特形式。

就孔孟荀所推崇的周礼来说，社会控制是它的一个重要功能。通过周礼的社会控制"涉及自天子以至普遍士人之日常生活的各个方面，按其人的身份与地位，规定了其在不同时期与处境之行止、动作、姿态、言词以至使用物品"②。一方面，周礼通过人与人之间身份和地位的差异来规定不同的言行举止和器物用具；另一方面，周礼通过不同的言行举止和器物用具来彰显甚至固化人与人之间身份和地位的差异。这两方面的相互配合，即周礼实现社会控制的主要方式。正是在这个意义上，司马光才会提出："天子之职莫大于礼，礼莫大于分，分莫大于名。何谓礼？纪纲是也；何谓分？君臣是也；何谓名？公、侯、卿、大夫是也。"③ 值得指出的是，礼的传承和效用更多基于社会习俗和个人品质的自觉实践而非国家权力的强制："礼并非书册里的条文，而是行事中的老规矩。而这些行事规矩之得以传承不堕，有赖人与人之间，或官民之间、或师弟之间的模仿讲习。在春秋时代，这些规矩之覆盖范围几乎已包括了当时的人从出生到死亡、从早到晚的每一种活动。"④ 当这一系列渗入到日常生活的自觉实践中，一个尊卑有序的等级社会就悄无声息地形成了。每一个人不仅是其营造者，亦是其维护者。由此可见，通过周礼的社会控制十分依赖人的自觉实践。一旦人们尤其有着重要身份和地位的人不再遵循礼，就会破坏

---

① 陈来：《古代宗教与伦理：儒家思想的根源》，北京：生活·读书·新知三联书店，2009 年，第 244 页。

② 梁家荣：《仁礼之辨：孔子之道的再释与重估》，第 83 页。

③ 司马光：《资治通鉴》第一册（卷第一·周纪一），北京：中华书局，2013年，第 2 页。

④ 梁家荣：《仁礼之辨：孔子之道的再释与重估》，第 86 页。

其根基甚至动摇社会秩序，即"君子三年不为礼，礼必坏；三年不为乐，乐必崩"①。

在孔子的时代，周礼不再受各方人士的遵循，并日益失去了对社会的控制。到了荀子的战国时代，周礼几乎完全没有效力，愈演愈烈的兼并战争将社会推向弱肉强食的丛林逻辑。刘向将那个时代称为："捐礼义而贵战争，弃仁义而用诈谲，苟以取强而已矣。"② 为了实现富国强兵并在兼并战争中取胜，各国陆续尝试了一系列抛弃周礼旧故的变法行动，即"各国境宇日恢，民众日杂，前此之礼文习惯，不足以维系，故竞务修明法度，以整齐划一其民"③。在这些国家中，秦国采取商鞅的法家主张，进行了最为彻底的变法，从而一跃成为当时的强国。在商鞅看来，周礼乃至任何秩序都不存在持久的有效性，当变则变，一切应以强大和利益为导向："是以圣人苟可以强国，不法其故；苟可以利民，不循其礼。"④ 从某种意义上而言，商鞅变法的核心就是用法的统治来取代周礼，即"由贵族政治趋于君主专制政治，由人治礼治趋于法治"⑤。在商君变法的作用下，人与人之间身份和地位的差异得到了一定程度的消除，而依赖自觉实践的礼治也逐渐被需要国家权力强制的法治取代。商鞅变法的巨大成功，使周礼在战国新形势下的合法性和有效性成了不可回避的重要问题。这无疑对力图恢复周礼的荀子提出了严峻的挑战。荀子对此问题的回答是以礼摄法，即通过礼来吸纳并融合法。

荀子之所以选择以礼摄法，因为纯粹意义上的周礼在战国时代显得愈发迂腐，而纯粹意义上的法治则显得过于工具性。换言之，单独的礼或者法都有所局限。李哲贤曾论述了礼与法的区别："此即'礼'之形成，系出于社会文化之力量，故重'自律'，为积极之兴发人之道德，著重于社会之制裁力；而'法'则多出于国家之制定，故重'他律'，为消极之禁

---

① 朱熹：《四书章句集注》（论语·阳货），第 168 页。
② 刘向：《战国策》，上海：上海古籍出版社，1985 年，第 1196 页。
③ 梁启超：《先秦政治思想史》，第 74 页。
④ 蒋礼鸿：《商君书锥指》，北京：中华书局，1986 年，第 3 页。
⑤ 冯友兰：《中国哲学史》，第 331 页。

制人之恶，著重于国家权力之制裁也。"① 到了荀子的时代，期望人能自律地遵循礼无疑痴人说梦，只能借用法即国家权力的他律。但是，法律只在于消极地避免人之恶，无法像礼那样促进人的道德升华。这样一来，荀子就面临一个两难。一方面，礼能使得人"有耻且格"，但却失去了效用；另一方面，法具有强大的效用，但却使人"免而无耻"②。荀子既希望达到教化人心的礼治效果，亦希望拥有令行禁止的法治力量。于是，他尝试将工具性的法嫁接于价值性的礼，即通过法的手段来实现礼的目标。

荀子以礼摄法的本质就在于调和同一性与多样性。礼注重于多样性，而法倾向于同一性，即"儒家着重于贵贱、尊卑、长幼、亲属之'异'，故不能不以富于差异性、内容繁杂的、因人而异的、个别的行为规范——礼——为维持社会秩序的工具，而反对归于一的法。法家欲以同一的、单纯的法律，约束全国人民，着重于'同'，故主张法治，反对因贵贱、尊卑、长幼、亲属而异其施的礼"③。荀子的做法将综合同一性与多样性，力求实现当同一则同一、当多样则多样的理想状态。具体来说，荀子的以礼摄法包括三个重要层面。第一，礼法分治。礼的实践要求内在道德的高尚以及自我推动的自觉，并非所有人都能履行，而法则主要依赖国家权力的强制，人人都可以做到。于是，荀子将礼法适用于不同身份的人："由士以上，则必以礼乐节之；庶众百姓，则必以法数制之。"④ 礼适用于具备领悟和自律能力的士以上的统治阶级，而法则适用于需要被强制的芸芸大众。第二，礼主法辅。礼重视积极的修身和教化，而法则倾向于消极的刑罚和诛杀。荀子主张先教后诛：只有当礼的教化无济于事之时，才勉为其难地运用法律进行制裁。对荀子来说，不教而诛是一种暴虐，教而不诛是一种放纵，而正确的方法则是以法辅礼。陶师承曾对礼与法之间的主次关系进行了论述："故世人每有诟荀子亦重法治者，特不知荀子之所以兼

---

① 李哲贤：《荀子之核心思想："礼义之统"及其时代意义》，第 164 页。

② 朱熹：《四书章句集注》（论语·为政），第 55 页。

③ 瞿同祖：《中国法律与中国社会》，北京：商务印书馆，2010 年，第 326 ~ 327 页。

④ 王先谦：《荀子集解》（富国篇），第 176 页。

言法治者，仍为济礼治之穷也。乌可谓之兼言法治哉。"① 第三，引礼入法。所谓引礼入法，是指将礼的原则和精神引入法律当中，从而在不知不觉中将礼的观念掺杂于法律。从汉朝到清末，中国传统的立法基本遵照了荀子引礼入法的思路。瞿同祖对这一实践进行深入的考察："儒家讲贵贱上下有别，本为礼之所以产生，于是八议入于法，贵贱不同罚，轻重各有异。礼，贵贱之服饰、宫室、舆马、婚姻、丧葬、祭祀之制不同，于是这些都分别规定于律中。儒家重视尊卑、长幼、亲属的差别，讲孝悌伦常，于是听讼必原父子之亲，宜轻宜重，一以服制为断。"② 特别值得指出的是古代的服制制度，即按照亲属与死者血缘关系的亲疏和尊卑，穿戴不同丧服的制度。这一制度本源于礼，但是后世的立法者将之引入法，用来区分人与人之间地位和身份的差异，并根据这种差异来调整法律制裁的轻重。这样一来，荀子以礼摄法即综合同一性与多样性的主张就得到了实现。原本只能履行同一性的法由此可以兼顾人与人之间的多样性，而关注身份和地位的差异的礼则得到了国家强制力的支持。

二、礼乐的统治

总体来说，礼乐即礼法和音乐是圣王治理天下的手段以及实现礼义的程序，所谓"先王之道，礼乐正其盛者也"③。尽管如此，礼与乐却有不同侧重：礼倾向于别异，而乐倾向于合同，即"乐合同，礼别异。礼乐之统，管乎人心矣。穷本极变，乐之情也；著诚去伪，礼之经也"④。由此可见，实现礼义的程序包含别与和这两个不同的层面：不能只知别而不知和，也不能因和而忘别；惟有别和相济，当和则和，当别则别，才能实现礼义。

乐用来实现礼义的具体程序需要坚持端庄正派的原则。乐可以改造人性，而人性的善恶会进一步决定治乱，所以必须保证乐将人的心性引向正道，即"凡奸声感人而逆气应之，逆气成象而乱生焉；正声感人而顺气

① 陶师承：《荀子研究》，第 134 页。
② 瞿同祖：《中国法律与中国社会》，第 369 页。
③ 王先谦：《荀子集解》（乐论篇），第 369 页。
④ 王先谦：《荀子集解》（乐论篇），第 371 页。

应之，顺气成象而治生焉"①。荀子通过与心悲、心伤、心淫的乐进行对比的方法，阐述了端庄正派的乐的内容，即"故齐衰之服，哭泣之声，使人之心悲；带甲婴胄，歌于行伍，使人之心伤；姚冶之容，郑、卫之音，使人之心淫；绅端章甫，舞韶歌武，使人之心庄"②。在对乐的内容进行描述之后，荀子进一步对表达这些内容的工具予以说明："君子以钟鼓道志，以琴瑟乐心，动以干戚，饰以羽旄，从以磬管……故鼓似天，钟似地，磬似水，竽、笙、箫、和、筦、籥似星辰日月，鞉、柷、拊、鞷、椌、楬似万物"③。

礼实现礼义及治理天下的具体程序和手段需要秉持十点原则。第一，礼以天地、祖先和君师为根本。天地是生的根本，先祖是族类的根本，君师是治理的根本，所以礼旨在事奉天、地，尊重祖先而推隆君主。④ 第二，礼当贵始有别。贵始是德的根本；礼既要贵始，也要有所别之，即"郊止乎天子，而社止于诸侯，道及士大夫，所以别尊者事尊，卑者事卑，宜大者巨，宜小者小也"⑤。第三，礼当合文理归太一。文即修饰是尊重本源，理即合宜是接近实用；文理的结合才是礼，而进一步趋向太一即远古的朴素则是对礼的最大尊崇。⑥ 第四，礼以隆杀为要。荀子认为："礼者，以财物为用，以贵贱为文，以多少为异，以隆杀为要。"⑦ 拿繁多的文理来表达俭约的情用就是礼之隆，拿俭约的文理来表达繁多的情用就是礼之杀，文理情用相济并行就是礼之中。因此，对当隆之礼就应隆之，对当杀之礼就应杀之，对当中之礼就应中之，而隆杀中之间就是行礼的范围。第五，礼要生死如一。礼是用来处理有关生死的事务；生是人的开始，死是人的终结，能够将开始和终结都处理好，人道就十分完备了；轻死重生或轻生重死都不正确，而正确的处理方法是始终如一、生死如

① 王先谦：《荀子集解》（乐论篇），第370页。
② 王先谦：《荀子集解》（乐论篇），第370页。
③ 王先谦：《荀子集解》（乐论篇），第370~372页。
④ 参见王先谦：《荀子集解》（礼论篇），第340页。
⑤ 王先谦：《荀子集解》（礼论篇），第341~342页。
⑥ 参见王先谦：《荀子集解》（礼论篇），第342~343页。
⑦ 王先谦：《荀子集解》（礼论篇），第348页。

一。① 第六，礼要合性伪。性像未经加工的木材；伪是人为加工，用来表现礼义文饰的隆重；没有性，伪就没有地方加工；没有伪，性也不能自美；性伪合才能完成礼。② 第七，礼要适宜不能奢侈。礼的关键在于是否合宜，而不在用度是否奢侈。从某种意义上而言，过度奢侈并无益于礼，即"币厚则伤德，财侈则殄礼"③。第八，礼要坚持家国一体。君主用来治家的礼可以在类比的意义上等同于治国的礼。国与家并非严格不同种的事物，反而有很多相似相通的共同之处，即"赐予其宫室，犹用庆赏于国家也；忿怒其臣妾，犹用刑罚于万民也"。第九，礼要顺应人心。这一原则为礼的更新留下了空间，因为《礼经》没有记载和规定的事物，只要顺应人心就是礼。④ 第十，礼的目的在于装饰和表现，即"事生，饰欢也；送死，饰哀也；军旅，施威也"⑤。

在对礼的统治原则进行说明之后，应该转而探讨礼的统治内容，即把礼的统治原则掺入法中的具体表现，亦可称为礼法。总体来说，礼法对一切都要规定，并希望尽可能复古三代故事，即"道不过三代，法不贰后王……有制，宫室有度，人徒有数，丧祭械用皆有等宜，声则凡非雅声者举废，色则凡非旧文者举息，械用则凡非旧器者举毁，夫是之谓复古"⑥。具体来说，礼法的统治内容可以从政治、生活、经济、惩罚这四个方面进行阐述。

第一，有关官职的礼法。有关官职的礼法包括对宰爵、司徒、司马、大师、司空、治田、虞师、乡师、工师、伛巫、治市、司寇、冢宰、辟公以及天王这15个职位的规定。在荀子看来，礼义的实现需要依靠君主以及各级官吏的治理，因此规定他们的职责可谓礼的重要内容。

1. 宰爵——负责掌管接待和祭祀时供应物品的数量，即"宰爵知宾

---

① 参见王先谦：《荀子集解》（礼论篇），第349～350页。
② 参见王先谦：《荀子集解》（礼论篇），第356页。
③ 王先谦：《荀子集解》（大略篇），第473页。
④ "礼以顺人心为本，故亡于《礼经》而顺于人心者，皆礼也。"参见王先谦：《荀子集解》（大略篇），第475页。
⑤ 王先谦：《荀子集解》（大略篇），第475页。
⑥ 王先谦：《荀子集解》（王制篇），第157页。

客、祭祀、飨食、牺牲之牢数"①。

2. 司徒——负责掌管宗族、城郭和器械的数量，即"司徒知百宗、城郭、立器之数"②。

3. 司马——负责掌管军队器械兵马的数量，即"司马知师旅、甲兵、乘白之数"③。

4. 大师——负责对音乐的审查和限制，即"修宪命，审诗商，禁淫声，以时顺修，使夷俗邪音不敢乱雅，大师之事也"④。

5. 司空——负责堤坝、桥梁、水库等水利事务，即"修堤梁，通沟浍，行水潦，安水臧，以时决塞，岁虽凶败水旱，使民有所耘艾，司空之事也"⑤。

6. 治田——负责土地、节气等农业事务，即"相高下，视肥硗，序五种，省农功，谨蓄藏，以时顺修，使农夫朴力而寡能，治田之事也"⑥。

7. 虞师——负责山林、野兽等自然资源，即"修火宪，养山林薮泽草木鱼鳖百索，以时禁发，使国家足用而财物不屈，虞师之事也"⑦。

8. 乡师——负责乡里商铺和住宅的规划以及人民的风俗等事务，即"顺州里，定廛宅，养六畜，间树艺，劝教化，趋孝弟，以时顺修，使百姓顺命，安乐处乡，乡师之事也"⑧。

9. 工师——负责生产工序、手艺和质量等工匠事务，即"论百工，审时事，辨功苦，尚完利，便备用，使雕琢文采不敢专造于家，工师之事也"⑨。

10. 伛巫——负责占卜事务，即"相阴阳，占祲兆，钻龟陈卦，主攘

---

① 王先谦：《荀子集解》（王制篇），第164页。
② 王先谦：《荀子集解》（王制篇），第164页。
③ 王先谦：《荀子集解》（王制篇），第165页。
④ 王先谦：《荀子集解》（王制篇），第165~166页。
⑤ 王先谦：《荀子集解》（王制篇），第166页。
⑥ 王先谦：《荀子集解》（王制篇），第166页。
⑦ 王先谦：《荀子集解》（王制篇），第166~167页。
⑧ 王先谦：《荀子集解》（王制篇），第167页。
⑨ 王先谦：《荀子集解》（王制篇），第167页。

择五卜，知其吉凶妖祥，伛巫、跛击之事也"①。

11. 治市——负责基础建设、商业往来、防盗贼等市政工作，即"修采清，易道路，谨盗贼，平室律，以时顺修，使宾旅安而货财通，治市之事也"②。

12. 司寇——负责制裁犯罪分子的刑罚事务，即"抃急禁悍，防淫除邪，戮之以五刑，使暴悍以变，奸邪不作，司寇之事也"③。

13. 冢宰——负责治理官吏和百姓的行政事务，即"本政教，正法则，兼听而时稽之，度其功劳，论其庆赏，以时慎修，使百吏免尽而众庶不偷，冢宰之事也"④。

14. 辟公——负责推行礼乐教化，即"论礼乐，正身行，广教化，美风俗，兼覆而调一之，辟公之事也"⑤。

15. 天王——负责在天下范围内全面实现礼义和道德，即"全道德，致隆高，綦文理，一天下，振毫末，使天下莫不顺比从服，天王之事也"⑥。

第二，有关生活的礼法。有关生活的礼法包括四个部分，即行为、关系、事件以及丧祭。

1. 行为——所谓行为，包括日常用具、交际和行动。总体来说，礼法旨在从这些日常行为中凸显人与人之间的差异和等级。首先，以屏风、衣装、弓箭等用具为例，礼法对不同等级和身份的人该如何佩戴不同用具进行了规定，即"天子外屏，诸侯内屏，礼也"⑦、"天子山冕，诸侯玄冠，大夫裨冕，士韦弁，礼也"⑧ 以及"天子雕弓，诸侯彤弓，大夫黑弓，礼也"⑨。其次，以跪拜、召臣、侯见、会见以及慰问为例，礼法对

① 王先谦：《荀子集解》（王制篇），第 167 页。
② 王先谦：《荀子集解》（王制篇），第 167~168 页。
③ 王先谦：《荀子集解》（王制篇），第 168 页。
④ 王先谦：《荀子集解》（王制篇），第 168 页。
⑤ 王先谦：《荀子集解》（王制篇），第 169 页。
⑥ 王先谦：《荀子集解》（王制篇），第 169 页。
⑦ 王先谦：《荀子集解》（大略篇），第 470 页。
⑧ 王先谦：《荀子集解》（大略篇），第 471 页。
⑨ 王先谦：《荀子集解》（大略篇），第 472 页。

不同身份和等级的人如何正确交际也进行了规定，即"平衡曰拜，下衡
曰稽首，至地曰稽颡。大夫之臣拜不稽首，非尊家臣也，所以辟君也"①，
"诸侯召其臣，臣不俟驾，颠倒衣裳而走，礼也……天子召诸侯，诸侯辇
舆就马，礼也"②，"诸侯相见，卿为介，以其教士毕行，使仁居守"③，
"聘，问也。享，献也。私觌，私见也"④ 以及"君于大夫，三问其疾，
三临其丧；于士，一问一临。诸侯非问疾吊丧，不之臣之家"⑤。最后，
以注视、车行、同房为例，礼法对人的行动和起居也进行了详细的规范，
即"坐视膝，立视足，应对言语视面。立视前六尺而大之，六六三十六，
三丈六尺"⑥，"和乐之声，步中武、象，趋中韶、护。君子听律习容而后
士"⑦ 以及"十日一御"⑧。

2. 关系——戈尔丁（Goldin）认为礼旨在阐明并施加义务以巩固社
会关系。⑨ 因此，礼法对人该如何应对不同的关系和身份进行了规范。在
对待子女的问题上，君子不能流露爱意，要引导而非强迫他们走上正道，
即"君子之于子，爱之而勿面，使之而勿貌，导之以道而勿强"⑩。夫妇
关系十分重要，它是君臣父子的根本，应该遵循男尊女卑的咸卦，即
"咸，感也，以高下下，以男下女，柔上而刚下"⑪。臣子可谓一人之下万
人之上，不仅位高权重，而且肩负辅佐君主治理天下、为万民表率的重
任，因此礼法对为臣之道也进行了规定。臣子应该尽可能举贤用能、诤谏
匡扶，即"下臣事君以货，中臣事君以身，上臣事君以人"⑫ 以及"为人

---

① 王先谦：《荀子集解》（大略篇），第 478 页。
② 王先谦：《荀子集解》（大略篇），第 471 页。
③ 王先谦：《荀子集解》（大略篇），第 472 页。
④ 王先谦：《荀子集解》（大略篇），第 478 页。
⑤ 王先谦：《荀子集解》（大略篇），第 479 页。
⑥ 王先谦：《荀子集解》（大略篇），第 481 页。
⑦ 王先谦：《荀子集解》（大略篇），第 480 页。
⑧ 王先谦：《荀子集解》（大略篇），第 480 页。
⑨ Cf. ，Paul Rakita Goldin, Rituals of the Way：The philosophy of Xunzi, pp. 57 –
65.
⑩ 王先谦：《荀子集解》（大略篇），第 475 页。
⑪ 王先谦：《荀子集解》（大略篇），第 479 页。
⑫ 王先谦：《荀子集解》（大略篇），第 482 页。

臣下者，有谏而无讪，有亡而无疾，有怨而无怒"①。在外交事务上，礼法对问候他人、正式访问、召见他人、断交、召回被断交之人时应履行的程序就作出了规定，即"聘人以珪，问士以璧，召人以瑗，绝人以玦，反绝以环"②。

3. 事件——礼法对人生乃至家国的一些大事都进行了规定。就天子登基来说，上卿、中卿、下卿要依次献给天子三册书：在献第一册时要警告天子能除去祸患就会幸福，否则就会受害，因此要保持忧虑；在献第二册时要警告天子事事都要预先考虑和准备周全，否则就会陷入祸患；在献第三册时要警告天子预先准备、谨慎戒备、不可松懈，因为祸福相依而万民仰望。③ 就乡内以射选士之前的饮酒礼而言，座次的安排需要同时对地位和年龄进行考虑，即"一命齿于乡，再命齿于族，三命族人虽七十不敢先"。对嫁娶来说，其时间应该限制在霜降到第二年融冰的范围内，即"霜降逆女，冰泮杀止"。在迎娶新娘的时候，父亲向南而立，儿子向北而跪；父亲命令儿子去迎娶妻子来完成传宗接代的大事，并使之成为母亲的继承人。④ 关于劳役的具体安排如下："八十者一子不事，九十者举家不事，废疾非人不养者一人不事，父母之丧，三年不事。齐衰大功，三月不事。从诸侯来，与新有昏，期不事。"⑤

4. 丧祭——丧礼和祭礼会从其他事件中单列出来，因为二者在礼法中的地位至关重要。如前所述，礼的主要原则就是贵始以及生死如一。如果对丧葬即死后的事情都能尽心尽力、安排妥当，那么生前和开始的事情

---

① 王先谦：《荀子集解》（大略篇），第479页。

② 王先谦：《荀子集解》（大略篇），第472页。

③ "天子即位，上卿进曰：'如之何忧之长也！能除患则为福，不能除患则为贼。'授天子一策。中卿进曰：'配天而有下土者，先事虑事，先患虑患。先事虑事谓之接，接则事优成；先患虑患谓之豫，豫则祸不生。事至而后虑者谓之后，后则事不举；患至而后虑者谓之困，困则祸不可御。'授天子二策。下卿进曰：'敬戒无怠。庆者在堂，吊者在闾。祸与福邻，莫知其门。豫哉！豫哉！万民望之！'授天子三策。"参见王先谦：《荀子集解》（大略篇），第477页。

④ "亲迎之礼，父南向而立，子北面而跪，醮而命之：'往迎尔相，成我宗事，隆率以敬先妣之嗣，若则有常。'子曰：'诺。唯恐不能，敢忘命矣！'"参见王先谦：《荀子集解》（大略篇），第474～475页。

⑤ 王先谦：《荀子集解》（大略篇），第484页。

就更不在话下。丧礼的程序一般分为三个步骤，即修饰、远瞻、平复："故变而饰，所以灭恶也；动而远，所以遂敬也；久而平，所以优生也。"① 丧礼要尽可能秉持生死如一的原则，即按照活着的情形来装饰死者，棺椁和坟墓的陈设当尽可能模拟活人常用的器物、车马和房屋来为死者送终，这并不是为了使用而表达哀悼。② 因此，丧礼要求停柩三个月以便有足够时间来保证丧葬物品的完备并扩大丧礼的规模；三月之殡只是大夫及一般情况下的停柩时间，天子则需七个月，诸侯五个月。③ 丧礼还包括服丧：三年是服丧的极限以表达极度的哀悼；三年之后无论如何都要停止服丧，因为死者已往，而生者还要继续生活；不同的对象有相应的服丧期限，其中服丧三年是隆重的礼，服丧三至五个月是简要的礼，服丧九个月到一周年则是中间的礼；唯有父母和君王才能受得起三年之丧。④ 所谓祭礼，主要是为了表达思慕的情感。如果没有祭祀的音乐、舞蹈等仪式，那么情感的表达就会感到不畅和欠缺。与丧礼类似，祭礼同样要求祭祀死者要同侍奉活人一样。君子明白祭祀是治理社会的一种规范，而百姓却把它当成侍奉鬼神的仪式。⑤

第三，有关经济的礼法。有关经济的礼法包括赋税、交通、节用、裕民以及分工。

1. 赋税——礼法对农野、关市、山林泽梁的税收有如下安排：农野只收收入的十分之一；关市只检查而不征税；山林泽梁定时开放或封闭而不征税；按土地的肥沃程度以及距离的远近来分别收取税赋和贡品。⑥

2. 交通——礼法还要保证贸易往来的流通，让远近都能致之，即"通流财物粟米，无有滞留，使相归移也。四海之内若一家，故近者不隐其能，远者不疾其劳"⑦。

---

① 王先谦：《荀子集解》（礼论篇），第 353 页。
② 参见王先谦：《荀子集解》（礼论篇），第 356～361 页。
③ 参见王先谦：《荀子集解》（礼论篇），第 352～364 页。
④ 参见王先谦：《荀子集解》（礼论篇），第 361～364 页。
⑤ 参见王先谦：《荀子集解》（礼论篇），第 365～367 页。
⑥ 参见王先谦：《荀子集解》（王制篇），第 159 页。
⑦ 王先谦：《荀子集解》（王制篇），第 159 页。

3. 节用——礼法要节俭用度。礼法旨在让贵贱、长幼、贫富、轻重都能得到应得的职位、俸禄以及费用，即"量地而立国，计利而畜民，度人力而授事，使民必胜事，事必出利，利足以生民，皆使衣食百用出入相掩，必时臧余，谓之称数"①。

4. 裕民——裕民的关键在于轻徭薄赋，即"轻田野之税，平关市之征，省商贾之数，罕兴力役，无夺农时"②。轻徭薄赋并不是无徭无赋，只是在民心和生产之间找到某种可持续发展的平衡：既不因民心而不顾生产，也不因生产而不顾民心。③ 在能够兼顾生产的前提下，礼法应该尽可能富民，因为"下贫则上贫，下富则上富。故田野县鄙者，财之本也；垣窌仓廪者，财之末也；百姓时和、事业得叙者，货之源也；等赋府库者，货之流也。故明主必谨养其和，节其流，开其源，而时斟酌焉，潢然使天下必有余而上不忧不足"④。

5. 分工——礼义要求人不能兼职，必须有明确的职业分工。众人可以分为农、工、商三种主要职业。礼法对商贾、工匠和农夫的行为进行一系列规范，使之都能变得忠厚老实、尽心尽力。这些规范如下："关市几而不征，质律禁止而不偏，如是，则商贾莫不敦悫而无诈矣。百工将时斩伐，佻其期日而利其巧任，如是，则百工莫不忠信而不楛矣。县鄙将轻田野之税，省刀布之敛，罕举力役，无夺农时，如是，则农夫莫不朴力而寡能矣。"⑤ 值得指出的是，从事工商业的人越多则会使从事农业的人变得越少，而农业对经济的意义更为根本，所以工商业对经济有所伤害，即"工商众则国贫"⑥。

第四，有关惩罚的礼法。有关惩罚的礼法，主要包括刑罚和诛杀这两个方面。一般来说，非惩罚性的礼法面向和约束那些有道德自觉的士君子，而刑杀则主要针对普通百姓以及十恶不赦的罪犯。这种区分无疑在道

---

① 王先谦：《荀子集解》（富国篇），第 176～177 页。
② 王先谦：《荀子集解》（富国篇），第 177 页。
③ 参见王先谦：《荀子集解》（富国篇），第 186～187 页。
④ 王先谦：《荀子集解》（富国篇），第 191～192 页。
⑤ 王先谦：《荀子集解》（王霸篇），第 186～187 页。
⑥ 王先谦：《荀子集解》（富国篇），第 191 页。

德的基础上建立。如果从社会阶级的角度来看，上述区分还存在另一种理解方式，即"利用'礼'来调整统治阶级内部相互间的关系，利用'刑'来保持统治阶级与被统治阶级之间的关系"①。对荀子来说，道德或阶级的理解方式并不存在矛盾之处，只是同一事物的不同侧面：具有道德自觉的士君子恰好是理想的统治阶级，而普通百姓及元恶则是被统治阶级。值得指出的是，荀子关于惩罚的礼法容易被赋予某种法治的色彩。② 实际上，荀子并非提倡法家意义上的法治：惩罚性的礼法仍然只是礼乐之治的一个组成部分，即如果规劝和自觉的礼乐不能发挥作用，则运用强制和惩戒的刑罚。

1. 刑罚——刑的对象是任何从事奸言或奸事而不能拿教化改变的人，即"故奸言、奸说、奸事、奸能、遁逃反侧之民，职而教之，须而待之，勉之以庆赏，惩之以刑罚，安职则畜，不安职则弃"③ 以及"饰邪说，文奸言，为倚事，陶诞、突盗，惕、悍、憍、暴，以偷生反侧于乱世之间，是奸人之所以取危辱死刑也"④。刑罚的程度在于适当和应得，即"析愿禁悍而刑罚不过"⑤ 以及"刑当罪则威"⑥。

2. 诛杀—— 一般情况下，礼法要求先教后诛，即教化无法改变才进行诛杀。如果不教化就诛杀，那么法律、刑罚以及邪恶都会变得越来越多；如果不诛杀教化无法改变的人，那么奸民就受不到惩戒，也不会有所收敛。由此可见，先教后诛是一个较为妥当的方法，而圣王用到诛杀的情况并不多，因为教而不改的毕竟是少数。⑦ 尽管不教而诛显得十分不合理和暴虐，但是在一些特殊情况下仍不失为一种好的选择，即"元恶不待

---

① 金景芳：《关于荀子的几个问题》，载《吉林大学社会科学学报》1962 年第 3 期，第 77 页。

② 杨筠如甚至认为"荀子的礼治，已经很与法治的精神接近，他是礼治法治过渡期间的一个代表人物"。参见杨筠如：《荀子研究》，第 142 页。

③ 王先谦：《荀子集解》（王制篇），第 148 页。

④ 王先谦：《荀子集解》（荣辱篇），第 60 ~ 61 页。

⑤ 王先谦：《荀子集解》（王制篇），第 158 页。

⑥ 王先谦：《荀子集解》（君子篇），第 436 页。

⑦ 参见王先谦：《荀子集解》（仲尼篇），第 108 页；（富国篇），第 188 页。

教而诛"①。所谓元恶，是指奸人或小人之桀雄，即"听其言则辞辩而无
统，用其身则多诈而无功，上不足以顺明王，下不足以和齐百姓，然而口
舌之均，噡唯则节，足以为奇伟偃却之属，夫是之谓奸人之雄，圣王起，
所以先诛也。然后盗贼次之。盗贼得变，此不得变也"② 以及"一曰心达
而险，二曰行辟而坚，三曰言伪而辩，四曰记丑而博，五曰顺非而泽。此
五者有一于人，则不得免于君子之诛，而少正卯兼有之。故居处足以聚徒
成群，言谈足以饰邪营众，强足以反是独立，此小人之桀雄也，不可不诛
也"③。

三、礼乐的不足

通过探讨礼乐的起源、作用、原则以及内容，荀子详尽描述了礼义的
程序化的实现方式。礼乐既在原则和概念上符合礼义，也处处在具体制度
层面体现了礼义的精神。可是，作为礼义的实现方式，礼乐乃至程序控制
本身依然存在两点重要局限，即礼乐本身的不足以及对人尤其圣人的
依赖。

礼乐本身的不足主要在应变性和差异性上得到体现。在艾凡赫看来，
荀子并不相信世界会发生重大变化，而礼乐的进化和演变早在三代之时就
已经戛然而止。④ 这一观点无疑是对荀子的误读。荀子并不否认变化，只
是认为万变不离其宗。世界当然会不断发生变化，但是只要掌握了事物的
根本，就可以从容应对所有可能的变化。换言之，三代的礼乐并非穷极了
世界的一切变化，而是基本掌握了变化背后的核心规律。这些规律可以用
来应对未来的变化。正是在这个意义上，荀子才会提出以类应变的概念。
荀子认为："礼、乐法而不说。"⑤ 换言之，礼乐只是程序，很难兼顾人、
事、物的差异性，或者对变化进行解释和应对。人、事、物并非机械化的
程序，都在一定程度上具有能动性和随意性，而机械化的程序几乎不可能

---

① 王先谦：《荀子集解》（王制篇），第 147 页。
② 王先谦：《荀子集解》（非十二子篇），第 88 页。
③ 王先谦：《荀子集解》（宥坐篇），第 503 页。
④ Cf. ，Philip Ivanhoe，"A Happy Symmetry：Xunzi's Ethical Thought"，p. 318.
⑤ 王先谦：《荀子集解》（劝学篇），第 13 页。

对所有变动和差异都事无巨细地进行规范。程序规范之外的空间则是礼乐的局限。这一空间需要"类"来辅助，即"有法者以法行，无法者以类举"①。如果礼乐的程序有所规定，就按程序进行；如果程序没有规定，就拿程序的原理和精神来进行类举。类举的方法可以克服礼乐程序的局限，从而应对差异和变动，即"以类行杂，以一行万"②。

除了本身的不足以外，礼乐对人尤其圣王的依赖进一步反映了其局限。礼乐对人的依赖主要体现在五个方面。第一，上述的类举需要人来操作。只有人才能体会礼乐程序背后的精神和原理，并运用这些心得进行类举。所谓"依乎法而又深其类，然后温温然"③，就是针对能够类举的君子和圣人而言。第二，礼乐的存在无法摆脱人的因素：礼乐并不产生于自然，而是圣王的制造。④ 第三，人是道的枢纽，而礼、乐不过是对某个部分的描摹，即"诗言是，其志也；书言是，其事也；礼言是，其行也；乐言是，其和也；春秋言是，其微也"⑤。第四，人事有超越礼乐程序的一面：程序旨在应对庸常状态，而有些特殊情况需要超越程序的特殊待遇，即"贤能不待次而举，罢不能不待须而废，元恶不待教而诛，中庸民不待政而化"⑥。第五，礼乐程序需要人来运作，所以人比程序更为根本，即"有乱君，无乱国；有治人，无治法……故法不能独立，类不能自行，得其人则存，失其人则亡。法者，治之端也；君子者，法之原也。故有君子则法虽省，足以遍矣；无君子则法虽具，失先后之施，不能应事之变，足以乱矣"⑦，以及"故有良法而乱者有之矣；有君子而乱者，自古及今，未尝闻也"⑧。

<hr>

① 王先谦：《荀子集解》（大略篇），第483页。
② 王先谦：《荀子集解》（王制篇），第161页。
③ 王先谦：《荀子集解》（修身篇），第33页。
④ 参见王先谦：《荀子集解》（礼论篇），第337页；（乐论篇），第368页。
⑤ 王先谦：《荀子集解》（儒效篇），第133页。
⑥ 王先谦：《荀子集解》（王制篇），第147页。
⑦ 王先谦：《荀子集解》（君道篇），第226页。
⑧ 王先谦：《荀子集解》（王制篇），第150页。

第三节　法律与礼乐的对比

柏拉图用来实现正义的程序是法律，而荀子实现礼义的程序是礼乐。在阐述了柏拉图的法律与荀子的礼乐之后，本书将从三个方面对二者进行比较分析。第一个方面将比较法律与礼乐的性质。第二个方面将比较法律与礼乐的统治。第三个方面将比较法律与礼乐的局限。

一、法律与礼乐的性质

柏拉图与荀子从基础和目的这两个方面对法律与礼乐进行了阐述。柏拉图认为法律的基础包括神和理性，其目的是实现最大的善、获得适度、保证实用以及防止滥用权力。荀子对礼的基础和目的作出如下描述：礼的基础是对物质与欲望关系的调节，乐的基础是人类表达欢乐的天性；礼的目的是成为个人处世和治理国家的原则，乐的目的包括教化人心、和谐社会以及装饰表达。

就程序的构成而言，柏拉图与荀子的最大不同在于乐。礼即礼法，可以约等于柏拉图的法律，而乐可以约等于音乐。荀子把乐放在了与礼相等的地位，柏拉图则把音乐当成法律的一部分。在荀子看来，礼乐是实现礼义的重要程序，其中礼的作用是区分有差异者并向其分配应得的份额，而乐的作用是将已经区分开来并得到不同份额的人们再合成一个和谐、欢乐的群体。换言之，礼旨在按照差异将人区分，而乐则注重和谐地将人整合。柏拉图同样重视音乐齐和人心、培育道德的功效，但是他将其视为辅助性的工具，而非实现正义的程序。

就程序的基础而言，柏拉图与荀子的显著区别在于神与人之分。柏拉图认为神创造了法律，[①] 而荀子却认为圣王创造了礼乐。柏拉图或许是第一位系统神学家（systematic theologian）。[②] 他对无神论的思想进行了批

---

① 或者人模仿神的统治而创造了法律。

② Cf. , Harry Austryn Wolfson, "The Knowability and Describability of God in Plato and Aristotle", Harvard Studies in Classical Philology 56/57（1947）, p. 233.

判，认为神不仅存在，而且时时刻刻关心着人间事务，因此法律具有神圣性："《法义》中前两个信仰是基本的。它们是：诸神的存在；诸神关心人类事务。"① 荀子则对有神论的思想进行了批判，认为神或上天根本不会干涉也无法决定人间事务，而礼乐只是圣王的杰作，因此礼乐更能体现人之为人的意义。从某种意义上而言，柏拉图与荀子的分歧在于柏拉图并不认为从宗教和神中解放出来的政治生活会变得更加健康，② 而荀子则坚持宗教和政治的分离。

就程序的目的而言，柏拉图与荀子的区别在于防止权力的滥用。柏拉图认为权力的拥有者既可以行善，也可以为恶，而圣王往往并不常见，所以现实中要建立某种制度安排来限制统治者的权力。这种制度安排是让众人集体对重要问题进行决定并将决定的结果变成城邦的法律。因此，朱克特（Zucket）指出柏拉图在《法律篇》中建立的城邦最终落脚于法治（rule of law）。③ 荀子虽然同样认为权力的拥有者可善可恶，但是他并不认为礼法应该用来限制其权力。首先，只有当最高统治者为善的时候，他才是在实现礼义；当他为恶或滥用权力时，他根本是在实现非礼义；因此，为恶的最高统治者只是独夫，完全无需在礼义实现的程序内予以探讨。其次，礼法源于人，需要人运行，人治是法治的基础，因此不能用末节即死的法律来限制活的统治者。从某种意义上而言，柏拉图的法律才是真正的程序控制，而荀子的礼法仍在很大程度上依赖于非程序因素的人。在法律程序的安排下，无论统治者的天赋、意愿、善恶和能力如何，只要他遵循程序，正义就会实现。荀子的礼乐仍然为非程序控制的人治留下了决定性的口子，即尧、舜治下的礼乐才是实现礼义的程序，而桀、纣治下的礼乐则根本就是非礼义。由此可见，柏拉图认真贯彻了程序控制的精神，因此要求程序尽可能剔除并限制一切非程序的因素；荀子则认为程序控制归根究底不能摆脱人，因此不赞成用程序把人的主观能动性彻底

① 林志猛编：《立法者的神学：柏拉图〈法义〉卷十绎读》，第116页。

② Cf. , Thomas Pangle, "The Political Psychology of Religion in Plato's Laws", p. 1060.

③ Cf. , Catherine Zuckert, "Plato's Laws: Postlude or Prelude to Socratic Political Philosophy?", p. 389.

封死。

二、法律与礼乐的统治

柏拉图与荀子从原则和内容这两个方面对法律与礼乐的统治进行了说明。柏拉图指出法律的原则有四条：1. 法律大于权力；2. 法律的权威如同神授；3. 法律必须得到遵守；4. 很少有人能够超越法律。法律的内容则主要包括政治、生活、经济、惩罚和国际这五个层面。荀子将礼乐的原则归纳为十一条：1. 乐要坚持端庄正派；2. 礼要以天地、祖先、君师为根本；3. 礼当贵始有别；4. 礼当合文理归太一；5. 礼以隆杀为要；6. 礼要生死如一；7. 礼要合性伪；8. 礼要适宜不能奢侈；9. 礼要坚持家国一体；10. 礼要顺应人心；11. 礼的目的在于装饰和表现。礼乐的内容主要包括政治、生活、经济以及惩罚这四个方面。

就其原则而言，法律与礼乐的最大区别在于意图。法律原则的意图旨在用各种方法让人严格遵守法律的统治，而礼乐原则的意图则希望执行者能够领会原则背后的精神并且在制定、操作、修正的过程中运用出来。法律的原则试图把法律尽可能放在至高无上的地位，让众人严格遵守；礼乐的原则主要是为实际操作者或执行者提供的行动指南。一个针对法律本身，另一个则意在礼乐背后的人。

就政治层面的内容而言，法律与礼乐主要存在三点区别。第一，官员产生的方式不同。柏拉图的官员一般通过选举、抽签、任命等方式产生，而荀子的官员无一例外都是受上级官员或君王的任命。造成这一差异的原因当然多种多样，但是二者面对的国土面积和人口体量无疑是重要因素。柏拉图的法律是为小国寡民状态下的城邦设计，而荀子礼乐的对象则是幅员辽阔、人口众多的大国。在城邦之中，大部分公民聚在一处，集众人之力进行提名和选举无疑可以成为现实；但是，一个大国不仅无法把众人聚集起来，也很难充分关注每一个人的意见，而最好的办法只能是由一个明君进行任命。由于柏拉图承认神意对人事的影响，而抽签可以在一定程度上体现神意即运气，因此抽签符合正义；荀子从根本上否认神和上天对人事的影响，所以抽签或者运气根本不能作为正义的合法依据。第二，规定的清晰程度有所不同。柏拉图对官员的产生、奖惩、任期、职责以及运作方式都作出了程序化的详细规定，但是荀子只是解释了各级官员负责的职能，并未规定产生、任期、奖惩和运作的程序。柏拉图认为治理城邦的官员十分重要，而人往往容易被欲望和恐惧腐化，因此有关行政的法律必须赏罚分明并且十分具体，否则就不足以防止官员的人性之恶。① 换言之，柏拉图给出了具体的步骤：人们应该按部就班按程序一步一步走。荀子给出了模糊的范围：负责具体落实的人可以在这个范围内灵活掌握。造成这一分歧的原因主要在于柏拉图希望程序能够独立进行统治，而荀子认为程序需要依赖人的操作才能统治。为程序本身设置的规定必须详细和明确，为程序背后的人设置的规定则应该适度含混。第三，官员的职务有所不同。柏拉图设置的官员多数用来保障城邦法律的安全和良性运作，即人民遵纪守法，官员不滥用职权或违背程序。荀子设置的官员多数用来负责实际且具体的工作，比如基础建设、农业水利、接待祭祀、山林野兽等。这并不意味着柏拉图的官员不负责具体工作，也不是说荀子的官员无所谓礼法程序的维系，只是二者的侧重略有不同。柏拉图试图建立程序的彻底统治，因此官员的首要任务就是保障程序的安全和权威。荀子试图将程序统治放置于君王之下，因此官员的首要任务是为君王办好与治理百姓相关的方方面面的杂事，好让君王与少数高级官员腾出精力来关注有关程序安全、权威和运行的根本问题。

就生活层面的内容而言，法律与礼乐主要存在四点区别。第一，柏拉图更看重宗教活动，而荀子更重视丧祭之礼。柏拉图与荀子都认为超越性（transcendence）对于城邦或国家治理的意义非凡。柏拉图倾向于从神那里寻找超越性的基础：人们由于敬神而变得守法，这种宗教活动也会进一步加深公民之间的感情。荀子则倾向于把超越性建立在葬礼和祭礼的基础上：葬礼和祭礼会尤其加深人们对贵始有别、生死如一等礼乐原则的理解。第二，柏拉图设置了许多公共活动和赛事来培养共同体的团结精神，而荀子则用乐来齐和社会。柏拉图规定城邦要经常举行军事和文艺赛事，而公民则要定期参加公餐。除了家族和国家的重要大事以外，荀子很少对

---

① Cf. , Catherine Zuckert, "Plato's Laws: Postlude or Prelude to Socratic Political Philosophy?", p. 389.

公共活动进行任何规定。相反，他却对个人的日常用具、交际方式和一举一动都作出了详尽的规定。尽管如此，荀子同样关注社会的和谐和团结，而他实现这一目的主要手段是乐。值得指出的是，柏拉图的赛事和活动往往存在人与人之间的竞争，而荀子的乐则永远一派祥和的景象。第三，柏拉图对奴隶进行了一系列的规定，而荀子却没有奴隶的概念。柏拉图以城邦为念，所以他会产生公民与奴隶的概念。由于荀子思考的维度是天下，所以具有排他性质的公民与奴隶没有进入他的视野。在他看来，天下之人可以分为文明与野蛮，却不能分为公民与奴隶。第四，柏拉图对生活的诸多事务都进行了清晰、明确的规定，而相较之下荀子的规定则显得比较模糊、含混。这一原因应该与上述政治层面相似，即柏拉图在为程序本身设定规定，而荀子旨在为履行程序的人设定规定。

就经济层面的内容而言，法律与礼乐有两点不同。第一，角度不同。柏拉图更多从公民及各个行业从业者的角度制定法律，而荀子更多从统治者的角度制定礼乐。柏拉图的法律试图为不同行业制定一些客观和公平的具体程序，以使行业能够良性运转，从而让从业者和人民都能从中获益。荀子的礼乐则站在统治者的立场对不同行业和从业人员进行规范，以使统治者能够实行仁政、百姓能够安居乐业、国家能够实现富强。第二，关注的点不同。由于柏拉图与荀子立法的角度不同，他们关注的点也会产生差异。柏拉图从人民和从业者的角度立法，所以他的法律对产权的界定和保护作出了更多规定。荀子从统治者的角度立法，所以他的礼法对税收予以了更多关注。柏拉图希望法律能够使每个人的产权都得到尊重和保护，而荀子希望统治者能够推行轻徭薄赋的仁政。第三，关于工商业的看法不同。柏拉图对工业的看法甚高，却认为商业有害于人的灵魂和德性。于是，柏拉图对从事商业的人数、资格和范围都进行了严格的限制。荀子对工业和商业的看法一致，提出如果工商业的人口过多会导致务农的人口变少。然而，他并没有单独对商业或工业作出严格的限制，而是同时对农、工、商进行规定以使之都能变得忠厚老实、尽心尽力。

就惩罚层面的内容而言，法律与礼乐有两个特点。第一，二者的描述方式有所不同。柏拉图几乎细分了所有可能受到惩罚的案件，比如抢劫神庙、政治颠覆、叛国、意外杀人、愤怒杀人、自卫杀人、故意杀人、自杀、故意伤害、偷窃和暴力伤害、渎神、毒品和妖术、精神病、诽谤、乞丐、毁坏等，而荀子却从比较含混的角度谈具体案件，比如奸言、奸说、奸事、奸能等。柏拉图对不同案件相应的不同程度的惩罚也做出了详细规定，比如罚金、监禁、鞭打、下乡、侮辱、罚站以及死刑，而荀子却只是模糊地谈及刑罚和诛杀。柏拉图还对审理案件的具体程序、要求和步骤作出规定，而荀子仍然只是笼统言之。造成这一区别的主要原因或许还是在于制定法律与礼乐的目的不同：法律是写给众多公民遵守用的，因此一步一步都要详细规定，而礼乐则是提供给统治者一人的参考指南，因此尽量避免死板的规定，以便统治者能有自由变通的空间。第二，二者对惩罚与教化的理解类似。柏拉图认为法律应该尤其以理性的说服而非强制来使公民守法，因为因说服而守法会使公民更尊重法律、降低执法成本、减少公民的怨言以及增加公民之间的互信。① 然而，一旦有人胆敢违背法律，就必须得到制裁和惩罚。尽管柏拉图认可惩罚的必要性，但是他同时希望人们可以意识到惩罚性法律将使正义原则受到一定程度的妥协。② 理性的说服能最大程度促进美德并保障正义，但惩罚性的法律都是一种羞辱，因为它直接针对邪恶而非美德，即通过威胁和惩罚来规范行为。惩罚性法律的目的有二：一方面是让人受到与其罪恶相应的惩罚；另一方面是杀鸡儆猴，即让他人明白违法作恶一定会受到惩罚。荀子同样认为，惩罚性的礼乐是一种无可奈何的最后手段：除非是无可救药、罪大恶极的元凶，否则只能在说教失败之后才量罪使用适当的刑罚或诛杀。礼乐不能不教而诛，除非穷凶极恶或屡教不改，否则惩罚不会轻易相加。由此可见，柏拉图与荀子都希望通过说服与教化来提高公民的道德，使之自觉自愿地遵守法律与礼乐；只有当说服与教化失败，而法律与礼乐确实受到违背之后，惩罚才会进行制裁。

就国际内容而言，礼乐不像法律那样对国际事务进行了详细的规定。柏拉图的法律希望尽可能限制城邦与城邦之间的交流，因此它对出境、入

---

① Cf. , Christopher Bobonich, "Persuasion, Compulsion and Freedom in Plato's Laws", pp. 382 – 383.

② Cf. , Lorraine Pangle, "Moral and Criminal Responsibility in Plato's 'Laws' ", p. 461.

境和居留进行了规范。荀子的礼乐并没有在这个维度上思考国际事务，它关注的重点是如何对问候他人、正式访问、召见他人、断交、召回被断交之人时应履行的程序作出规定。导致这种区别的原因或许在于国家性质：小国寡民且有独特制度的不同城邦之间更倾向于产生内与外、自我与他者的区别意识，而大国众民且都遵循周天子统治的不同诸侯国往往更具相似性和一致性。简言之，柏拉图法律的处理对象是真正意义上的国际事务，而荀子的礼乐则更多涉及对外交往和联络时应该注意的礼节和规矩。

三、法律与礼乐的局限

柏拉图与荀子认为程序即法律与礼乐不仅本身就有诸多不足，而且始终无法摆脱对人的依赖。法律的不足主要体现在三个方面：立法时的漏洞和时间的腐蚀、永无止境的修改和调试以及无力应对复杂的事务。与此同时，法律的存在、运行、修改、解释和维护都无法摆脱对人的依赖。礼乐本身的不足主要是指其很难兼顾并应对人、事、物的差异和变化，而对人的依赖则主要体现在三个方面，即礼乐的存在、运行和应变都依赖人的操作。

尽管柏拉图与荀子都认为法律与礼乐有所不足，但是他们的观点却有显著不同。柏拉图在成功建立了一个尽可能完整且能独立运作的程序之后，才指出这个程序的局限以及对人的依赖。荀子根本没有建立一个能够独立运作的完整程序的意图，而始终将程序置于人的掌控之中。在他看来，程序只能方便人，却不可能取代人，因此独立和完整的程序毫无意义。由此可见，柏拉图试图拿程序取代人，而荀子只是把程序当作一个能让人在其上灵活变通的基础。柏拉图试图通过程序控制来实现正义，而荀子则认为程序控制有助于实现礼义的人。在此，柏拉图实现正义的落脚点是程序，而荀子始终认为只有人才能实现礼义。

第三章　实现正义的结构

在指出法律与礼乐即程序控制的局限后，本书将转而讨论实现正义的另一个重要方法。从功能还原的立场上看来，实现正义的另一个重要方式是结构控制。所谓结构控制，是指通过对结构的安排来达到控制的目标。在结构控制的作用下，实现途径无需有章可循的程序，反而可以充分对复杂、差异和变易的事务进行原创性和多样性的应对。具体来说，柏拉图的结构控制是让哲学王统治，而荀子的结构控制是让圣王统治。

第一节　柏拉图的哲学王

柏拉图实现正义的结构是哲学王。以正义问题为例，结构控制的意义在于只要城邦遵循正确的结构即把哲学王放在统治者的地位，城邦自然会实现正义。在这种情形下，哲学王就显得至关重要，因为只要选对了人并把他放在正确的结构上，剩下的一切问题都会迎刃而解。因此，对哲学王的性质进行正确的认识是研究实现正义的结构的重要起点。

一、哲学王的性质

就其性质而言，哲学王兼护卫者、哲学家和政治家于一身。护卫者层面的哲学王需要保卫城邦及其制度。护卫者的任务十分重要，所以他们需要具备特定的天赋和教育来成功履行这些职责。罗森曾指出，护卫者绝不盲目：他们在灵魂中对守护对象即美、正义和善有着清楚的认识。[①] 就其

---

① Cf. , Stanley Rosen, Plato's Republic: A Study, p. 228.

天性而言，护卫者需要敏锐的感觉、勇敢、昂扬的精神意气、既温和又凶狠以及热爱智慧这些品质，即"把爱好智慧和刚烈、敏捷、有力这些品质结合起来了"①。护卫者的后天教育则包括用体育训练身体，用音乐陶冶心灵。② 尽管护卫者具备了好的天赋和教育，城邦仍需对他们加以提防。护卫者有如管理羊群的猎犬，要避免他们因各种原因去伤害保护的对象。具体的提防措施如下：护卫者除生活的必需品以外不能拥有财产；粮食与报酬不多不少定量供应；大家同吃同住；不能接触金银。城邦之所以要这样做，因为财产和物质容易使人腐化，而城邦是为了整体并非某个阶级的特殊利益才建立的。③ 在对护卫者的天赋、教育和限制进行说明后，柏拉图进一步指出哲学家才是最完善的护卫者，因为哲学家具备各种天赋、可以经受各种考验，并且有能力学习最高的知识。④

哲学家层面的哲学王只爱好真理。就其本质而言，哲学家不为多样的表象所迷惑，能够把握永恒不变的实体；他们厌恶假，热爱真；当其欲望被引向真理、实体和知识时，哲学家可以放低肉体的享受，一味注重灵魂的快乐；这样一来，哲学家不仅温文尔雅，亲近真理、正义、勇敢和节制，而且不会贪财、气量狭小、重生畏死、待人刻薄、粗暴凶残、学习迟钝、头脑空空、健忘、不和谐、不适当、没分寸。⑤ 尽管哲学家的本质充满着对真理和善的热爱，但是阿得曼托斯却认为这种本质反而使他们成为了怪人和对城邦无用的人。⑥ 对此，柏拉图举出船的譬喻来为哲学和哲学家进行辩护。在船的譬喻中，水手们依靠威胁和欺骗夺取了船长的掌舵职权；他们放纵享乐、互相吹捧、同流合污，但对年月、季节、天象、星座、风向等一切有关掌舵的技艺一无所知，也不去学习；真正的航海家却被看作唠叨鬼或大废物。在柏拉图看来，这种情形与哲学家的无用相似，因为最优秀的哲学家或航海家的无用不在于哲学或航海技术本身，而在于

---

① 柏拉图：《理想国》，第 70 页。
② 参见柏拉图：《理想国》，第 66～70 页。
③ 参见柏拉图：《理想国》，第 132～136 页。
④ 参见柏拉图：《理想国》，第 230～261 页。
⑤ 参见柏拉图：《理想国》，第 230～235 页。
⑥ 参见柏拉图：《理想国》，第 236 页。

别人不用他们；而且，使哲学蒙受最大毁谤的还是那些自称哲学家的人。① 当柏拉图完成对哲学家无用这一观点的反驳时，一个新的指责随之产生，即一些哲学家是无用的，但大多数哲学家则做尽了坏事。柏拉图认为多数哲学家作恶的原因在于败坏的教育尤其智者的蛊惑和强制。哲学家的天赋十分完美，但很难在多数人身上生长出来，即使有也很容易受到败坏；每一种自然天赋及外在福利都能败坏灵魂并拉着它离开哲学；如果受到不正确的教育，那么最好的天赋反而会比差的天赋更恶。所谓不正确或败坏的教育主要是指智者。智者的教育根本不在乎真理、实体、正义或善，只是教授众人如何在集会或法庭上说出动听且有说服力的意见，并称之为智慧。大众无法认识真理因此不能理解哲学家，智者的知识更实用有效，而智者往往会煽动或帮助大众来非难哲学家。这样一来，许多有哲学天赋的人因为各种各样的非难、诱惑和逢迎，转而离开了哲学；侥幸坚持哲学的人则会面临不同程度的诡辩和强制。当配得上哲学的人都离弃哲学时，那些配不上的人就会乘虚而入并使之蒙受无用或罪恶的骂名。剩下那些配得上且真正研究哲学的人就显得微乎其微了：他们虽然热爱哲学和真理，但却无力单枪匹马地对抗凡人和城邦，只能保持沉默。唯有在一个适合哲学本性的城邦里，哲学家才能充分成长并发挥作用。② 哲学家爱好智慧和真理的全部而非部分，而哲学王则与哲学家又有所不同。哲学家的首要任务是思想而非行动：哲学家远离经验世界，仅仅注视理念和真理本身；而哲学王兼有行动的一面：他需要把理念和真理当作某种模型，并在经验世界中将模型实例化（empirical instantiations of models）。③ 用柏拉图的话来说："研究哲学和政治艺术的事情天然属于爱智者的哲学家兼政治家。"④ 换言之，哲学王不仅是一个哲学家，他还是一个政治家；他不仅热爱哲学和真理，他还尤其关注政治和正义。柏拉图认为只有哲学 - 政治家才具有真正的政治知识，其他自称具有政治知识的人不过拥有某种诡辩

---

① 参见柏拉图：《理想国》，第 237~239 页。

② 参见柏拉图：《理想国》，第 242~250 页。

③ Cf. , Peter Steinberger, "Ruling: Guardians and Philosopher - Kings", pp. 1208 - 1209.

④ 柏拉图：《理想国》，第 218 页。

（sophistry）或者诀窍（knack）。①

政治家层面的哲学王可以利用其知识进行统治。政治家可以归为有知识者。知识可以进一步分为实践和认知两种，其中政治家娴于认知而非实践的知识，这种知识同时属于政治家、王者和家长。认知的知识可以再分为分辨和指导两种，其中政治家娴于指导。指导的知识可以再进行区分，而政治家的知识属于自我指导的范畴。自我指导的知识可再分为无灵魂的生成物与有灵魂的动物两种，而政治家娴于指导有灵魂的动物。指导动物的知识可再分为对单个动物或群体的养育，而政治家娴于群体的养育。群体养育可以再进行区分，最终会发现政治家的知识是"一种有关人的共同养育的知识"②。柏拉图虽然随后对人这一牧群的牧者进行了讨论，但是主题是神而不是人。由此可见，人群的牧者即照料者可以进一步分为神与人两种，而政治家显然是人；照料人群的方式也可分为强制与自愿，其中强制的照料属于僭主，而自愿的照料才是政治家的知识。③ 由此可见，政治家是牧者：他负责裁决并规范牧群中有关正义与不正义、美丽与卑鄙、善与恶的事物，④ 而他进行裁决和规范的依据是其特有的知识。柏拉图曾对政治家的知识做过精辟的阐述："王者之知识，其自身不是行动，而是对有能力行动者的统治，它能够洞见发起并开创城邦之伟业的时机，而其他的则必须按它所规定的去做……统治所有这些知识及法律的，照料所有城邦事务的，并且将它们以最正确的方式编织起来的——我们是否应该给予一个通名，以理解这一权力，看起来，最恰当的莫过于称之为政治（知识）。"⑤

就其性质而言，哲学王兼护卫者、哲学家和政治家于一身。护卫者层面的哲学王需要保卫城邦及其制度的安全。哲学家层面的哲学王则只热爱

① Cf. , C. D. C Reeve, "Platonic Politics and the Good", Political Theory 23. 3 (1995), p. 411.

② 柏拉图：《理想国》，第 23 页。

③ 参见柏拉图：《理想国》，第 3~23、36~40 页。

④ Cf. , Jacqueline Merrill, "The Organization of Plato's ' Statesman ' and the Statesman's Rule as a Herdsman", Phoenix 57. 1 (2003), p. 45.

⑤ 柏拉图：《理想国》，第 97 页。

真理、实体和知识，而不会受物质享受和身体快乐的诱惑。政治家层面的哲学王可以利用其独特的政治知识对人群进行统治和照料。简言之，哲学王兼具护卫城邦、认识有关城邦事务的知识以及运用知识进行统治的能力。

二、哲学王的统治

对哲学王而言，哲学家可谓关键，因为哲学家具备最好护卫者所应具备的一切天赋，而政治家必须首先是一个哲学家才能获得真正意义上的政治知识。正是出于这个原因，柏拉图才会强调实现正义的方法就在于让哲学家成为统治者或者让统治者成为哲学家，即除非政治权力和知识合二为一，否则正义将无从实现。一旦哲学家成为哲学王，他的统治方式及实现正义的具体途径也会由护卫者、哲学家和政治家这三个不同层面组成。

护卫者层面的哲学王统治有五个重要方面。第一，护卫者要武装起来并且安营扎寨以保护城邦的安全，即"对内镇压不法之徒，对外抗虎狼般的入侵之敌"①。第二，护卫者要防止城邦流入极端的贫和富，因为贫和富都无益于城邦的健康，即"富则奢侈、懒散和要求变革，贫则粗野、低俗，也要求变革"②。第三，护卫者要使城邦大而统一：惯常的城邦只是被财富和权力撕裂的城邦，而真正的城邦的最佳限度是保证其疆土和规模都能"大到还能保持统一"③。第四，护卫者要保持社会流通，让人各就其业，即"如果护卫者的后裔变低劣了，应把他降入其他阶级，如果低等阶级的子孙天赋优秀，应把他提升为护卫者……每个人天赋适合做什么，就应派给他什么任务，以便大家各就各业"④。第五，护卫者应该让人们受到良好和正确的教育，因为这是一件对城邦的稳定和进步有重要意义的大事。⑤

哲学家层面的哲学王统治主要包括男女平等、限制护卫者以及知识统

---

① 柏拉图：《理想国》，第 131 页。
② 柏拉图：《理想国》，第 137 页。
③ 柏拉图：《理想国》，第 139 页。
④ 柏拉图：《理想国》，第 140 页。
⑤ 参见柏拉图：《理想国》，第 140～141 页。

治这三个内容。第一，哲学家要在城邦内实现男女在教育和义务方面的平等。男女天赋相同，只是女性较弱，因此女性在教育和义务面前应该同男性平等，不过承担的程度应比男性轻。由于性别平等建立在完善的理性以及肉体的压抑（rational perfection and the suppression of the bodily）的基础上，所以这一政策或许只能在城邦上层阶级中得到实现。[①] 第二，哲学家要对护卫者进行限制。虽然哲学家自身只热爱知识和真理，不会受物质和身体快乐的诱惑，但是这不代表其他护卫者阶级都有这样的道德自觉。与此同时，护卫者阶级有如管理羊群的猎犬，他们为恶的后果非常严重。因此，哲学家必须采取各种政策和措施来避免护卫者阶级因各种原因、诱惑或私心去伤害保护的对象。哲学家可采取的最重要的政策是在护卫者阶级内部尽可能实现一切归公即无私人财产以及妇孺公有，因为这个政策会最大程度地在城邦内部加强团结的纽带、削弱分裂的因素。就其要旨而言，哲学家应该试图用强制的制度来强迫其他护卫者按哲学家这样清心寡欲、大公无私、热爱知识、友善团结的方式来进行护卫。第三，哲学家应该确保知识和真理的统治。艾伦（Allen）甚至认为哲学家就是一个模型制作者（model - maker），即制作根植于真理的模型。[②] 换言之，哲学家注视着实在和理念，无暇理会琐碎的人事，他将努力模仿他在真理中所看到的理性、秩序和神圣："拿起城邦和人的素质就像拿起一块画板一样，首先把它擦净……拟定政治制度草图……在工作过程中大概会不时地向两个方向看望，向一个方向看绝对正义、美、节制等，向另一个方向看他们努力在人类中描画出来的它们的摹本……他们大概还要擦擦再画画，直至尽可能地把人的特性画成神所喜爱的样子。"[③] 从某种意义上而言，理念不是自明的必然性（self - evident certainties），需要靠逻辑来证明。[④] 因此，麦考伊（McCoy）认为柏拉图从理念推导现实的做法无疑是将现实的秩序等同

---

① Cf. , Steven Forde, "Gender and Justice in Plato", p. 669.

② Cf. , Danielle Allen, Why Plato Wrote, Malden：Wiley - Blackwell, 2010, p. 50.

③ 柏拉图：《理想国》，第 256 ~ 257 页。

④ Cf. , Christopher Meckstroth, "Socratic Method and Political Science", The American Political Science Review 106. 3（2012），p. 650.

于逻辑的秩序以及将现实中的存在等同于理智中的存在。①

政治家层面的哲学王统治是利用其知识将所有城邦事务以最正确的方式编绕在一起。由此可见，编绕是理解政治家统治方式的核心。就其对象而言，政治家需要编绕德行，但是德行之间往往并不一致甚至存在张力，比如节制与勇敢。节制的人容易因软弱而被人攻击和奴役，勇敢的人则容易因勇气而树敌和毁灭，如何将二者编绕在一起就需要政治家的智慧。在进行编绕之前，政治家需要先割裂那些非德行的因素。一个因素是恶人，即那些因本性之恶而偏向无神、傲慢与不义的人，政治家应该将他们驱逐、处死或者剥夺荣誉。另一个因素是荒诞之人，即那些沉溺于荒唐无聊之事且妄自菲薄的人，政治家应该把他们变为奴隶。于是，在剩下的善人里会有两种不同的倾向，一种如刚强的经线更倾向于男子气概，另一种如柔和的纬线，政治家应该将这两种倾向的人编绕在一起。就其方法而言，政治家的编绕有神的结合和人的结合两种。神的结合，是指在德行和灵魂内部将存在张力的不同德行结合起来，即"他们灵魂中永恒的那一类依其亲缘性而结合在一起"②。这样一来，男子气概将变得驯服，而洁净温和的气概会变得智慧节制。人的结合，是指通过城邦间的联姻与孩子的互换以及私人间的订婚与合婚来进行结合。这种结合的原则在于避免相似的人结合在一起，否则勇敢者会走向癫狂，而节制者会变得懦弱。简言之，政治家的编绕有两个方法，即于自身中把德行相对立的两个部分结合起来以及于群体中把德行相对立的两类人结合起来。③ 柏拉图曾对编绕的效果进行了描述，即"使节制之性格与男子气概永不分离，通过共同之信念、荣辱感、声誉、双方之婚约，将它们夯实成一个整体，并且把它们编织成一件平滑的、如常言所说的好的织物，从而确保城邦的统治者兼具这两种性格，所有这一切便是王者编织术唯一且全部的工作……这是一幅普遍的编织物——城邦的所有人均被囊括其中：奴隶、自由人，均通过这一种编

---

① Cf. , Charles McCoy, "The Logical and the Real in Political Theory: Plato, Aristotle, and Marx", The American Political Science Review 48.4 (1954), p. 1060.

② 柏拉图：《政治家》，第105页。

③ 参见柏拉图：《政治家》，第98~108页。

绕而抟结起来"①。

在阐述了不同层面的哲学王统治之后，仍需对哲学王统治的原因进行回答，即护卫者为什么甘愿放弃私有财产甚至妻儿，哲学家为什么可以抛开他最爱的哲学研究，政治家为什么不怕艰辛要用自己的知识把人群编绕在一切。在《理想国》中，柏拉图运用洞穴的譬喻对这一问题进行了回答。柏拉图描述了洞穴的状况：大众是洞穴里绑在椅子上的囚徒，只能看到火光在墙壁上的影子和皮影戏；哲学家则被解除了捆绑看到了火光和阴影的实物，更加接近实在；哲学家经过努力最终爬出了洞穴晕眩在阳光之中，经过适应才能直视太阳，明白太阳才是万物之因；这时，他会怜悯洞穴里的大众，不愿再过原来那样的生活，可是他若回到洞穴将需要适应昏暗反而被误解为瞎子甚至遭到迫害；那些从未离开洞穴却十分善于分辨阴影的智者则会被大众供奉起来。② 在柏拉图看来，哲学家之所以甘于放弃光明美好的生活，重新走入洞穴并进行统治，主要有两点原因。第一，哲学家为了报答。哲学家毕竟是城邦培养出来，而且受到了比别人更好的教育，因此他应该对城邦以及其他公民怀有报答培育之恩的心情。第二，哲学家为了善治。一旦统治者为了金钱、权力、名誉或者其他因素进行统治，那么他们就想从统治中攫取自己的好处，这样一来，城邦不仅会沦为谋取私人利益的工具，还会陷入自相残杀。哲学家为了让城邦得到善治并不被不如自己的人统治，所以勉强出来统治。事实上，往往在统治者不热爱权力的城邦里有最善最稳定的统治，而与此相反的城邦则会遭受邪恶和争斗。③ 值得指出的是，多布斯（Dobbs）认为哲学王的统治并非对自己全然没有好处：唯有从事政治活动，哲学王才能实现热爱智慧的本性并找到真正的幸福。④

三、哲学王的局限

通过对哲学王的性质和统治进行阐述，柏拉图似乎为正义找到了一个

---

① 柏拉图：《政治家》，第 108～109 页。

② 参见柏拉图：《理想国》，第 275～280 页。

③ 参见柏拉图：《理想国》，第 282～284 页。

④ Cf. ，Darrell Dobbs, "The Justice of Socrates' Philosopher Kings", p. 821.

言简意赅的实现方式，即只要把握哲学王统治这个结构，正义就可以实现。然而，这种实现方式虽然简洁明了，却并非完美可行。哲学王统治的局限可以在人的不足以及哲学王的产生困境中得到体现。

在柏拉图看来，人只是众神的玩偶，无法摆脱神意和偶然性的摆布，所以每个人都应该演好这个角色，并相应地安排一生。[①] 虽然哲学王统治并为城邦立法是使人摆脱孩提时代的一种尝试，但是人类根本无法主宰自身的命运："事变与灾难所发生的方式千变万化，它们才真正是通行于这个世界的立法者……根本没有哪个凡人曾立过法，人类的事情几乎完全受偶然性的支配。"[②] 在人事上，哲学王并没有很大的力量，因为全面主导人事的是神，从旁协助的是偶然性和机会，而哲学王、知识或技能的地位在二者之下，只能微乎其微地起到辅助作用。[③] 此外，哲学王根本无法兼顾个体的差异性和多样性：他只能集体地给予所有人或大多数人以规则，他根本无法总是坐在每个个体身边，从生到死地为这个个体做出最适合他的精准规定。[④] 换言之，即便最优秀的哲学王真的进行统治，他不仅无法摆脱神意和偶然性的摆布，也无法全知全能地兼顾个体的差异性和多样性。只要哲学王还是一个人，他的统治就无法摆脱任何人都具有的先天缺陷。除此之外，哲学王的治理能力同样存在显著的不足。哲学王有时会在选定生育时节、教育后代以及分辨金银铜铁阶级这些问题上犯错，而这些错误无疑证明哲学王的治理能力并非完美无缺。[⑤]

且不论人的先天不足，单是哲学王的产生就困境重重。获得统治权力并不难，成为一个善人兼爱智者也不难，真正困难和伟大的是二者的结合，因为这种结合要求将权力同智慧、勇敢、正义和节制扭在一起，而权力与这些美德本身充满张力。正因如此，柏拉图曾在《政治家》中提出

---

① 参见柏拉图：《法律篇》，第 220 页。
② 柏拉图：《法律篇》，第 114 页。
③ 参见柏拉图：《法律篇》，第 115 页。
④ 参见柏拉图：《政治家》，第 77 页。
⑤ Cf. , Darrell Dobbs, "Plato's Paragon of Human Excellence: Socratic Philosopher and Civic Guardian", The Journal of Politics 65. 4 (2003), p. 1081.

在大多数情况下，哲学王的统治并不现实。① 在《法律篇》中，柏拉图进一步解释了不现实的原因。第一，一个人很难真正认识到公共利益并愿意为之服务。第二，即使有人真的能够认识到公共利益，但是当他"获得了一个绝对控制国家的职位，他就目空一切了……一种非理性的避苦趋乐的心理将统治着他的性格，使他把这两个目的放在更为正义和更好的东西之前。自我施加的盲目性最终引导人的整个生命和整个国家走向罪恶的泥潭"②。在柏拉图眼中，统治者与哲学家之间有着难以协调的张力。柏拉图曾多次在《理想国》中指出，一个爱真理的善人不仅很难获得统治地位，而且常常受到众人和智者的欺凌；那些拥有统治地位的人往往很少想要成为一个真正热爱真理的善人，他们更多希望拥有这样的名声。当一个爱真理的善人在获得统治地位的过程中改变了自身善和爱真理的特质之后，他或许就可以获得统治地位，但是这样一来，他就同其他统治者没有区别。当一个统治者成为一个真正热爱真理的善人之后，他或许会因此失去统治地位。洞穴里的众人并不一定拥护爱真理的善人，他们更喜欢智者那样实用的人，即无需真的知道什么是美与丑、正义与不正义、善与恶，他只要顺从和操纵众人的意见即可，众人喜欢的，他就称之为善，众人所不喜欢的，他就称之为恶。③ 与其让这样的人统治，还不如退而求其次遵循法律的统治。这样一来，哲学王的终点就又绕回了法律的起点。

第二节　荀子的圣王

在荀子的语境下，圣王是实现礼义的结构。在结构控制的作用下，圣王无需被礼乐的程序牵制，可以以类行杂地应对差异和变化。换言之，礼义的实现并不复杂：只要让圣王统治，礼义就会自然而然地实现。冯友兰曾指出："荀子之政治哲学，亦以为必圣人为王，方能有最善之国家社会。"④ 这样一来，礼义实现的关键就在于结构即圣王，而剩下的一切问

① 参见柏拉图：《政治家》，第 87 页。
② 柏拉图：《法律篇》，第 301 页。
③ 参见柏拉图：《理想国》，第 245 页。
④ 冯友兰：《中国哲学史》上册，第 318 页。

题都是次要的。因此，对圣王的性质进行探究是研究实现结构的基础。

一、圣王的性质

圣王的性质可以从三个层面进行探究，即儒者、圣人和君王。儒者、圣人和君王是相互关联的概念。圣人是儒者的最高形象，而最高的儒者便是圣人；大儒可为君王，而君王当是大儒。[①] 儒者层面的圣王，能够用百里之地来调一天下。[②] 这一层面的圣王的基本单位是一个儒者，而儒者又会随着地位和能力有进一步的区分。就地位而言，如果儒者在众人之上，就会成为王公之材；如果在众人之下，则是社稷和国君的重臣。由于儒者法先王、遵礼义，所以为臣会改善朝廷的政治，为民则会使民风得到进步，即"儒者在本朝则美政，在下位则美俗，儒之为人下如是矣"[③]。这样的儒者一旦获得王的地位，就会在天下的范围内建立自己的统治，即"则贵名白而天下治也……四海之内若一家，通达之属莫不从服"[④]。就能力而言，儒者又可进一步分为俗儒、雅儒和大儒。在俗儒之下，则是从事工、农、商的众人或俗人；他们不尊先王或礼义，即"不学问，无正义，以富利为隆"[⑤]。俗儒要强于俗人，他们至少认可并愿意遵循先王之道，但是他们往往陷入形式主义和不懂装懂的泥潭，即"略法先王而足乱世术，缪学杂举，不知法后王而一制度，不知隆礼义而杀诗、书"[⑥]。雅儒明白礼义是先王之道的精髓，并且秉持实事求是的态度，但是他们却不能做到灵活运用、举一反三。[⑦] 大儒则不仅遵循礼义之道，而且能够理解礼义背后的原理，即"法先王，统礼义，一制度，以浅持博，以古持今，以一持万"[⑧]。儒者层面的圣王，主要是指地位在众人之上的大儒。他们

---

① 参见陈来：《"儒"的自我理解：荀子说儒的意义》，载《北京大学学报》（哲学社会科学版）2007 年第 5 期，第 22 页。

② 参见王先谦：《荀子集解》（儒效篇），第 136～137 页。

③ 王先谦：《荀子集解》（儒效篇），第 120 页。

④ 王先谦：《荀子集解》（儒效篇），第 120～121 页。

⑤ 王先谦：《荀子集解》（儒效篇），第 137 页。

⑥ 王先谦：《荀子集解》（儒效篇），第 138 页。

⑦ 参见王先谦：《荀子集解》（儒效篇），第 139 页。

⑧ 王先谦：《荀子集解》（儒效篇），第 139 页。

善于调一天下：一旦占据百里之地就可以一统天下，即"用大儒则百里之地久，而后三年，天下为一，诸侯为臣，用万乘之国则举错而定，一朝而伯"①。

　　圣人层面的圣王，能够游刃有余地让百姓获利，并肃清道统，即"一天下，财万物，长养人民，兼利天下，通达之属，莫不从服，六说者立息，十二子者迁化"②。由此可见，圣王的职责并不轻松："盖荀子尊君之主要理由，为君主有重要之职务。荀子思想中之君王，乃一高贵威严之公仆，而非广土众民之所有人"③。圣人并非天外飞仙，亦是人之所积。由于荀子认为圣人亦是人之所积，所以他格外重视成为圣人的途径。④在他看来，圣人不同于小人、众人、士和君子的地方，并不是他的本性，而是他后天人为努力和积累的程度。士君子同样践行并遵循礼义，但是只有圣人能够全之尽之，达到"齐明而不竭"⑤的状态。这样一来，圣人甚至凌驾于礼义之上，成为其枢纽，因为他的一举一动可以成为礼义的程序，一思一想则是礼义的原理，即"圣人也者，道之管也"⑥。尽管圣人具有如此完美的性质，但是他依然需要获得众人之上的地位。否则，只能达到仲尼和子弓的状态，即"无置锥之地而王公不能与之争名"⑦，却不能发挥圣人有势时的作用。圣人层面的圣王，是指像尧、舜那样拥有超越众人地位的圣人。唯有这样，圣人才能发挥他造礼义、利百姓的作用，即"修百王之法若辨白黑，应当时之变若数一二，行礼要节而安之若生四枝，要时立功之巧若诏四时，平正和民之善，亿万之众而博若一人"⑧。

　　君王层面的圣王，能够使人合群，并实现大治的局面。君王"以'善

---

① 王先谦：《荀子集解》（儒效篇），第140页。
② 王先谦：《荀子集解》（非十二子篇），第96页。
③ 萧公权：《中国政治思想史》，第114页。
④ 参见庞朴：《〈荀子〉发微》，载《东岳论丛》1981年第3期，第29页。
⑤ 王先谦：《荀子集解》（修身篇），第33页。
⑥ 王先谦：《荀子集解》（儒效篇），第133页。
⑦ 王先谦：《荀子集解》（非十二子篇），第95页。
⑧ 王先谦：《荀子集解》（儒效篇），第130页。

群'见长"①，所以君王的道就在于能群；能群则体现在生养、班治、显设以及藩饰这四个方面。君王生养则会使人与之亲近，而生养的具体措施为"省工贾，众农夫，禁盗贼，除奸邪"；君王班治则会使人安于统治，而班治的具体措施为"天子三公，诸侯一相，大夫擅官，士保职，莫不法度而公"；君王显设则会使人快乐，而显设的具体措施为"上贤使之为三公，次贤使之为诸侯，下贤使之为士大夫"；君王藩饰则会使人感到荣耀，而藩饰的具体措施为"修冠弁、衣裳、黼黻、文章、雕琢、刻镂皆有等差"②。如果把上述四个方面都做好，君王自然能够做到能群。君王能群的效果是实现大治的局面，即"至道大形，隆礼至法则国有常，尚贤使能则民知方，纂论公察则民不疑，赏克罚偷则民不怠，兼听齐明则天下归之。然后明分职，序事业，材技官能，莫不治理，则公道达而私门塞矣，公义明而私事息矣。如是则德厚者进而佞说者止，贪利者退而廉节者起……故职分而民不探，次定而序不乱，兼听齐明而百事不留。如是，则臣下百吏至于庶人莫不修己而后敢安正，诚能而后敢受职，百姓易俗，小人变心，奸怪之属莫不反悫"③。在徐复观看来，至道大形的实质即"以合理的组织原则与方法，把社会构成一套整齐的有机体，以达到'各尽所能，各取所值'的理想人群生活"④。

二、圣王的统治

就其性质而言，圣王由儒者、圣人和君王这三个层面汇聚而成。儒者层面的圣王能够调一天下，圣人层面的圣王可以创造礼义并让百姓受益，君王层面的圣王能群而且可以实现大治。简言之，圣王能够一天下、治天下、利天下。圣王实现这些功能的主要统治措施包含三个方面，即养原、礼义以及用人。从某种意义上而言，这三个方面亦可以体现圣王的统治。

---

① 刘桂荣：《西汉时期荀子思想接受研究》，合肥：合肥工业大学出版社，2013年，第51页。
② 王先谦：《荀子集解》（君道篇），第233页。
③ 王先谦：《荀子集解》（君道篇），第234~235页。
④ 徐复观：《徐复观文集》（第二卷），李维武编，武汉：湖北人民出版社，2002年，第160页。

养原，是指圣王要发挥榜样的力量。圣王是治乱的源头，也是百姓的表率，即"君者，仪也，仪正而景正；君者，槃也，槃圆而水圆；君者，盂也，盂方而水方。君射则臣决。楚庄王好细腰，故朝有饿人"①。圣王向何处发展，百姓就会向哪里效仿，所以圣王的关键是养原，因为"原清则流清，原浊则流浊"②。圣王养原的方法主要是学习礼义并用礼义来修身。当圣王的修养完全符合礼义，甚至可以成为礼义之源的时候，上行下效的原理会使人民争先效仿并同样遵循礼义，即"故上好礼义，尚贤使能，无贪利之心，则下亦将綦辞让、致忠信而谨于臣子矣。如是则虽在小民，不待合符节、别契券而信，不待探筹、投钩而公，不待衡石、称县而平，不待斗、斛、敦、槩而啧。故赏不用而民劝，罚不用而民服，有司不劳而事治，政令不烦而俗美，百姓莫敢不顺上之法，象上之志，而劝上之事，而安乐之矣"③。由此可见，人类的伦理性格（ethical character）在很大程度上可以被榜样塑造。④

礼义，是指圣王要在各个方面推行礼义之治。就政治而言，礼义要求赏功罚过和量能授官，即"无德不贵，无能不官，无功不赏，无罪不罚，朝无幸位，民无幸生"⑤。就社会而言，礼义要求人们都能分工而不兼职，即"能不能兼技，人不能兼官"⑥。就伦理而言，礼义要求君臣、父子、兄弟、夫妻等各种关系都能遵循礼义。⑦ 就经济而言，礼义要求轻徭薄赋并以礼节用，而其原则为"贵贱有等，长幼有差，贫富轻重皆有称者也……德必称位，位必称禄，禄必称用"⑧。就军事而言，礼义要求争取民心而非重视将军、战术或权谋等细枝末节，即"故善附民者，是乃善用兵者也。故兵要在乎善附民而已"⑨。当圣王在政治、社会、伦理、经

---

① 王先谦：《荀子集解》（君道篇），第 230 页。

② 王先谦：《荀子集解》（君道篇），第 228 页。

③ 王先谦：《荀子集解》（君道篇），第 228 页。

④ Cf. ，James Behuniak，"Nivison and the 'Problem' in Xunzi's Ethics"，p. 107.

⑤ 王先谦：《荀子集解》（王制篇），第 158 页。

⑥ 王先谦：《荀子集解》（富国篇），第 174 页。

⑦ 参见王先谦：《荀子集解》（君道篇），第 227 页。

⑧ 王先谦：《荀子集解》（富国篇），第 176 页。

⑨ 王先谦：《荀子集解》（议兵篇），第 261 页。

济和军事这些方面都成功推行礼义之后，他的统治就会达到义遍的状态，即"圣王财衍以明辨异，上以饰贤良而明贵贱，下以饰长幼而明亲疏。上在王公之朝，下在百姓之家，天下晓然皆知其所以为异也，将以明分达治而保万世也。故天子诸侯无靡费之用，士大夫无流淫之行，百吏官人无怠慢之事，众庶百姓无奸怪之俗，无盗贼之罪，其能以称义遍矣"①。

用人，是指圣王要做到知人善任。在荀子看来，用人之所以重要有三点原因。第一，用人是圣王的核心本领，即"人主者，以官人为能者也；匹夫者，以自能为能者也"②。第二，人是治乱的关键，因为任何礼乐程序都需要人来进行操作：程序有问题人可以进行修改和弥补；如果人有问题，无论多好的程序都于事无补，即"有良法而乱者有之矣，有君子而乱者，自古及今，未尝闻也"③。第三，圣王不能独治，即"故人主无便嬖左右足信者谓之暗，无卿相辅佐足任者谓之独，所使于四邻诸侯者非其人谓之孤，孤独而晦谓之危"④。由于人会起到关键的作用，所以荀子对识人、用人、致人和相处的方方面面都进行了探讨。

就识人而言，荀子剖析了人臣的不同层次和行为。人臣有四种不同层次，即态臣、篡臣、功臣以及圣臣。态臣是佞媚小人，即"内不足使一民，外不足使距难，百姓不亲，诸侯不信，然而巧敏佞说，善取宠乎上"⑤。篡臣是图谋不轨之徒，即"上不忠乎君，下善取誉乎民，不恤公道通义，朋党比周，以环主图私为务"⑥。功臣是能立功之人，即"内足使以一民，外足使以距难，民亲之，士信之，上忠乎君，下爱百姓而不倦"⑦。圣臣是掌握治乱的根本和原理的人，即"上则能尊君，下则能爱民，政令教化，刑下如影，应卒遇变，齐给如响，推类接誉，以待无方，曲成制象"⑧。对于君王来说，不同层次的臣子会带来不同的结果，即

① 王先谦：《荀子集解》（君道篇），第234页。
② 王先谦：《荀子集解》（王霸篇），第209页。
③ 王先谦：《荀子集解》（致士篇），第256页。
④ 王先谦：《荀子集解》（君道篇），第240页。
⑤ 王先谦：《荀子集解》（臣道篇），第242页。
⑥ 王先谦：《荀子集解》（臣道篇），第242页。
⑦ 王先谦：《荀子集解》（臣道篇），第243页。
⑧ 王先谦：《荀子集解》（臣道篇），第243页。

"故用圣臣者王,用功臣者强,用篡臣者危,用态臣者亡"①。

人臣有九种不同行为,即顺、谄、忠、篡、国贼、谏、争、辅、拂。荀子指出:"从命而利君谓之顺,从命而不利君谓之谄;逆命而利君谓之忠,逆命而不利君谓之篡;不恤君之荣辱,不恤国之臧否,偷合苟容,以持禄养交而已耳,谓之国贼。君有过谋过事,将危国家、陨社稷之惧也,大臣父兄,有能进言于君,用则可,不用则去,谓之谏;有能进言于君,用则可,不用则死,谓之争;有能比知同力,率群臣百吏而相与强君挢君,君虽不安,不能不听,遂以解国之大患,除国之大害,成于尊君安国,谓之辅;有能抗君之命,窃君之重,反君之事,以安国之危,除君之辱,功伐足以成国之大利,谓之拂。"② 在这九种行为之中,谏、争、辅、拂之人可谓君王之宝,圣王用之必能获益。

就用人而言,荀子对用人的原则和人才的安置进行了阐述。用人的原则有三。首先,圣王应该尽可能使用有道之士,而有道之士大多"生乎今之世而志乎古之道"③。其次,圣王要在取相的事务上尤其慎重。对于圣王来说,取相是用人的关键:只要圣王选择了正确的相,那么他就可以垂拱而治,让相来落实和执行具体事务,所以圣王的职责在于取相而不是事事躬亲。④ 换言之,"王者须'共己正南面',不要自己管事,要紧的是要选择一位好的宰相"⑤。所谓正确的相,就是德才兼备的人,即"故知而不仁不可,仁而不知不可,既知且仁,是人主之宝也,而王霸之佐也"⑥。片仓望认为德才兼备意味着宰相"在具备仁、德音之外,还必须具有认识礼义的'知'的能力"⑦。最后,圣王对人的考察要避免主观和随意,而应有客观标准,即"取人之道,参之以礼;用人之法,禁之以等。行义动静,度之以礼;知虑取舍,稽之以成;日月积久,校之以功。

---

① 王先谦:《荀子集解》(臣道篇),第243页。
② 王先谦:《荀子集解》(臣道篇),第244～245页。
③ 王先谦:《荀子集解》(君道篇),第231页。
④ 参见王先谦:《荀子集解》(王霸篇),第209页。
⑤ 郭沫若:《十批判书》,见《郭沫若全集》(历史篇第二卷),第241页。
⑥ 王先谦:《荀子集解》(君道篇),第235页。
⑦ 片仓望:《荀子的欲望论和等级制研究》,第286页。

故卑不得以临尊，轻不得以县重，愚不得以谋知，是以万举而不过也"①。

在阐述了用人的原则之后，荀子对不同人才的安排问题进行了说明。第一，能人应该用来办事：在事情面前，不论亲疏，有能者居之，即"人主欲得善射，射远中微者，县贵爵重赏以招致之，内不可以阿子弟，外不可以隐远人，能中是者取之"②。第二，亲信应该用来窥探，即"便嬖左右者，人主之所以窥远收众之门户牖嚮也"③。第三，德才兼备的人适合辅佐内政，即"故人主必将有卿相辅佐足任者然后可，其德音足以填抚百姓、其知虑足以应待万变然后可"④。第四，能言善辩、机智过人且忠心不二的人应该负责外交，即"其辩说足以解烦，其知虑足以决疑，其齐断足以距难，不还秩，不反君，然而应薄扞患足以持社稷"⑤。第五，老实、细致、勤劳的人应该做吏员，即"愿悫拘录，计数纤啬而无敢遗丧"⑥。第六，端正、敬业、守成的人应该做官员，即"修饬端正，尊法敬分而无倾侧之心，守职循业，不敢损益，可传世也，而不可使侵夺"⑦。第七，掌握治乱根本和原理的人应该做卿相，即"知隆礼义之为尊君也，知好士之为美名也，知爱民之为安国也，知有常法之为一俗也，知尚贤使能之为长功也，知务本禁末之为多材也，知无与下争小利之为便于事也，知明制度、权物称用之为不泥也"⑧。

就致人而言，荀子描述了致人的条件。致人的条件是明其德。君王要自明其德才能吸引良才前来投靠，即"今人主有能明其德，则天下归之，若蝉之归明火也"⑨。君主明其德的方法主要包括刑政平和礼义备，其中刑政平针对平常百姓，而礼义备则旨在吸引君子良才，即"川渊深而鱼

① 王先谦：《荀子集解》（君道篇），第 236 页。
② 王先谦：《荀子集解》（君道篇），第 236 页。
③ 王先谦：《荀子集解》（君道篇），第 239 页。
④ 王先谦：《荀子集解》（君道篇），第 239 页。
⑤ 王先谦：《荀子集解》（君道篇），第 239～240 页。
⑥ 王先谦：《荀子集解》（君道篇），第 240 页。
⑦ 王先谦：《荀子集解》（君道篇），第 240 页。
⑧ 王先谦：《荀子集解》（君道篇），第 240 页。
⑨ 王先谦：《荀子集解》（致士篇），第 257 页。

鳖归之，山林茂而禽兽归之，刑政平而百姓归之，礼义备而君子归之"①。刑政平有三个步骤："临事接民而以义，变应宽裕而多容，恭敬以先之，政之始也；然后中和察断以辅之，政之隆也；然后进退诛赏之，政之终也。"② 所谓礼义备，是指"程以立数，礼以定伦，德以叙位，能以授官。凡节奏欲陵，而生民欲宽，节奏陵而文，生民宽而安。上文下安，功名之极也，不可以加矣"③。

就相处而言，荀子对听政进行了说明。当君王在识人、致人和用人这些方面获得成功之后，他下一个需要面对的问题是如何长期与这些人相处。君王与臣相处的重要方式就是听政。对君王来说，他在听政时的一举一动都有可能引发一系列困境，即"凡听，威严猛厉而不好假道人，则下畏恐而不亲，周闭而不竭，若是，则大事殆乎弛，小事殆乎遂。和解调通，好假道人而无所凝止之，则奸言并至，尝试之说锋起，若是，则听大事烦，是又伤之也"④。在这种情形下，君王应该采取公平、中和、客观的态度，即"故公平者，职之衡也；中和者，听之绳也。其有法者以法行，无法者以类举，听之尽也"⑤。尽管君王尽力端正自己态度，但是仍然会有不少人企图迷惑、误导甚至欺骗君王。因此，君王除了检点自己在听政时的心态和行为之外，还需具备退奸、进良的方法。具体来说，退奸进良的方法如下："朋党比周之誉，君子不听；残贼加累之谮，君子不用；隐忌雍蔽之人，君子不近；货财禽犊之请，君子不许。凡流言、流说、流事、流谋、流誉、流愬，不官而衡至者，君子慎之。闻听而明誉之，定其当而当，然后士其刑赏而还与之。"⑥

三、圣王的局限

通过对圣王的性质和统治进行阐述，荀子深入探究了实现礼义的结

① 王先谦：《荀子集解》（君道篇），第 235 页。
② 王先谦：《荀子集解》（致士篇），第 257 页。
③ 王先谦：《荀子集解》（致士篇），第 257～258 页。
④ 王先谦：《荀子集解》（王制篇），第 149～150 页。
⑤ 王先谦：《荀子集解》（王制篇），第 150 页。
⑥ 王先谦：《荀子集解》（致士篇），第 253～254 页。

构。这种结构控制的实现方式，显得十分简捷有效，即只要圣王统治就能实现礼义。然而，这种实现方式实际并非现实可行。圣王统治的局限是不稳定性和不可持续性。这主要在圣王的产生、得势和传承上得到体现。

圣王的产生本身就是一大困境。荀子认为人生来都是小人，圣人或大儒的基础也是小人。他们之所以能够成为圣人或大儒，不是因为其本性与其他人有什么不同，而在于其后天人为的努力和积累，即"圣人积思虑，习伪故，以生礼义而起法度"①。圣人或大儒能够自行改变本性，从而生成礼义来教化其他无法自行改变本性的人。龙宇纯曾指出："圣人凭其不异于众人之恶性，何以独能化性起伪而制礼义。"② 这一质疑可以在潜能与现实的框架内进行回答。每个人都有成为圣人的潜能，但未必真的能够成为圣人。即便绝大部分人都没有成为圣人，也不能因此抹杀这种潜能和可能性。由此可见，虽然龙宇纯的质疑可以得到化解，即圣人并非没有产生的可能性，但是圣人的产生同样充满随机性和偶然性。因此，很难保证圣人能在特定的时间、地点和人群中产生。如果尧、舜之后就再无圣人，那么圣王的统治则是空中楼阁。即便圣人又一次产生且获得了君王的地位，但是没有人能够确定他下一次还会不会产生。

即便圣王真的能够产生，但是他是否能够得势也是一个未知数。圣王是十分理想的状态，即大儒或圣人能够同时获得君王的地位。然而，孔子堪称大儒或圣人的典范，却终身没有获得君王的地位；桀、纣虽具君王地位，却是暴君、独夫的代表。由此可见，大儒或圣人未必能够成为君王，而君王亦未必会大儒化或圣人化。从某种意义上而言，尧、舜那样的圣王非但不是必然，反而是偶然和随机的现象。这样一来，圣王就显得十分缥缈虚幻。唯有当偶然性将大儒、圣人、君王同时结合于一人身上，圣王才会产生，礼义才能实现。

尽管圣王真的产生并获得了地位，他身后的传承问题也充满变数。由于圣王是人而非神，所以他一样会生老病死。圣王死后，找到另一个圣王来接替自己的概率并不大；如果找不到，圣王往往很难保障自己的施政措

---

① 王先谦：《荀子集解》（性恶篇），第423页。
② 龙宇纯：《荀子论集》，第81页。

施得到继承。事实上，人亡政息几乎不可避免。荀子指出："文久而息，节族久而绝，守法数之有司极礼而褫。"① 经过时间的流逝，圣王的遗迹甚至所剩无多。如果日后有人想要匡扶世道、重现圣王之治，最好的途径只能是法后王，即"欲观圣王之迹，则于其粲然者矣，后王是也"②。蔡仁厚指出："荀子之法后王，其要旨亦正在知统类。但知统类不能凭空而知，其根据即在粲然明倍之后王。"③ 虽然荀子对法后王的意义和价值进行了一系列的正面描述，但是仍可以看出法后王更多是一种退而求其次的无奈之举，即"传者久则论略，近则论详；略则举大，详则举小"④。由此可见，不稳定性、不可持续性几乎始终伴随着圣王统治。

第三节 哲学王与圣王的比较

柏拉图用来实现正义的结构是哲学王，而荀子实现礼义的结构是圣王。在阐述了柏拉图的哲学王与荀子的圣王之后，本书将从三个方面对二者进行比较分析。第一个方面将比较哲学王与圣王的性质。第二个方面将比较哲学王与圣王的统治。第三个方面将比较哲学王与圣王的局限。

一、哲学王与圣王的性质

就性质而言，柏拉图的哲学王兼护卫者、哲学家和政治家于一身，而荀子的圣王则具有儒者、圣人和君王这三个层面。护卫者层面的哲学王能够保卫城邦及其制度，哲学家层面的哲学王能够认识有关城邦事务的真知，政治家层面的哲学王能够运用知识对人群进行统治和照料。儒者层面的圣王能够调一天下，圣人层面的圣王能够肃清道统以造福百姓，君王层面的圣王能够使人合群并实现大治。

哲学王与圣王的性质存在两点重要区别。第一，哲学王只需保证城邦及其制度的安全，而圣王则肩负一统天下的责任。柏拉图的哲学王只是针

---

① 王先谦：《荀子集解》（非相篇），第79页。
② 王先谦：《荀子集解》（非相篇），第80页。
③ 蔡仁厚：《孔孟荀哲学》，第460页。
④ 王先谦：《荀子集解》（非相篇），第82页。

对某一个特定的城邦进行统治，而荀子的圣王则需要统治天下苍生。由此可见，哲学王的统治具有很强的特殊性和排他性，而圣王的统治则更具普世性和包容性。造成这一分歧的原因或许与古希腊和先秦的政治传统有关。古希腊长期充斥着相互独立的城邦，即便斯巴达或希腊那样的帝国也不过是一种松散联盟性质的霸主；先秦中国一直就有像周天子那样的天下共主，而其他诸侯国也不过是周天子分封出去的。城邦与城邦之间的区别主要在于制度，国与国之间的不同完全在于利益。利益之分容易协调、整合、统一，而制度之分几乎无法妥协。从某种意义上而言，圣王统一全部国家的难度，或许会比兼并一个制度不同的城邦还要显得容易。因此，哲学王的职责只是保证自己城邦制度能够保持独立、安全和完善，而城邦土地和人口必须以此为限；圣王的职责并非保障一国或一地的特殊利益，而是要统一诸国以实现天下大治。第二，哲学王需要运用关于城邦事务的真理和知识来进行统治，而圣王的统治本身就是真理和知识。在柏拉图眼中，关于城邦事务的真理和知识属于客观存在的实体，哲学王能够认识这个实体并在统治之中进行运用。荀子认为圣王是真理和知识的源泉，他的一举一动都是真理和知识不同层面的化身和表现。简言之，柏拉图认为真理外于哲学王而存在，荀子认为圣王即真理。

二、哲学王与圣王的统治

柏拉图探讨了哲学王统治的方式和原因，而荀子只对圣王统治的方式进行了关注。护卫者层面的哲学王统治包括五个方面，即武装驻扎以保障城邦的内外安全、防止贫富两极分化、使城邦大而统一、维护社会流通以及推行良好的教育；哲学家层面的哲学王统治有三个方面，即实现男女平等、限制护卫者阶级以及知识统治；政治家层面的哲学王统治要把城邦以最正确的方式编织在一起，而这种编织有两个方面，即把自身对立的德性编织起来以及把群体对立的人编织起来。圣王的统治旨在一天下、治天下、利天下，而他实现这些目标的主要统治措施包含三个方面，即养原、礼义以及用人。

圣王具有比哲学王更丰富的统治方式。哲学王的护卫者、哲学家和政治家层面的诸多具体措施，归根究底只能等同于圣王的礼义，即在各个方面推行礼义之治。哲学王的统治方式主要依靠政策，而圣王的统治方式不仅有政策的一面，还兼有实用的统治技巧和艺术。就养原而言，柏拉图觉得修身是哲学王自己的事情，而荀子却认为圣王的修身亦是一种有效的统治方式。由于圣王处于万众瞩目的权势地位，所以他的一举一动都会被人模仿。在上行下效的作用下，圣王能够发挥榜样的力量，以一种细雨润无声的方式深刻改变大众并实现礼义之道。这种方式甚至无需任何政策和指令：只要圣王在日常生活的方方面面都推行礼义，那么人们也会争先恐后地进行效仿；在学习榜样的过程中，礼义会逐渐覆盖整个天下。就用人而言，柏拉图更在意如何运用政策和制度对人进行防范，而荀子却认为知人善用是圣王的看家本领，绝不能转嫁给僵化的程序。从某种意义上而言，柏拉图更重视制度，荀子更重视人。在荀子看来，人是统治的关键，因为制度始终离不开人，而圣王也不能独治。因此，荀子对圣王识人、用人、致人和处人的艺术都进行了描述。这种艺术的视角无疑是柏拉图所匮乏的。尽管柏拉图在此同样提倡哲学王统治即结构控制，但是他的核心仍是设计一套天衣无缝的制度即程序把城邦的方方面面都安排妥当并拿程序来限制、规范和运用人。在这种安排下，哲学王除了保障程序的正常运行以外，几乎无所事事。对于荀子来说，柏拉图的做法无疑显得十分幼稚。人性本恶且有主观能动性，因此根本不可能被死板的程序限制，反而会想出各种方法利用程序的漏洞来规避程序。时间一长，程序甚至会成为一种无关紧要的摆设。面对一个个充满创造力的人，最好的统治方法只能是圣王之治：这个人同样具有主观能动性，能够见招拆招，以己之无穷来应对人之无穷。但是，由于圣王的一己之力毕竟有限，所以他必须掌握用人的艺术。这样一来，他就可以利用一群人来制约和管理另一群人。归根究底，天下只有活物能够管理活物。尽管如此，在后来的实践中荀子的王有时也难以发挥主观能动性，往往沦为辅助制度的象征。黄仁宇对明朝皇帝的研究，可以引为佐证。万历皇帝曾长期消极怠工、不上朝理政，但是他的放弃职责并没有使国家瘫痪。这是因为在礼治高度发达的国家，社会和政府早已形成自行运转的程序，而"这样的皇帝，实际上已经不是国事的处置者，而是处置国事的一个权威性的象征"①。与此同时，皇帝本人甚至被视为一种社会制度，而非一个活生生的人。从某种意义上而言，皇帝的代价就是接受"精神上的活埋"，即"由于成宪的不可更改，一个年轻皇帝没有能把自己的创造能力在政治生活中充分使用，他的个性也无从发挥，反而被半信半疑地引进这乌有之乡，充当了活着的祖宗"②。由此可见，虽然荀子更重视人，想为圣王的主观能动性留下更多空间，但是后来历史的实践表明圣王常常无法摆脱程序的束缚，反而成为一个象征工具。

就统治原因而言，哲学王是勉强出来统治，而圣王则是主动出来统治。柏拉图指出哲学王更喜欢追求真理，并不情愿统治。他最终之所以甘于放弃光明美好的生活，勉强出来统治有两点原因：一方面，他是为了报答城邦的养育之恩；另一方面，他为了让城邦得到善治并不被不如自己的人统治。在荀子看来，圣王统治的原因是为了让天下苍生都能获得真正的利，避开真正的害。对于统治地位，圣王不仅不会觉得勉强，反而会觉得这是自己天经地义的使命。在这一问题上可以看出柏拉图与荀子的一个重要区别。柏拉图认为并非所有人都想获得统治地位：一些人甚至认为求真理比统治更幸福。荀子则认为所有人都梦想得到天子的地位，那些掌握道的人更是如此，因为道的最终目的就是治理天下。只有在命运和时势的强迫下，掌握道的人才会被迫以求道或传授道为业。学而优则仕：只有仕不成才会考虑其他选项。

三、哲学王与圣王的局限

柏拉图认为哲学王统治的局限可以在人本身的不足以及哲学王的产生困境中得到体现；荀子认为圣王统治的局限是不稳定性和不可持续性，可以在圣王的产生、得势和传承上得到体现。在柏拉图看来，人只是众神的玩偶，几乎不可能摆脱神意和偶然性的摆布，因此很难自己统治自己。此外，哲学王的产生同样困境重重：单是成为王或哲学家都不难，真正困难

---

① 黄仁宇：《万历十五年》，北京：生活·读书·新知三联书店，2006年，第102页。

② 黄仁宇：《万历十五年》，第149、151页。

的是二者的结合。对荀子来说，圣人很难从一群恶人和小人之中产生；即便真的有圣人出现，他也未必能够成为王；就算圣人真的产生并获得了王的地位，他身后的传承也充满未知。

就哲学王与圣王的局限而言，柏拉图与荀子的核心分歧在于对人的看法。柏拉图认为人很难把握自己的命运，只是神和偶然性的玩偶。哲学王统治的局限其实是人力的局限。荀子认为人力不仅可以把握自己的命运，甚至可以战胜天而用之。圣王统治的局限并非人力的局限，而是难以确保圣王的产生能够稳定和持续。由于柏拉图认为哲学王统治的局限在于人的不足恃，所以他才会尽可能模仿神的统治程序，并以此来制约人。由于荀子认为圣王统治的局限并非人力的不足，所以他才会尽可能把程序制定得模糊，从而为圣王留出发挥主观能动性的空间。柏拉图的做法会使人彻底被程序压制：无论哲学王还是别的什么人，都很难发挥自己的创造性，只能无所事事地按规矩办事。斯特恩（Stern）指出柏拉图著作一直谈及的人是城邦的创立者而非统治者，而二者的区别在于创立者不仅统治同代，还规范后代。① 从某种意义上而言，这个创立者就是柏拉图本人。法律和制度一经创立，后世的人基本无需革新只要因循。由此可见，柏拉图一方面将哲学王视为人类能力和德性的典范，另一方面并没有把哲学王的统治当真：哲学王或许只是一个假设，亦即寻找真正主导原则的垫脚石。② 荀子的做法则容易陷入一治一乱的循环：圣王在世固然能够创造奇迹，实现任何程序都无法实现的卓越，但是圣王一死就会陷入人亡政息的窘境；圣王留下的程序又含混不清、自相矛盾，根本无法自行运作；人们只能在日益败坏的情形中期待下一位圣王的降临。

值得指出的是，哲学王与圣王的统治之所以被称为实现正义的结构而非实现正义的人，因为二者虽然在表面上是哲学王与圣王的统治，但是在实际中哲学王与圣王无不受到制度和习俗的制约。由于哲学王与圣王的统治更多是指制度和习俗通过二者所进行的统治，因此实现正义的结构性因

---

① Cf. ，Paul Stern，"The Rule of Wisdom and the Rule of Law in Plato's Statesman"，p. 270.

② Cf. ，Darrell Dobbs，"Plato's Paragon of Human Excellence：Socratic Philosopher and Civic Guardian"，p. 1082.

素要远远超出简单意义上的人的作用。从某种意义上而言，普列汉诺夫曾在《论个人在历史上的作用问题》中对这一关系进行过精辟的阐述。哲学王与圣王是个人，而制度和习俗可以被理解为历史。他指出："有影响的人物由于自己的智慧和性格的种种特点，可以改变事变的个别外貌和事变的某些局部后果，但他们不能改变事变的总的方向，这个方向是由别的力量决定的。"[①] 由此可见，哲学王与圣王的统治只会产生个别、局部的作用，而真正深远、普遍的影响则是由包括制度和习俗在内的历史进程所决定，毕竟"任何伟人都不可能强迫社会接受已不适合生产力状况或者还不适应这一状况的那些关系"[②]。柏拉图在《法律篇》中十分强调制度、习俗和法律之于实现正义的核心意义，就算是在他提倡哲学王统治的《理想国》中也可以发现哲学王除去履行柏拉图的程序和安排之外，并无过多可以发挥的空间。荀子虽然提倡人即圣王的主观能动性，但是在中国历史后来的实践中可以看出圣王同样无法摆脱制度和习俗的束缚。由此可见，尽管柏拉图与荀子都认为人即哲学王或圣王是实现正义的关键，但是哲学王或圣王只有在客观的结构中才能彰显其实现正义的意义：所不同者在于柏拉图将结构对人的主导关系表达得更为显白，而荀子则似乎试图在思想体系中含糊王对礼的依赖性。

---

① 普列汉诺夫：《论个人在历史上的作用问题》，王荫庭译，北京：商务印书馆，2010 年，第 44 页。

② 普列汉诺夫：《论个人在历史上的作用问题》，第 55 页。

第四章　实现正义的枢纽

在对实现正义的程序与结构都进行阐述了之后，可以看出程序控制与结构控制似乎陷入了相互循环的僵局。程序控制天然有所缺陷，而且无法摆脱结构控制的支配；结构控制虽然显得简洁完善，但并不切实际。正义的这两种实现方式都有其相应的局限。因此，正义尚需另一个实现方式。从功能还原的立场上来看，这个实现方式可以拿枢纽控制来表达。所谓枢纽控制，是指在正义的实现中占据进可攻、退可守的险要地位，即进可为结构控制制造条件，退可为程序控制提供基础。

第一节　柏拉图的教育

柏拉图用来实现正义的枢纽是教育。法律本身就有诸多局限，而其存在、运行、修改、解释甚至护卫都需要人；人只是神的玩偶，天然无法摆脱神意和偶然性的支配，而哲学王的产生更是困难到几乎不切实际。因此，柏拉图引入了教育，因为教育可进而为哲学王统治提供土壤，也可退而为法律统治提供条件。

一、教育的性质

教育的性质可从定义和原则进行阐述。柏拉图为教育下过两个定义，它们都与美德有关。在《法律篇》中，柏拉图认为教育是"儿童对美德的最初获得"① 亦即 "一件有关正确地受过训练的快乐和痛苦的感觉的事情"②。在《理想国》中，柏拉图认为美德本来就在人的灵魂中，因此教育是灵魂转向的技巧，而不是 "把灵魂里原来没有的知识灌输到灵魂里去"③。这两个定义乍看起来似乎并不相同，但其实完全可以统一。无论获得还是转向，教育归根究底是对美德的正确把握。二者之所以会存在不同，因为柏拉图从不同的角度对教育进行了定义。在《法律篇》中，柏拉图从发展的角度看待教育。在幼年时期，儿童最早的感觉是快乐和痛苦，而美德和邪恶也由此进入儿童的灵魂；美德是理智和情感的协调，即痛苦所当痛苦、快乐所当快乐，做到这一点就获得了教育；正确是做到这一点的关键，即引导儿童接受正确原则以及对快乐和痛苦的正确感觉；正确的标准在于被法律阐明并被高道德水准、年龄大、阅历丰富的人所赞同。④ 换言之，"教育在于让孩子感受快乐和痛苦的习惯，符合法律以及信服法律的人或老年人"⑤。从动态的角度来看，教育更像一种习得。在《理想国》中，柏拉图从理论的角度看待教育。灵魂的美德似乎有神圣的性质，永远不会丧失，关键只在于灵魂所取的方向。因此，教育作为对美德的正确把握，只需使灵魂进行转向而无所谓习得："它不是要在灵魂中创造视力，而是肯定灵魂本身有视力，但认为它不能正确地把握方向，或不是在看该看的方向，因而想方设法努力促使它转向。"⑥ 从静态的角度来看，教育更像一种转向。

就教育的原则而言，柏拉图主要关注了游戏、限制以及平等这三个方面。

第一，游戏是让孩子们在游戏的过程中接受教育。孩子的灵魂并不具备严肃的庄重性，所以最好的教育原则是利用唱歌等游戏作为吸引手段使

---

① 柏拉图：《法律篇》，第41页。
② 柏拉图：《法律篇》，第42页。
③ 柏拉图：《理想国》，第280页。
④ 参见柏拉图：《法律篇》，第32～51页。
⑤ 施特劳斯：《柏拉图〈法义〉的辩论与情节》，第28页。
⑥ 柏拉图：《理想国》，第281页。

孩子们对教育的内容产生兴趣和好感。① 此外，一旦孩子们在游戏中接受了教育内容，那么这种内容就会处处支配孩子们的行为，使他们健康成长；当城邦变得礼崩乐坏，这些孩子也会起而恢复固有的秩序，因为从小的教育把孩子们往哪里引导，他们往往最终也会向哪里去。②

　　第二，限制是把城邦的教育限制在正确的内容之内。限制原因在于儿童的灵魂能够被任何事情说服、引导和塑造，而先入为主的意见往往难以更改，所以必须保证儿童从小可以接受最正确的教育，并使歌曲、故事和学说与正确的教育内容保持一致。③ 限制的内容在《理想国》与《法律篇》中则有所不同。在《理想国》中，限制的内容主要是赫西俄德、荷马以及其他诗人丑恶的假故事，比如丑化诸神和英雄，散播诸神间仇恨；正确的内容则应写出神的本质，即神只是善的原因而非一切事物之因，而在谈及神的故事和诗歌中，不能把神描绘成变化无常、谎话连篇甚至误人子弟的角色。④ 在《法律篇》中，城邦应该通过合唱队对儿童的灵魂进行控制，使他们相信道德与快乐的一致性，即"我们必须坚持这些学说的中心点：众神都说，最好的生活事实上一定会带来最大的快乐"⑤。此外，城邦还应该尽可能对创新进行限制，因为崇拜创新和新奇是城邦最大的灾难。创新精神之所以有害因为"这将改变一个人的道德品质的褒贬标准"⑥，而这无疑会有颠覆城邦现有制度、法律和风俗的危险。最好的限制方法就是学习埃及，即把全部舞蹈和音乐奉若神明；歌曲转变成了法律；作曲家必须用吉祥的语言以正确的态度向众神祈祷；诗人要政治正确；严格的文化审查；区分男性和女性的音乐，其中男性要高尚、勇敢，而女性则要温和、节制。⑦ 因此，一些学者认为柏拉图的教育思想尤其音

---

① 参见柏拉图：《法律篇》，第 31、51 页。
② 参见柏拉图：《理想国》，第 142~143 页。
③ 参见柏拉图：《法律篇》，第 56 页；《理想国》，第 71~74 页。
④ 参见柏拉图：《理想国》，第 72~81 页。
⑤ 柏拉图：《法律篇》，第 57 页。
⑥ 柏拉图：《法律篇》，第 213 页。
⑦ 参见柏拉图：《法律篇》，第 213~219 页。

乐教育显得保守和传统。① 布尔戈（Bourgault）却反对这种意见。在他看来，柏拉图虽然在颂扬秩序和稳定等方面类似保守主义，但是他并不认同保守主义反对乌托邦政治以及将习俗置于理性之上的做法。②

第三，平等是指男性和女性应该获得平等的教育。在《理想国》中，柏拉图认为男女禀赋平等只存在生理上的区别，所以他们应该接受平等和相同的教育。③ 在《法律篇》中，男女应该接受相同的教育，因为这样一来城邦才能发挥全部而非一半的潜力，而一个真正的立法者不能只为半个城邦立法。④ 在萨拜因看来，柏拉图男女平等的论点"绝不是为了主张妇女的权利，而只是一项旨在使全部公民的天赋能力都能够为国家所用的计划"⑤。

二、教育的内容

柏拉图从阶段、题材和层次这三个方面对教育的内容进行了阐述。在《法律篇》中，柏拉图将教育分为了三个阶段，即幼儿教育、儿童教育以及青春期教育。

第一，幼儿教育主要针对 0 到 3 岁的孩子，其原则是使身心都尽可能美好和正确。值得指出的是，"正确抚育的讨论始于体育训练，这有益于胎儿和婴儿的身体"⑥。这种教育在母腹中就要开始，孕妇要多散步，还要有正确的心情："人生的正确道路既不是一味追求快乐，也不是绝对避开痛苦，而是温和地满足于两个极端之间的状态……一个等着做母亲的人必须考虑到，重要的是在整个怀孕期间保持平静、愉快和态度温柔"⑦。

---

① Cf. ，R. F. Stalley, An Introduction to Plato's Laws, Indianapolis：Hackett, 1983, p. 130；Plato, The Laws, Terry Saunders trans, New York：Penguin, 2004, p. 225.

② Cf. ，Sophie Bourgault, "Music and Pedagogy in Platonic City"，The Journal of Aesthetic Education 46. 1（2012），p. 60.

③ 参见柏拉图：《理想国》，第 187 ~ 190 页。

④ 参见柏拉图：《法律篇》，第 221 ~ 223 页。

⑤ 乔治·萨拜因：《政治学说史》，第 94 页。

⑥ 潘戈：《政制与美德：柏拉图〈法义〉疏解》，朱颖、周尚君译，北京：华夏出版社，2011 年，第 117 页。

⑦ 柏拉图：《法律篇》，第 206 页。

孩子出生后，要多带着新生儿到处跑，坚持运动仿佛孩子永远乘在一只小船上，这样对身心俱益。随后，还要让孩子接受勇敢方面的训练。①

第二，儿童教育主要针对 3 到 7 岁的孩子，其原则是让他的性格在玩耍的时候形成。3 到 6 岁期间，每一村庄的孩子们开始聚合在神庙，并由保姆看管；孩子和保姆受 12 个妇女的监督；这些监督员由法律维护者分配工作，并由负责监督婚姻的妇女们选出；每个妇女任期一年。② 6 岁以后，男女分开上课，但都可学骑术、射箭、掷标枪和投石器等课程。在课程中，应该尽可能避免右撇子或左撇子，而应让孩子具备全面使用双手双脚的能力。正式的课程分为对身体所作的体格训练（舞蹈和摔跤）和完善人格的文化教育。③ 在柏拉图看来，儿童的教育和游戏事关重大，甚至可以影响今后法律的废存，因此教育应该采取一种保守的态度，即尽可能避免崇拜创新和新奇。

第三，青春期的课程主要针对 7 岁以上的孩子。在 10 到 13 岁期间，孩子们学习作战技能、天文学和文学；在 13 岁以后，孩子们要学习七弦竖琴；此外，孩子们还要学习算数。天文学方面的正确内容包括天体、年月和季节；正确的文学教材仿佛是指立法者作品全集；正确的七弦竖琴内容是由一群 60 岁的人组成的狄俄尼索斯歌手所认可和演唱的作品；战斗技能方面的正确内容包括射箭、战斗、行军、扎营等一系列训练；舞蹈方面的正确内容包括和平之舞与战争之舞即皮尔喜克，而酒神舞等舞蹈都有所不足；演出方面的正确教材是官方认可和审定的反映德性的意识形态。与此同时，文化审查和坚持政治正确都是必要的，而表现丑陋身体和灵魂的演出都不可学习，所以要同时拒绝悲剧和喜剧。④

在《理想国》中，柏拉图从题材的层面分出音乐教育和体育教育。古希腊的音乐并没有今天这样独立的形式，而是集诗词、旋律、舞蹈于一

---

① 参见柏拉图：《法律篇》，第 202～204 页。
② 参见柏拉图：《法律篇》，第 207～208 页。
③ 参见柏拉图：《法律篇》，第 209 页。
④ 参见柏拉图：《法律篇》，第 226～227、229、230、232、233～236 页。

体的完整组合。① 在柏拉图看来，这样的音乐可以深入人的灵魂，并以此改变社会风俗和道德，所以统治者必须对其进行关注和规范。② 音乐教育包括故事和诗歌。总的来说，故事的目的在于使"护卫者敬神明，孝父母，重视彼此朋友间的友谊"③。具体而言，故事要培养护卫者的勇敢，尤其是在死亡和灾难面前的坚强；培养护卫者对真实的热爱；培养自我克制，即一般人的自我克制是服从统治者，而统治者的自我控制是对肉体欲望和快乐的教育；重申神是善因；规定关于人的说法，比如正义者过得更好。④ 为了实现这些目的，故事可以采取三种不同的方式，即叙述、模仿以及二者兼用。正确的方式应该既有叙述也有模仿，但是模仿要少于叙述且受到一定限制。这些限制包括同一模仿者不能同时进行两种模仿以及护卫者只能模仿那些勇敢、节制、虔诚、自由的人物。护卫者不能模仿任何与自由人不符合的人或物，比如女人、奴隶、坏人、鄙夫、疯子、工人、动物与天象，因为从小模仿会形成习惯，而习惯会变成第二天性。⑤ 此外，城邦应该禁止并驱逐那些以模仿为生且十分出众的诗人和说唱者，因为这个城邦不鼓励模仿什么像什么的多面手，即"我们的人既非兼才，亦非多才，每个人只能做一件事情"⑥。

对于诗歌，柏拉图亦有相应的规定。诗歌由词、和声（曲调）以及节奏组成。唱的词与说的词没有区别，符合上述有关故事的条例。⑦ 对和声的规定如下：取缔哀挽式的调子和软绵绵的靡靡之音；提倡刚柔相济，能够模仿成功与失败、节制与勇敢的曲调；不需要能奏出一切音调的乐

---

① Cf. , Lelouda Stamou, "Plato and Aristotle on Music and Music Education: Lessons from Ancient Greece", Internatioanl Journal of Music Education 39 (2002), p. 3.

② Cf. , Marina Wong, "A Comparison between the Philosophies of Confucius and Plato as Applied to Music Education", The Journal of Aesthetic Education 32.3 (1998), p. 112.

③ 柏拉图：《法律篇》，第83页。

④ 参见柏拉图：《理想国》，第83～95页。

⑤ 参见柏拉图：《理想国》，第96～102页。

⑥ 柏拉图：《理想国》，第104页。

⑦ 参见柏拉图：《理想国》，第105页。

器。① 就节奏而言，不仅要追求有秩序、勇敢而非复杂、多样的节奏，还要剔除那些与卑鄙、凶暴、疯狂或其他邪恶相关的节奏。②

在柏拉图看来，一个好的灵魂远远不够，还需对身体进行保养和训练。具体的方法有四。首先，护卫者必须戒酒，因为他们是世界上最不应醉酒的人。③ 其次，护卫者不能贪睡或懒惰，不仅因为嗜睡和懒惰有害健康，④ 而且"一只生活得很容易的懒而发胖的野兽的命运，通常是被其他某种动物撕裂成碎片，后者消瘦硬朗伴随着勇敢和耐劳"⑤。再次，护卫者必须艰苦训练："他们有必要像终宵不眠的警犬；视觉和听觉都要极端敏锐；他们在战斗的生活中，各种饮水各种食物都能下咽；烈日骄阳狂风暴雨都能处之若素。"⑥ 最后，护卫者还需戒掉繁琐的饮食、甜食、女色以及复杂的音乐，因为这些都容易带来放纵和疾病。⑦

柏拉图随即为教育分出了层次。⑧ 上述按阶段和内容划分的教育都属于较低层次，主要针对护卫者阶级及护卫者阶级以下。较高层次的教育则主要针对护卫者阶级以上尤其哲学王、立法者和政治家这类伟大人物。

在《理想国》中，柏拉图对较高层次的教育集中进行了讨论。在探讨高层次的教育之前，柏拉图先对知识和真理进行了划分。在柏拉图看来，世界可以分为可见与可知世界两种，其中可见世界可再分为影像

---

① 参见柏拉图：《理想国》，第 105～106 页。

② 参见柏拉图：《理想国》，第 107～108 页。

③ 参见柏拉图：《理想国》，第 113 页。

④ 参见柏拉图：《理想国》，第 114 页；《法律篇》，第 225 页。

⑤ 柏拉图：《法律篇》，第 224 页。

⑥ 柏拉图：《理想国》，第 114 页。

⑦ 参见柏拉图：《理想国》，第 114～115 页。

⑧ 柏拉图的教育有高低之分可谓大部分学者的共识。Cf. ，Ernest Barker, Greek Political Theory: Plato and His Predecessors, pp. 198, 216, 219 – 220, 228 – 229; John Gould, The Development of Plato's Ethics, Cambridge: Cambridge University Press, 1955, pp. 148 – 149; George Grube, Plato's Thought, Boston: Beacon, 1958, pp. 234 – 238; Richard Hare, Plato, New York: Oxford University Press, 1982, pp. 50 – 51, 59; Terence Irwin, Plato's Moral Theory, Oxford: Oxford University Press, 1977, pp. 201 – 204; Richard Nettleship, The Theory of Education in the Republic of Plato, New York: Teachers College Press, 1968, pp. 88 – 93.

（如阴影和投射）与实物（如动物、自然物和人造物），可知世界可再分为影像（如几何学和算学）与理念（如辩证法的对象）。① 在这个框架内，知识可以分为美与丑、正义与非正义、善与恶等理念以及这些理念同行动及物体的结合。由此可以区分两种人。一种人喜欢正义的声调、色彩或形状等结合物即声色的爱好者，但是他们不能认识正义本身或正义的理念，另一种人能够就正义本身领会正义；前一种人只具备意见，后一种人才具有知识。意见和知识完全不是一回事，知识是有，无知是无，意见则处于有与无之间。多数人不具备知识，只能流于意见，因为他不相信正义本身或正义的理念，而只相信许多正义的东西，即他们不能认识正义之为一，而只能从多的角度对正义进行把握。所谓哲学家，就是那些专心追求每样事物理念本身的人。② 由于人缺乏像神那样的自足性，所以人类必须探究每样事物的知识，其中包括那些涉及人类存在的困惑和不确定性。③

　　哲学家不仅要追求每样事物本身或理念，还应尤其对最高的学问进行关注。这个最高的学问即善的理念比正义、智慧、节制和勇敢等美德更重要，因为"善的理念是最大的知识问题，关于正义等等的知识只有从它演绎出来的才是有用和有益的"④。既然哲学家试图实现正义，他必须对善的理念进行某种程度的把握：正义从善中演绎出来，所以只有知道正义怎样才是善，他才有足够的资格护卫并实现正义。柏拉图或许也缺乏对善的理念的足够知识，因此只是退而求其次地解释了善的儿子，即看上去很像善的东西。于是，他拿太阳的隐喻进行了解释。就视觉能力和可见性而论，二者还需一个中介即太阳才能使眼睛能够看见，使事物能够被看见。太阳虽不是视觉，却是视觉的原因，又是被视觉所看见的。⑤ 人的灵魂与真理的关系与此类似："这个给予知识的对象以真理、给予知识的主体以

---

①　参见柏拉图：《理想国》，第 271～274 页。

②　参见柏拉图：《理想国》，第 220～221、224～229 页。

③　Cf. , Paul Stern, "The Philosophic Importance of Political Life: On the 'Digression' in Plato's 'Theaetetus'", The American Political Science Review 96.2 (2002), p. 287.

④　柏拉图：《理想国》，第 262 页。

⑤　参见柏拉图：《理想国》，第 261～262、264、268 页。

认知能力的东西，就是善的理念。它乃是知识和认识中的真理的原因。"①
换言之，善的理念即灵魂和真理世界中的太阳。

　　在柏拉图看来，获得真理、理念乃至善的方法在于学习哲学，因为哲
学教育的本质是"心灵从朦胧的黎明转到真正的大白天，上升到我们称
之为真正哲学的实在"②。与此同时，体育和音乐并不属于哲学教育：体
育使身体增强或衰弱，关心生灭事物；音乐则运用习惯和音调来培养和
谐、得体等品质而非知识。③ 哲学教育的科目主要包括六个方面。第一，
数数和计算：它们迫使灵魂超越各种现象和形式以关注纯数本身，并运用
纯粹理性通向真理。④ 第二，平面几何学：几何学旨在认识永恒事物，可
以把灵魂引向真理。⑤ 第三，立体几何学：与平面几何学的效果类似，只
是还欠发达。⑥ 第四，天文学：迫使灵魂向上看，即用灵魂中的理智部分
去研究天体背后真正的数和轨道。⑦ 第五，和声学。⑧ 第六，辩证法："当
一个人企图靠辩证法通过推理而不管感官的知觉，以求达到每一事物的本
质，并且一直坚持到靠思想本身理解到善者的本质时，他就达到了可理知
事物的顶峰了。"⑨ 在上述六种科目中，辩证法占据支配地位，因为只有
辩证法能够让人看到实在。由于其他学科必须使用不能给予任何说明的假
设，它们只能梦似的看见实在。只有辩证法能够"不用假设而一直上升
到第一原理本身，以便在那里找到可靠根据"⑩。莫里森（Morrison）指
出，算术、几何、天文以及和声都属于毕达哥拉斯学派的教化（paide-
ia），而辩证法则是苏格拉底学派的精华：这无疑体现了柏拉图在形而上

---

① 柏拉图：《理想国》，第 270 页。
② 柏拉图：《理想国》，第 285 页。
③ 参见柏拉图：《理想国》，第 285 页。
④ 参见柏拉图：《理想国》，第 292 页。
⑤ 参见柏拉图：《理想国》，第 294 页。
⑥ 参见柏拉图：《理想国》，第 296 页。
⑦ 参见柏拉图：《理想国》，第 298 页。
⑧ 参见柏拉图：《理想国》，第 299 页。
⑨ 柏拉图：《理想国》，第 301 页。
⑩ 柏拉图：《理想国》，第 303 页。

学领域调和两位大师的尝试。①

在说明最好的学问是善的理念，而学习的途径是哲学教育尤其辩证法之后，柏拉图进一步对学生的要求和学习的次序进行了规定。就其天赋而言，学哲学的学生应该具有热爱学习、不觉得学习困难、强于记忆、百折不挠、任劳任怨等品质。②学习的次序则分为四个阶段。第一，20岁时挑选一批人进行系统和综合的学习，即辩证法之前的所有学科必须在年轻时学习，但不能采用强迫方式，否则无法在心灵上生根。第二，30岁时从第一批人中挑出战争和学习方面的佼佼者学习辩证法来认识实在本身，这时要防止由辩证法走向狂妄和好辩。第三，35岁时要回到洞穴，强迫他负责战争和其他公务，从而受到实践的锻炼和考验。第四，50岁时，那些在学习和工作中都成绩优异的人要接受最好的考验，即要求他们把灵魂的目光向上移以看见善本身，并用善本身作为原型来治理自身以及城邦事务；在剩下的日子里，他们大部分时间可以用来研究哲学，但是轮到值班时必须不辞辛苦和麻烦走上统治者的岗位。③

在《法律篇》中，柏拉图对较高层次的教育也做过相应的规定。首先，有三门课程只有被选出来的少数人能够研究，即计算和数字，线、面和立体的度量以及天体的相互关系。其次，在这三门课程之上，法律的保卫者们还要掌握贯穿于节制、勇敢、正义和智慧中的美德，即保卫者不能只知道正义和智慧是多，还应该了解在何种意义上它们是一。再次，保卫者要进一步学习神学，否则就不具备保卫者的资格以及德行出众的荣誉：神学是所有知识中最好的，所以保卫者有必要相信众神的存在并知晓其威力的范围。最后，除了上述课程之外，官员们还要在夜间委员会学习保护城邦安全的法律条文。④

《政治家》虽然没有对教育问题进行系统性的论述，但是仍不乏对较高层次的教育的讨论。在柏拉图看来，知识可以分为主宰与辅助两种，其

---

① Cf. ，J. S Morrison, "The Origins of Plato's Philosopher – Statesman", The Classcial Quarterly 8.3（1958），p. 212.

② 参见柏拉图：《理想国》，第306~307页。

③ 参见柏拉图：《理想国》，第308~313页。

④ 参见柏拉图：《理想国》，第237、411~415页。

中修辞学、将兵术和司法技艺都属于辅助性质，即教人如何具体操作和运用，而政治知识则是选择用不用、何时用以及为何目的使用上述技艺。简言之，政治的知识是主宰，而其他这些都只是仆人。所谓政治的知识，亦即政治家、王者乃至家政的知识。这种知识的目的不在于行动，而是对有能力行动者进行统治，并将所有城邦事务都以最正确的方式编绕在一起。① 在《政治家》的立场上看，较高层次的知识即政治知识，而对这种"最伟大事物的最大无知"是人类最大的敌人，因为尽管人类"对政治事务几乎一无所知，却认为他们几乎对此的一切、对所有的知识，都清楚明了"②。

　　柏拉图并没有详细解释如何真正获得政治知识，但是他在《政治家》中所采用的方法却给出了间接的提示。《政治家》在方法论上的意义或许并不低于其思想层面的贡献，因为柏拉图认为研究编绕乃至政治家的目的，并不在于编绕和政治家本身，而是"为了使我们在辩证一切事情上变得更有技巧"③。具体而言，柏拉图的技巧可以称为分割的方法，即"根据种来考察并划分事物"④。对于分割而言，准确度量的能力十分重要。柏拉图将度量分为了两个部分：一个部分是关于长与短、过与不及方面的技艺，另一个部分则是把握中道的技艺。⑤ 在关乎中道的度量技艺的辅助下，进一步区分牧群养育时，不能盲目将之分为人的养育与兽的养育，因为不能拿一小部分与其他众多的较大部分相对立，也不能不顾及种就划分，而要尽可能从中间分割以使划分出来的部分同时就是一个种。希腊人与野蛮人、一万与其他数就是错误分割的例子；正确的分割方法应该是男人与女人、奇数与偶数。⑥ 这样分割固然更加漫长、繁琐，但却是认识一切事物和知识最稳妥的方法。

　　柏拉图高层次教育的内容具有很强的理论性，而目的则主要在于实

---

①　参见柏拉图：《理想国》，第 95～97 页。
②　柏拉图：《政治家》，第 89 页。
③　柏拉图：《政治家》，第 58 页。
④　柏拉图：《政治家》，第 57 页。
⑤　参见柏拉图：《政治家》，第 57 页。
⑥　参见柏拉图：《政治家》，第 11～13 页。

践。于是，理论与实践的关系就成了探究柏拉图高层次教育不能回避的重要问题。柏拉图不仅反对霍布斯与斯宾诺莎把实践归入理论的观点，也反对伯克的立场即只有历史经验而非任何理论才能把握实践。在柏拉图看来，理论与实践都不完善，因此需要相互结合来进行理解。① 因此，哲学王既要学习理论，也要在实践中历练：只有当理论与实践能够紧密联系的时候，哲学王的教育才能称之为成功。

三、教育的作用

通过对教育的性质和内容进行阐述，柏拉图似乎为正义的实现找到了一个枢纽性的归宿。从某种意义上而言，柏拉图对教育、政治以及认识论的观点相互依赖，具有系统性的联系（systematic linkage）。② 于是，只要城邦推行正确的教育，退可以实现法律的统治，进甚至能够培养出哲学王，因为"如果公民受到了良好的教育，那么他们就很容易洞见到他们所遭遇的各种困难，并很容易应对突然出现的紧急情况"③。

教育的一般作用主要在于培养美德。在《理想国》中，柏拉图认为教育对人的影响往往潜移默化但却根深蒂固：一个人如果从小接受了好的教育，他就会变得充满德性；如果接受了坏的教育，结果相反。④ 音乐教育，不仅可以使人同时认识并热爱勇敢、正义等美德的理念和影像，⑤ 还能培养出自我监督与节制的良好习惯。⑥ 柏拉图尤其重视长期接触节奏、和声和唱词对人潜移默化的影响。⑦ 体育教育，不仅可以强身健体，还能同时服务于人的灵魂。从某种意义上而言，音乐与体育主要都是为了灵魂：音乐教育服务于爱智部分，体育教育服务于激情部分，使二者能够

---

① Cf. , Gerald Mara, "Constitutions, Virtue & Philosophy in Plato's 'Statesman' & 'Republic'", pp. 381 – 382.

② Cf. , Peter Hobson, "Is It Time for Another Look at Plato? A Contemporary Assessment of His Educational Theory", Journal of Thought 28. 3 (1993), p. 79.

③ 乔治·萨拜因：《政治学说史》，第 93 页。

④ 参见柏拉图：《理想国》，第 110 页。

⑤ 参见柏拉图：《理想国》，第 111 页。

⑥ 参见柏拉图：《理想国》，第 122 页。

⑦ Cf. , Sophie Bourgault, "Music and Pedagogy in Platonic City", p. 68.

"张弛得宜配合适当，达到和谐"①，即使人达到文质彬彬的状态。在《法律篇》中，柏拉图亦认为教育而非法律是影响人的品质的关键所在。正确的教育可以让人具备诚实守信、捍卫正义、自我节制、良好判断以及义愤怜悯等美德。人的不同品质会进而对其生活方式产生影响，因此受过良好教育的人往往能够选择具有德性的生活方式，即自我节制的生活、智慧的生活、勇敢的生活和健康的生活，而其对立面则会选择放纵的生活、愚蠢的生活、胆怯的生活和患病的生活。②

　　上述培养美德甚至改造人性的作用，只是教育的一般结果，亦只针对较低层次的教育而言。即便如此，当城邦里有许多充满德性的公民时，法律的统治会更容易实现。因此，教育退可以为法律的统治提供条件；进一步讲，教育甚至可以培养出哲学王这样的伟大人物。尽管哲学王十分伟大，但仍是城邦培养和教育出来的。只要城邦中少数的优秀人物，在一般教育的基础上进一步接受哲学教育，掌握善的理念，他们就有可能成为实现正义的最便捷的途径。哲学王的产生虽然困难，但并非全无可能：只要真正的哲学家被培养出来并掌握了城邦的政权，他们必然会"把正义看作最重要的和最必要的事情，通过促进和推崇正义使自己的城邦走向轨道"③。即便哲学王没有产生，维护法律的委员会也需要近似哲学王的人物来充当成员，而教育无疑是保证这一点的最可靠的途径。由此可见，教育的作用在于上可以培养出哲学王，中可以训练出夜间委员会的成员，下可以使城邦的公民普遍具备德性。教育或许不是实现正义的充分条件，但无论如何教育都是必要条件。

第二节　荀子的学修

　　荀子用来实现礼义的枢纽是学修。礼乐统治难以应对差异和变动，并且始终依赖于人，而圣王统治则充满不稳定性和不可持续性。简言之，礼

---

① 柏拉图：《理想国》，第 126 页。
② 参见柏拉图：《法律篇》，第 139、143 页。
③ 柏拉图：《理想国》，第 313 页。

乐统治虽然有现实可依的明确程序，却无法独立于人而存在；圣王统治虽然简洁灵活，却无法摆脱模糊、随意和偶然。与此同时，充满偶然性的圣王结构恰恰是确定可依的礼乐程序的基础。这样一来，实现礼义的关键归根究底还是在人的身上。因此，荀子十分重视人的学修，并把其看作实现礼义的枢纽。学修进可以培养出制礼乐的圣王，退可以培养出遵循礼乐程序的人民和士君子。简言之，学修既可以为结构控制创造奇迹般的伟大人物，也可以为程序控制提供按既定程序办的守成之士。

一、学修的性质

学修是指学习和修身，其性质可以在意义和原则上得到体现。由于人生存的关键在于与自然相奋斗，所以荀子尤其重视刻苦努力以及学习。[①]学习的意义包括改变人的本性、实现人的本质以及克服认识之弊。首先，学习能够改造人性。荀子并不认同奥古斯丁的观点即人是"邪恶"（evil）的，而是认为人性愚蠢且自私地被欲望操纵。[②]换言之，人生来都是唯利是图的小人，有着无穷无尽的欲望，只知为了利益相互斗争。然而，大部分人并不是天生愿意限制欲望或改造自己。[③]因此，只有少数人可以克服人性，成为像圣人那样的伟大人物。他们并非先天与众人不同，只是注意后天人为的努力和积累。学习就是这种后天人为努力中的一个重要环节，即"求学的目的在不断地磨练自己的意志，并使自己的行为能中规中矩"[④]。刘子静指出荀子对人的观点有两个不同层次：从人性的角度来看，人本恶；从智能的角度来看，人具有克服恶的能力。[⑤]这种智能就是学习。学习可以改变或超越人的本性，而本性一经改变就不会恢复，即"青，取之于蓝而青于蓝；冰，水为之而寒于水。木直中绳，輮以为轮，

---

① 参见李泽厚：《中国古代思想史论》，第115～116页。

② Cf. ，Jonathan Schofer，"Virtues in Xunzi's Thought"，p. 117；Homer Dubs，"Mencius and Sun – dz on Human Nature"，p. 216；Lee Yearley，"Hsun Tzu on the Mind：His Attempted Synethesis of Confucianism and Taoism"，p. 466.

③ Cf. ，Eric Hutton，Virtue，Nature，and Moral Agency in the "Xunzi"，p. 221.

④ 谭宇权：《荀子学说评论》，第210页。

⑤ 参见刘子静：《荀子哲学纲要》，第14页。

其曲中规，虽有槁暴，不复挺者，輮使之然也。故木受绳则直，金就砺则利，君子博学而日叁省乎己，则知明而行无过矣"①。由于学习能够改变人的本性，所以不同的学习内容会在人与人之间造成人为的区别，即"生而同声，长而异俗，教使之然也"②。其次，学习能够成就人之所以为人的本质。人的本质恰恰需要通过学习才能实现：如果没有学习，人就与禽兽无异，即"故学数有终，若其义则不可须臾舍也。为之，人也；舍之，禽兽也"③。最后，学习能够克服认识之蔽。人类的认识很容易陷入片面、偏见之蔽，即"凡人之患，蔽于一曲而暗于大理"④。人之所以会有认识之蔽，因为万物各不相同，而且会有互相为蔽，比如在开始的立场上来看，终结就是一种片面之蔽，即"欲为蔽，恶为蔽，始为蔽，终为蔽，远为蔽，近为蔽，博为蔽，浅为蔽，古为蔽，今为蔽"⑤。学习的意义就在于对人用来认识万物的心进行教育和引导，从而克服偏见之蔽。

学习的原则有三个方面。首先，学习目的是提高自己。一些人之所以会学习是为了向他人夸耀，但这无疑偏离了学习的真正目的。真正的学习应该是为了让自己的内在和外在都能得到进步，即"入乎耳，箸乎心，布乎四体，形乎动静，端而言，蠕而动，一可以为法则……古之学者为己，今之学者为人。君子之学也，以美其身；小人之学也，以为禽犊"⑥。其次，学习要止于全尽。学习稍有小成、或明或暗、时懂时不懂、无法举一反三，都不可称为真正的学者。真正的学者必须掌握根本，并且止于全尽，即"伦类不通，仁义不一，不足谓善学。学也者，固学一之也……全之尽之，然后学者也"⑦。牟宗三指出，全尽的根本在于"把握住理性主义之精髓也"⑧，即明白现象背后能够一以贯之的精神和原则。最后，学习要使人能定能应。学习会培养出某种德操。这种德操能够使人不仅坚

① 王先谦：《荀子集解》（劝学篇），第 1~2 页。
② 王先谦：《荀子集解》（劝学篇），第 2 页。
③ 王先谦：《荀子集解》（劝学篇），第 11 页。
④ 王先谦：《荀子集解》（解蔽篇），第 374 页。
⑤ 王先谦：《荀子集解》（解蔽篇），第 376 页。
⑥ 王先谦：《荀子集解》（劝学篇），第 12 页。
⑦ 王先谦：《荀子集解》（劝学篇），第 18 页。
⑧ 牟宗三：《名家与荀子》，第 171 页。

定不移地站在正确的方向，而且灵活应对各种变化而不逾矩，即"权利不能倾也，群众不能移也，天下不能荡也。生乎由是，死乎由是，夫是之谓德操。德操然后能定，能定然后能应，能定能应，夫是之谓成人"①。

修身旨在提升人的内在品德，并在外在行为上得到反映。修身的意义主要体现在重道轻物、受人敬重以及如鱼得水。首先，修身使人把道德礼义看得重于物质利益，即"志意修则骄富贵，道义重则轻王公，内省而外物轻矣。传曰：'君子役物，小人役于物。'身劳而心安，为之；利少而义多，为之"②。其次，修身使人能够横行天下而受人敬重和信任，即"体恭敬而心忠信，术礼义而情爱人，横行天下，虽困四夷，人莫不贵。劳苦之事则争先，饶乐之事则能让，端悫诚信，拘守而详，横行天下，虽困四夷，人莫不任"③。最后，修身使人能够在生活的方方面面都变得幸运，有如鱼得水的感觉，即"老老而壮者归焉，不穷穷而通者积焉，行乎冥冥而施乎无报，而贤不肖一焉。人有此三行，虽有大过，天其不遂乎"④。

修身的原则是通过攻其所短来达到某种中庸、平衡的状态。这个原则在一些常见的具体情况中的运用如下："血气刚强，则柔之以调和；知虑渐深，则一之以易良；勇胆猛戾，则辅之以道顺；齐给便利，则节之以动止；狭隘褊小，则廓之以广大；卑湿、重迟、贪利，则抗之以高志；庸众驽散，则劫之以师友；怠慢僄弃，则炤之以祸灾；愚款端悫，则合之以礼乐，通之以思索。"⑤

二、学修的内容

学修的内容可以从阶段、方法和题材这三个层面进行阐述。陶师承曾将荀子的学修概括为四个阶段。第一个阶段是"入乎耳"，即聆听、学习教材；第二个阶段是"著乎心"，即将教材明白于心；第三个阶段是"布

---

① 王先谦：《荀子集解》（劝学篇），第 19 页。
② 王先谦：《荀子集解》（修身篇），第 27 页。
③ 王先谦：《荀子集解》（修身篇），第 28 页。
④ 王先谦：《荀子集解》（修身篇），第 34～35 页。
⑤ 王先谦：《荀子集解》（修身篇），第 25～27 页。

乎四体"，即将明白于心的知识分布于四体以结合四体的经验和动作；第四个阶段是"形乎动静"，即能够身体力行予以实践。①荀子将实践视为学修最终阶段的做法，充分体现了他不尚空谈、重视行动的特点。正所谓："不闻不若闻之，闻之不若见之，见之不若知之，知之不若行之，学至于行之而止矣。"②在陈登原看来，这种学修十分科学：知识寓于实践之中，不能"仅读死书，以耳代目，以知代行"③。

荀子介绍了九种主要的学习方法。第一，环境十分重要，所以要选择正确的环境和同伴来展开学习，即"蓬生麻中，不扶而直……故君子居必择乡，游必就士，所以防邪僻而近中正也"④。在梁启雄看来，荀子尤其重视环境的感化作用，因为"荀子自我教育的推动力不是来自学习者之内心，而是来自外缘的客体"⑤。第二，重视细微的起因，因为有因必有果。所学如有偏差，学习的结果也会随之偏差，即"物类之起，必有所始。荣辱之来，必象其德"⑥。第三，积少成多。学习不能好高骛远，要从一点一滴的小事开始积累，即"不积跬步，无以至千里；不积小流，无以成江海……真积力久则入，学至乎没而后止也"⑦。第四，发扬锲而不舍的精神，即"锲而舍之，朽木不折；锲而不舍，金石可镂"⑧。第五，学习要专默精诚，即"无冥冥之志者无昭昭之明；无惛惛之事者无赫赫之功。行衢道者不至，事两君者不容"⑨。第六，学习的关键在于近师。学习的各种教材都有不足的地方，唯有直接从贤师身上学习，才能应付各种情形，即"学莫便乎近其人……方其人之习君子之说，则尊以遍矣，周于世矣"⑩。第七，近师可谓最重要的学习方法，而隆礼仅次之，即

①　参见陶师承：《荀子研究》，第87~88页。
②　王先谦：《荀子集解》（儒效篇），第141页。
③　陈登原：《荀子哲学》，第47页。
④　王先谦：《荀子集解》（劝学篇），第5~6页。
⑤　梁启雄：《荀子思想述评》，第62页。
⑥　王先谦：《荀子集解》（劝学篇），第6页。
⑦　王先谦：《荀子集解》（劝学篇），第8、11页。
⑧　王先谦：《荀子集解》（劝学篇），第8页。
⑨　王先谦：《荀子集解》（劝学篇），第8~9页。
⑩　王先谦：《荀子集解》（劝学篇），第13~14页。

"故隆礼，虽未明，法士也；不隆礼，虽察辩，散儒也"①。第八，通过贯通处养来达到全尽的状态。所谓贯通处养，即"故诵数以贯之，思索以通之，为其人以处之，除其害者以持养之"②。第九，通过虚壹而静来克服认识之蔽。虚是指不让心中已有的认识去妨碍新的认识；壹是指心虽然能够认识不同的事物，但是要有所专一，即在认识多的同时把握一；静是指不让心的起起伏伏和胡思乱想扰乱了心中的智慧和平和："心未尝不臧也，然而有所谓虚；心未尝不满也，然而有所谓一；心未尝不动也，然而有所谓静。"③

修身的方法主要包括一好、由礼以及得师。一好是指好善恶恶，即"见善，修然必以自存也；见不善，愀然必以自省也。善在身，介然必以自好也；不善在身，菑然必以自恶也"④。由礼是指人的内心、行为和为人的各个方面都应该受礼的规范，即"凡用血气、志意、知虑，由礼则治通，不由礼则勃乱提僈；食饮、衣服、居处、动静，由礼则和节，不由礼则触陷生疾；容貌、态度、进退、趋行，由礼则雅，不由礼则夷固僻违，庸众而野"⑤。得师是指直接从贤师的身上学习他如何修身。礼在一般情况下足以用来修身，但是也难免僵化和局限。这时就需要师来对礼进行解释、修正和创造，即"礼者，所以正身也；师者，所以正礼也"⑥。师是"非我而当者"⑦：可以正确指引和批评我的人。其实，师比礼更根本，因为贤师的一举一动都可谓礼的源泉。因此，如果能够直接从贤师的身上学习修身，必然会得到事半功倍的效果。

就题材而言，学习和修身并没有进行区分。学修的题材包括数和义两个层次。数的层次是特定的科目，符合程序控制的逻辑；义的层次则是成为某种人，更符合结构控制。数的层面的学修，始于诵经，终乎读礼。在

---

① 王先谦：《荀子集解》（劝学篇），第 17 页。

② 王先谦：《荀子集解》（劝学篇），第 18 页。

③ 王先谦：《荀子集解》（解蔽篇），第 383 页。

④ 王先谦：《荀子集解》（修身篇），第 21 页。

⑤ 王先谦：《荀子集解》（修身篇），第 23 页。

⑥ 王先谦：《荀子集解》（修身篇），第 34 页。

⑦ 王先谦：《荀子集解》（修身篇），第 21 页。

这个过程中，具体的科目包括书、诗、礼、乐、春秋。这些科目将有益于人的道德发展："故书者，政事之纪也；诗者，中声之所止也；礼者，法之大分、类之纲纪也，故学至乎礼而止矣。夫是之谓道德之极。礼之敬文也，乐之中和也，诗、书之博也，春秋之微也，在天地之间者毕矣。"①郭店出土的文献同样认为经典可以用来培养道德，即"《诗》，有为为之也。《书》，有为言之也。《礼》、《乐》，有为举之也。圣人比其类而论会之，观其先后而格训之，体其义而次序之，理其情而出内之，然后复以教。教所以生德于中者也"②。值得指出的是，这些科目都有局限：尽信书还不如无书，即"礼、乐法而不说，诗、书故而不切，春秋约而不速"③。尽管如此，学修的数的层面仍不失为一个好的起点。在这个起点之上，则是更高深的义的层面。义的层面之所以高深，因为它已经无所谓什么具体的科目，而是注重成为什么样的人。义的层面的学修，始于成为士，终乎成为圣人。只要能够热爱并遵循礼义，或许就能成为士。但是，圣人则需要面面俱到，能够全之尽之，一言一行都可以成为他人学习的榜样。正是在这个意义上，荀子认为学海无涯，即"故学数有终，若其义则不可须臾舍也"④。换言之，成为某种人并不是读几本书或者做几件事就能达到，而需要持之以恒、事无巨细、方方面面的模仿和历练。

三、学修的作用

在对学修的性质和内容进行介绍之后，荀子进一步阐述了学修的作用。在他看来，学修的作用主要是化性起伪。人生来都是小人。如果没有学修，没有师法，那么人就会不断强化自己小人的一面；在学修和师法的作用下，人则能化性起伪，正面发挥自己的各种天赋，即"故人无师无法而知则必为盗，勇则必为贼，云能则必为乱，察则必为怪，辩则必为诞。人有师有法而知则速通，勇则速威，云能则速成，察则速尽，辩则速

①　王先谦：《荀子集解》（劝学篇），第 11～12 页。
②　Paul Rakita Goldin, "Xunzi in the Light of the Guodian Manuscripts", Early China 25 (2000), p. 121.
③　王先谦：《荀子集解》（劝学篇），第 13～14 页。
④　王先谦：《荀子集解》（劝学篇），第 11 页。

论……人无师法则隆性矣，有师法则隆积矣"①。由此可见，师法之化的一个重要作用就是规定人的动机：一旦师法没有进行规定，那么人性就会失去控制。② 人的性情虽是"吾所不能为"和"非吾所有"，但是人却可以通过学修来对其进行改变。③ 经过长时间的学习和修身，人甚至可以把先天的性情化成后天的人为修养，即"通过学礼可以掌握明辨是非的原则，而通过实践可以求得正确知识"④。人往往在哪方面学修，就会成为哪方面的人：普通大众如果在善方面学习积累，待全尽之后就会成为圣人；如果在工业、商业或农业上积累，就会分别成为工人、商人或者农夫；如果在礼义上积累，就会成为君子。⑤

　　值得指出的是，一些学者从获得德性的角度来理解化性起伪亦即学修的作用。他们为德性的获得设置了两种模型，即"发展模型"（development model）以及"发现模型"（discovery model）。⑥ 发现模型认为人具有真正的本性，而这种本性一旦被发掘出来就能获得德性。荀子的学修显然与之不符，因为他的目的是改造人的本性。发展模型则与农作物生长的原理类似：人生来就有一些天赋（种子）；在精心的呵护和栽培之下，这些天赋会逐渐成长并最终成为德性。虽然荀子的学修与发展模型有相通之处，但是他并不接受这种有机的成长方式。在荀子看来，学修的关键是改造而非增进人的天赋，而改造的方式主要依赖于人的智慧和实践。于是，乔纳森·舍弗（Jonathan Schofer）在发展模型的基础上提出了改造模型（reformation model），并以此来描述荀子的学修。⑦

---

① 王先谦：《荀子集解》（儒效篇），第 141 ~ 142 页。

② 参见片仓望：《荀子的欲望论和等级制研究》，第 277 页。

③ 参见王先谦：《荀子集解》（儒效篇），第 143 页。

④ 杨向奎：《荀子的思想》，载《文史哲》1957 年第 10 期，第 8 页。

⑤ 参见王先谦：《荀子集解》（儒效篇），第 143 页。

⑥ Cf. , Jonathan Schofer. "Virtues in Xunzi's Thought", p. 120; Angus Graham, Two Chinese Philosophers: Ch'eng Ming – tao and Ch'eng Yi – Ch'uan, London: Lund Humphries, 1958, p. 54; Lee Yearley, Mencius and Aquinas: Theories of Virtue and Conceptions of Courage, New York: State University of New York Press, 1990, pp. 58 – 79; Philip Ivanhoe, Ethics in the Confucian Tradition: The Thought of Mencius and Wang Yang – ming, Atlanta: Shoclars Press, 1990, pp. 73 – 90.

⑦ Cf. , Jonathan Schofer, "Virtues in Xunzi's Thought", p. 121.

经过化性起伪，学修能够为礼义的实现培养出三种关键人物，即士、君子和圣人。士未必能够明白礼义之道背后的深意和原理，但是却能兢兢业业，一切严格遵循礼义的程序行事。由于士一定会一板一眼地按程序办事，所以只要程序设计得十分合理并符合礼义的精神，礼义就能得到实现。君子则是实现礼义的实际落脚点。王楷曾指出："这里的君子是以圣人作为发展前景和目标的，质言之，荀子学论也同样是一种以君子理念为核心的学道教育。"① 比起士，君子在热爱和遵循礼义程序的同时，还能明白礼义背后的精神和原理，并按照这种原理和精神来修正程序或者应变。比起圣人，君子虽然不如，但却是其雏形。圣人不过是君子将各方面特征全之尽之的结果。从某种意义上而言，君子才是学修的真正目的。士只知拘守规章程序，丝毫没有变通的能力；圣人虽然完美无缺，而且能够制作礼义，但是终归显得不太现实。君子则不上不下，正得其中：他既比士更灵活变通，也比圣人更现实可行。君子既可以辅助圣人制作礼义的程序，也可以帮助士在执行的过程中解释、修正和变通这些程序。这时，学修的作用才得到真正的体现。在某种偶然或奇迹的作用下，学修或许能够培养出一位圣王。只要他一出现并获得统治地位，礼义自然就会实现。即便圣王没有出现，学修也会培养出一些君子。他们虽然没有圣王的卓越能力，却可以运用、变通甚至调试先王制作的礼义程序。再不济，学修也能培养出很多士。只要先王的程序设计得足够合理，士就可以按部就班地按程序行事，这样礼义也可以在一定程度上得到实现。

第三节　教育与学修的比较

柏拉图用来实现正义的枢纽是教育，而荀子实现礼义的枢纽是学修。在阐述了柏拉图的教育与荀子的学修之后，本书将从三个方面对二者进行比较分析。第一个方面将比较教育与学修的性质。第二个方面将比较教育与学修的内容。第三个方面将比较教育与学修的作用。

---

① 王楷：《天然与修为：荀子道德哲学的精神》，第149页。

一、教育与学修的性质

柏拉图与荀子从意义和原则这两个方面对教育与学修的性质进行了阐述。柏拉图认为教育的意义是获得或转向美德，而原则包括三个方面，即在游戏的过程中接受教育、教育内容必须正确以及男女平等。荀子认为学修的意义是改变人的本性、实现人的本质以及克服认识之弊，而原则包括四个方面，即以提高自己为目的、止于全尽、达到能定能应以及通过攻其所短来达到某种中庸、平衡的状态。

乍看之下，教育与学修的性质几乎完全不同，根本无法进行比较。然而，在功能还原的立场上来看，教育与学修还是可以找到比较的基础。教育与学修的功能是相似的，即传递和提升人的知识和品德。在如何实现这一功能的问题上，教育与学修才有了分歧。教育旨在通过城邦来实现这一功能，因此其原则主要与如何教育大众相关。学修则希望通过个人来实现这一功能，因此其原则主要与如何学习和修养有关。简言之，柏拉图的教育面向的是立法者和教育者，而荀子的学修则主要针对学生本身。对于立法者和教育而言，通过游戏施教、确保教育内容正确以及男女教育平等才有意义；对于学生而言，提高自己、止于全尽、能定能应以及攻其所短才有价值。至于教育与学修的意义，无论获得或转向美德，还是改变人的本性、实现人的本质和克服认识之弊，其实都是在从不同方面指向一件事，即传递和提升人的知识和品德。

二、教育与学修的内容

柏拉图从阶段、题材和层次这三个方面探讨了教育的内容，而荀子主要从题材和层次的角度对学修的内容进行了探讨。柏拉图把教育的阶段分为幼儿、儿童和青春期，把教育的题材分为音乐和体育，把教育的层次分为高和低。荀子则将学修的题材分为数和义，而且有高低之分。就内容而言，教育与学修主要有六点区别。

第一，柏拉图对不同阶段的教育进行了详细的规定，而荀子却未从阶段的角度区分学修。柏拉图认为教育要从很早就开始并持续终身，① 而给不同阶段的人安排适当的教育是关键。荀子则认为只要人有学修的意愿和能力，任何时候都可以进行。

第二，柏拉图教育的题材兼顾音乐和体育，而荀子学修的题材则完全不涉及体育。柏拉图认为真正的教育必须兼有音乐和体育，因为音乐可以陶冶人的灵魂，而体育能够强壮人的身体。荀子的学修关注的重点是诗、书、礼、乐、春秋这些类似音乐教育的题材，却丝毫没有对体育训练作出任何规定。值得指出的是，毛泽东曾在民国初年的时候对中国人缺乏体育教育的弊病进行了深刻批判。他认为近代中国人的体质越来越弱的一个重要原因就是积重难返，即"昔之为学者，详德智而略于体……我国历来重文，羞齿短后"②，而体育之所以重要是因为身体是知识和道德的载体，亦即学修和教育的根本，即"体者，载知识之车而寓道德之舍也……体强壮而后学问道德之进修勇而收效远"③。于是，他得出了一个柏拉图式的结论，即"文明其精神，野蛮其体魄"④。

第三，学修比教育更关注内心、自省、体悟等静的层面。如果忽视体育是荀子学修之短的话，那么重视内心的宁静则是其长。荀子旨在通过实现内心的宁静来克服认识之弊，而实现的方法则是虚壹而静，即心始终保持谦虚不满、有所专一、祥和平静的状态。这种从内部世界寻找力量的学修无疑是柏拉图教育匮乏的视野。

第四，荀子把人当作了学修的题材，而柏拉图的教育只涉及客观的科目。无论较低层面还较高层面的教育，柏拉图的题材始终限于客观科目，比如故事、诗歌、几何、数理等。荀子的学修则除了类似的客观科目以外，尚有人的层面，即成为某种人本身就是学修的题材。从某种意义上而言，客观科目的教育方法符合程序控制的逻辑，可以按部就班地按程序学习；而成为某种人的学修方法则更具主观性和不确定性。因此，柏拉图的教育可以通过程序逐渐习得，而荀子的学修则首要近其人不可。要想成为

---

① Cf. , Sophie Bourgault, "Music and Pedagogy in Platonic City", p. 68.
② 毛泽东：《体育之研究》，载《新青年》1917 年第三卷第二号，第 3～6 页。
③ 毛泽东：《体育之研究》，第 2 页。
④ 毛泽东：《体育之研究》，第 5 页。

某种人的最好方法，就是找到这样的人并留在他身边以观察和模仿他的一言一行、一举一动以及对待不同情形的具体措施。毕竟，这样的智慧很难从书本或确定的程序中学来，只能在言传身教的过程中日积月累。

第五，柏拉图认为最高层次的学问是有关善的理念，而荀子认为最高层次的学问是成为圣人。由于柏拉图的题材限于客观科目，所以他眼中最高层次的学问也是客观、独立存在的实体，即善的理念。由于荀子的题材对人充分关注，所以他眼中最高层次的学问是成为人中之杰，即圣人。从某种意义上而言，柏拉图与荀子教育内容的一个重要分歧就在于柏拉图一直试图超越人的现世存在以进入形而上学、神学、天文学的领域，而荀子则始终旨在讨论人的现世存在以及人与人之间的关系。①

第六，柏拉图把数学、几何学、天文学放到了一个很高的位置，② 而荀子却把他们当做细枝末节。柏拉图认为获得善的理念的途径是接受哲学教育，而哲学教育主要包括数数和计算、平面几何学、立体几何学、天文学、和声学、辩证法这六个方面，因为它们都有助于培养人们超越假设和现象，直接体察真理和实在的能力。对荀子来说，真理、实在和善的理念并不外乎圣人而存在，因此把握它们的最佳途径是直接向圣人学习。至于数学、几何学、天文学等细枝末节，只需留给对口的下级人士去研究，真正的高级学者应该把握更为根本的圣人之道。

三、教育与学修的作用

柏拉图认为低层次的教育能够培养众人的美德甚至改造人性，而高层次的教育则有机会培养出哲学王；荀子同样认为学修的一般作用是化性起伪，而其高级作用是为礼义的实现培养出圣王。由此可见，教育与学修有着相似的作用：退可以为法律与礼乐即实现的程序提供遵纪守法的大众和

---

① Cf. , Henry Lu, "Comparison of Classical Greek and Chinese Conceptions of Education", The Journal of Educational Thougth（JET）/ Revue de la Pensée？ ducative 5.3（1971），p. 175.

② 尼克尔斯（Nichols）就曾指出，柏拉图在政治上追求简洁和同一的倾向与其对数学的重视密不可分。Cf. , Mary Nichols, "The Republic's Two Alternatives：Philosopher - Kings and Socrates", p. 261.

执行者，进则有机会培养出哲学王或圣王即实现的结构。

　　尽管教育与学修的作用相似，但是二者发挥作用的方式却存在关键性的区别。柏拉图关于教育方方面面的规定都很程序化，而荀子的规定则显得十分模糊和含混。造成这一区别的原因在于二者对课程和人的看法。虽然教育与学修都包含课程和老师，但是二者的侧重却有所不同：教育旨在通过程序化的课程发挥作用，老师只需保证课程能够按照规定得到落实和遵守；学修旨在通过灵活变通的老师发挥作用，课程只是入门级的基础知识。由于教育更倾向于用课程培养人，所以柏拉图需要尽可能把教育的方方面面都变成步骤清晰的程序。由于学修更倾向于用人来培养人，所以荀子需要把程序制定得尽可能模糊，好让人有余地创造和应变。

结　论

第一节　本书内容的回顾

本书是对柏拉图与荀子正义思想的比较研究。笔者主要通过两个主要部分对这一主题予以关注。第一部分是本书的第一章，旨在研究正义是什么。第二部分包括本书的第二、三、四章，旨在探讨正义的实现。具体而言，第一章介绍了正义的概念，第二章阐述了实现正义的程序，第三章解释了实现正义的结构，第四章剖析了实现正义的枢纽。

第一章的内容回顾如下。从功能还原的角度来看，正义是对公平的裁决，即旨在处理有关平等与差异的那些问题。柏拉图用来履行正义功能的具体概念是正义（dike），而荀子的概念是礼义。第一，在提出自己的正义与礼义思想之前，柏拉图与荀子都先就社会流行的观点进行了批判：柏拉图批判了六种不同的正义观，即诚实还债、善友恶敌、不甘的妥协、发财的机会、自由的追寻以及强者的利益；荀子则批判了纵情派、忍情派、尚法派、玩辞派、假儒派、少齐派、屈顺派以及实力派这八种不同的礼义观。第二，为了阐明自己的正义与礼义思想，柏拉图与荀子都建立了独特的讨论框架：柏拉图选择了以大见小的框架，即通过城邦的正义来探究个人的正义以及正义本身，并为城邦起源提供了理论、历史和神话三种不同的成长方式；荀子选择了由内到外的框架，即通过了解人性来探究个人与国家的礼义，并对人性本恶与不能无群的性质进行了解释。第三，柏拉图与荀子对正义与礼义的定义同他们的讨论框架有直接联系：理论城邦的正义是让各个阶级都能各司其职、互不干涉，历史城邦的正义是保证平等、朴素和法治，神话城邦的正义是模仿神照料人的那种知识来进行统治；柏拉图的礼义观要求运用维齐非齐的分义原则，使一群恶人能够实现群居和一。第四，柏拉图与荀子随即对不正义与非礼义的类型进行了探讨：不正义的政体类型包括荣誉政体、寡头政体、民主政体以及僭主政体，而不正义的个人类型包括荣誉人、寡头人、民主人以及僭主人；非礼义的国家类型包括霸国、强国、安存之国、危殆之国以及灭亡之国，而非礼义的个人类型包括庶人、小人以及奸雄。第五，柏拉图与荀子最终论证了正义与礼义比不正义与非礼义更值得欲求：正义本身就比不正义更具智慧和德性，其现世和来世的回报也更有利；礼义比唯利是图的小人之道更有利，比讲究诚信的霸道更根本，比尊奉实力的强道更实用。

第二章的内容回顾如下。从功能还原的角度来看，实现正义的一个重要方法是程序控制。柏拉图用来实现正义的程序是法律，而荀子实现礼义的程序是礼乐。第一，柏拉图与荀子从基础和目的这两方面阐述了法律与礼乐的性质：法律的基础包括神和理性，其目的是实现最大的善、获得适度、保证实用以及防止滥用权力；礼的基础是对物质与欲望关系的调节，乐的基础是人类表达欢乐的天性，而礼的目的是成为个人处世和治理国家的原则，乐的目的包括教化人心、和谐社会以及装饰表达。第二，柏拉图与荀子从原则和内容这两个方面描述了法律与礼乐的统治：法律的原则旨在通过各种途径树立法律的权威，其内容主要包括政治、生活、经济、惩罚和国际这五个层面；礼乐的原则旨在为实际执行者提供应变的指南，其内容包括政治、生活、经济以及惩罚这四个方面。第三，柏拉图与荀子都认为法律与礼乐的统治具有局限性：法律本身的不足是指立法时的漏洞和时间的腐蚀、永无止境的调试以及无力应对复杂的事务，而其存在、运行、修改、解释和维护始终无法摆脱对人的依赖；礼乐本身的不足是指难以兼顾并应对人、事、物的差异和变化，而其存在、运行和应变都依赖人的操作。

第三章的内容回顾如下。从功能还原的立场来看，实现正义的另一个重要方式是结构控制。柏拉图用来实现正义的结构是哲学王，而荀子实现礼义的结构是圣王。第一，哲学王兼护卫者、哲学家和政治家于一身，圣王兼儒者、圣人和君王于一身：护卫者层面的哲学王能够保卫城邦及其制度，哲学家层面的哲学王能够认识有关城邦事务的真知，政治家层面的哲学王能够运用知识对人群进行统治和照料；儒者层面的圣王能够调一天下，圣人层面的圣王能够肃清道统以造福百姓，君王层面的圣王能够使人合群并实现大治。第二，柏拉图与荀子从统治方式的层面探讨了哲学王与圣王的统治：护卫者层面的哲学王统治包括五个方面，即武装驻扎以保障城邦的内外安全、防止贫富两极分化、使城邦大而统一、维护社会流通以及推行良好的教育，哲学家层面的哲学王统治有三个方面，即实现男女平等、限制护卫者阶级以及知识统治，政治家层面的哲学王统治要把城邦以最正确的方式编织在一起，即把自身对立的德性编织起来以及把群体中对立的人编织起来；圣王的统治旨在一天下、治天下、利天下，而他实现这些目标的主要统治措施包含三个方面，即养原、礼义以及用人。第三，柏拉图与荀子都认为哲学王与圣王的统治具有局限：哲学王统治的局限体现在人本身的不足以及哲学王的产生困境；圣王统治的局限是不稳定性和不可持续性，可以在圣王的产生、得势和传承上得到体现。

第四章的内容回顾如下。从功能还原的立场上来看，正义用来协调程序与结构不足的另一个实现方式是枢纽控制。柏拉图用来实现正义的枢纽是教育，而荀子实现礼义的枢纽是学修。第一，柏拉图与荀子从意义和原则这两个方面对教育与学修的性质进行了阐述：教育的意义是获得或转向美德，而原则包括在游戏的过程中接受教育、教育内容必须正确以及男女平等；学修的意义是改变人的本性、实现人的本质以及克服认识之弊，而原则包括以提高自己为目的、止于全尽、达到能定能应以及攻其所短。第二，柏拉图与荀子都对教育的内容进行了详尽的探讨：教育可以按阶段分为幼儿、儿童和青春期，按题材分为音乐和体育，按层次分为高和低；学修可以按题材分为数和义，按层次分为高和低。第三，柏拉图的教育与荀子的学修有着相似的作用：低层次的教育能够培养众人的美德甚至改造人性，而高层次的教育则有机会培养出哲学王；学修的一般作用是化性起伪，而其高级作用是为礼义的实现培养出士君子乃至圣人。

第二节　比较分析的启示

在比较柏拉图与荀子正义思想的过程中，笔者发现二者虽然存在诸多区别，但是在平等与差异的问题上却有着惊人的一致性。从功能还原的角度来看，正义的功能就是处理分配过程中可能产生有关平等与差异的问题。柏拉图与荀子都提倡兼顾差异的平等，即给应当平等者以应得的平等，给应当差异者以应得的差异。正是由于柏拉图与荀子对正义的功能持有相同的观点，所以二者正义思想的比较研究才具操作性。从某种意义上而言，平等与差异问题的相似立场是比较正义思想最根本的基础和前提。

尽管柏拉图与荀子正义思想存在方方面面的不同，但是这些细节性的分歧几乎都可以在四组基础性的差异中得到不同程度的体现。这四组基础性的差异主要涉及外向与内向、神与人、城邦与天下以及法与人这些概念。

第一，外向与内向。柏拉图正义的底色显得更加外向好动，而荀子的礼义则显得更加内向安静。这一特点可以从两个例子中得到体现。在表达自己的主张时，柏拉图选择了以大见小（亦即由外到内）的框架，而荀子选择了由内到外的框架。柏拉图的选择更加外向，即从外于人的城邦和世界客观发展中寻找正义的起源，从而配合客观现实来思考、感觉、行动。荀子的选择更加内向，即从内心深处的性情中寻找礼义的起源，从而将内在主观世界的模拟投射到外部世界。在对教育和学修的内容进行安排时，柏拉图十分重视体育锻炼的外在运动，而荀子更倾向虚壹而静的内在体悟。外向的体育锻炼能够强壮人的体魄，而身体可谓知识和道德的载体。内向的虚壹而静能够让心性达到专注平静的状态，而心性可谓认识和体悟的载体。

第二，神与人。柏拉图的正义充斥着对上天和神圣的崇拜、依赖，而荀子的礼义则无处不体现人的主观能动性。所谓神与人，归根究底其实是有神论与无神论的区别。柏拉图支持有神论，持神存在、关注人间事务且不能被收买的立场；而荀子则支持无神论，认为无论神存在与否都无法干涉人事。神的存在对于柏拉图的正义思想来说至关重要：神既可以为正义和法律提供合法性，也可以令众人因害怕来世和神的惩罚而在现世遵守正义。对柏拉图来说，人类理性的悲剧性失败（tragic failture of reason）是神存在的基础：哲学王固然可以实现正义，但是他的智慧会被他一同带入坟墓，因此人的善治无法持续；法律需要应对个别和变动的情形，需要人不断对其进行调整，因此法的善治无法摆脱充满间断性的人治；这时正义的实现必然会成为一个宗教问题。① 简言之，神不仅是正义的基础，还是正义的力量。无神论对于荀子的礼义思想同样关键：人与天有各自不同的职守，天不会关涉人的事务，所以人绝对不能有指望上天的想法，而要发挥人的主观能动性即礼义来改造自己和世界。尽管人的理性具有悲剧性的局限，但这是人能够用来实现礼义的唯一凭借。人切莫悲悯自己，而要自强不息，尽最大努力来发挥人的最大能量。简言之，人既是礼义的基础，也是礼义的力量。

第三，城邦与天下。柏拉图的正义以小国寡民的城邦为其基础和立足点，而荀子的礼义则放眼天下。柏拉图正义思想以城邦为基，所以他的视角较为具体和细致；荀子礼义思想以天下为基，所以他的视角较为抽象和模糊。首先，柏拉图的正义对男人与女人、公民与奴隶、国人与外国人的方方面面都进行了关注和规范，但是荀子的礼义很少重视这些差异。其次，柏拉图的正义把选举、集会和众意放在一个很高的位置，但是荀子的礼义则侧重于君主、官僚和指令。再次，柏拉图的正义对不同事物都有详细和具体的规定，但是荀子的礼义则倾向于阐述精神和原则，并把具体规定变得尽可能模糊。值得指出的是，这不能说明柏拉图与荀子之间孰优孰劣。柏拉图的正义具体、精确地规范了那些能够被具体化和精准化的事务是智慧；荀子的礼义抽象、模糊地规范了那些不能被具体化和精确化的事务无疑也是智慧。针对小国的正义能够充分关注每个人，并对差异和细节予以具体、精确的把握。针对大国的礼义必须笼统关注所有人，并为不同差异和细节提供相对模糊、灵活的应对原则。

第四，法与人。柏拉图的正义更重视法，而荀子的礼义更重视人。柏拉图认为如果哲学王或政治家的统治能够真正实现的话，那么人的统治十

---

① Cf. , Gustav Mueller, "Plato and the Gods", p. 459.

分完美且符合正义。但是，他觉得好的人治终究太不现实。即便人治真的
得以实现，传承也将是一个棘手的问题：法律则是避免人亡政息的最好补
救。① 法治即按程序行事或许是现实可及的最好办法。因此，虽然柏拉图
也提倡人的统治，但是他更倾向于法的统治。从某种意义上来说，柏拉图
看到了法治的不足，才提出人治来保障法治的安全、运作和维护。在法与
人之间，柏拉图倾向于以法为主、以人为辅的立场。只要柏拉图将程序即
法设计好，人除了确保程序得到遵守和维护之外，几乎无所事事。荀子认
为圣王的统治最符合礼义，而法亦是圣王的创造。换言之，法独立担负治
理的功能几乎是天方夜谭，因为其产生、操作、修改无不依赖人。在荀子
的立场上来看，法只是人用来治理的工具。在法与人之间，荀子倾向于以
人为主、以法为辅的立场。因此，法不应设计得太具体，反而要尽量模糊
一些，好给人留出变通的空间。

第三节　研究问题的解答

在导论的开头，笔者曾提出柏拉图与荀子正义思想比较研究旨在回答
的核心问题，即为什么柏拉图与荀子都在正义的实现问题上踟蹰于人治与
法治之间。与此同时，笔者进一步将这个核心问题细分为三个小问题。柏
拉图与荀子对正义的概念是否具有相似的理解？就实现正义而言，人治与
法治各能起到什么作用？二者又有怎样的关系？

通过对柏拉图与荀子正义思想的比较研究，本书能够对上述问题进行
回答。第一，柏拉图与荀子对正义的概念存在一些具体、特殊和细节性的
分歧，但是他们在平等与差异的关键问题上却有着相似的立场。他们都提
倡兼顾差异的平等，即给应当平等者以应得的平等，给应当差异者以应得
的差异。第二，就正义的实现而言，柏拉图与荀子认为法治能够起到程序
控制的作用，即通过标准化的程序使实现途径变得有章可循、步骤清晰，
从而避免随意性和主观性；人治能够起到结构控制的作用，即实现途径无
需有章可循的程序，只需交给一个伟大人物，让他充分对复杂、差异和变

① Cf. ，Shawn Fraistat, "The Authority of Writing in Plato's Laws", p. 674.

易进行原创性和多样性的应对。第三，在法与人的关系上，柏拉图与荀子产生了分歧。归根究底，二者的核心问题都涉及精确性（precision）与广泛性（comprehensiveness）。柏拉图一方面认为法律的弊病就在于试图运用普遍原则来精确应对所有事物，但另一方面也觉得即便哲学王也无法调和精确性与广泛性之间的张力。在人事不同且多变的性质面前，柏拉图对人与法的能力都有所迟疑，因此他希望将二者进行一定程度的综合，即人的智慧必须限制在法治的框架内，而法治需要随时借鉴人的智慧。① 人的智慧并不稳定尤其难以传承，而法律恰好可以长期保留这种智慧。与此同时，法律以及法律保留的智慧绝对不能等同于智慧者本身。由此可见，柏拉图提倡用法来治理人，用人来维护法。与柏拉图相反，荀子倾向于用人来治理法，用法来体现人。荀子同样认为礼法无法精确应对所有事物，但是他觉得圣王完全有能力兼顾精确性与广泛性，即事无巨细无所不包。在人事不同且多变的性质面前，荀子认为人胜过法，因此他希望把法置于人的掌控之下：人的智慧不能被法治限制，而法治只能在人治的基本格局内实现。先王的智慧能够兼顾精确性与广泛性，但是难以传承。礼法只能在一定程度上体现这种智慧背后的一些精神和原则：人要通过礼法来领悟先王的智慧本身，从而在实际中以类行杂。礼法以及礼法保留的智慧只是一个梗概，真正意义上能够兼顾精确性与广泛性的智慧无法被任何言语或文字表达，只能在举手投足的行动中体现。换言之，由于柏拉图从根本上怀疑人的智慧能够兼顾精确性与广泛性，所以他试图寻找一个次优却更现实可行的方法，即人法互补；由于荀子认为人的智慧完全能够兼顾精确性与广泛性，所以他认为以人驭法是最好的方法。

为什么柏拉图与荀子都在正义的实现问题上踟蹰于人治与法治之间？一个简单的回答是柏拉图与荀子意识到法治与人治都有局限，因此需要相互配合。尽管如此，二者却有着不同的倾向性。柏拉图更倾向于法治。在他的思想体系中，法的局限只需人来维护、遵守和操作，而人的实际作用不能也不应太大。荀子更倾向于人。他认为法根本无法独立运行，只能在

① Cf. , Paul Stern, "The Rule of Wisdom and the Rule of Law in Plato's Statesman", pp. 272 - 273.

人的掌握和运用中才能真正发挥效用。对柏拉图来说，真正意义上的人的统治是难以达到的理想，而现实中实现正义的最好方式是要求人亦步亦趋地对法进行保养。对荀子来说，法根本无法摆脱人的掌控，所以实现正义的最好方式是要求人游刃有余地对法进行驾驭。换言之，就正义的实现而言，柏拉图将人治放法治条条框框的制约和束缚之中，而荀子则试图为人治寻找超越和驾驭法治的空间。由此可见，虽然柏拉图与荀子都在正义的实现问题上踌躇于人治与法治之间，但是二者思想的具体倾向却有着较大的分歧。

参考文献

一、柏拉图与荀子的著作

（一）中文著作（排列顺序按拼音字母 A～Z）

1. 柏拉图：《理想国》，郭斌和、张竹明译，北京：商务印书馆，1986 年。

2. 柏拉图：《柏拉图全集》，王晓朝译，北京：人民出版社，2003 年。

3. 柏拉图：《法律篇》（第 2 版），张智仁、何勤华译，北京：商务印书馆，2016 年。

4. 柏拉图：《政治家》，洪涛译，上海：上海人民出版社，2006 年。

5. 北京大学《荀子》注释组：《荀子新注》，北京：中华书局，1979 年。

6. 梁启雄：《荀子简释》，北京：中华书局，1983 年。

7. 王先谦：《荀子集解》，沈啸寰、王星贤点校，北京：中华书局，2012 年。

8. 荀况：《荀子校释》，王天海校释，上海：上海古籍出版社，2005 年。

9. 张觉：《荀子译注》，上海：上海古籍出版社，2012 年。

（二）英文著作（排列顺序按英文字母 A～Z）

1. Plato, The Republic of Plato (Second Edition), Allan Bloom trans, New York：Basic Books, 1991.

2. Plato, The Laws of Plato, Thomas Pangle trans, Chicago：University of Chicago Press, 1988.

3. Plato, Statesman, Joseph Bright Skemp trans, New Jersey：Hackett Publishing Ltd, 1992.

4. Plato, The Laws, Terry Saunders trans, New York：Penguin, 2004.

216

二、关于柏拉图与荀子的研究著作、论文

（一）中文著作（排列顺序按拼音字母 A ~ Z）

1. 布鲁姆：《人应该如何生活：柏拉图〈王制〉释义》，刘晨光译，北京：华夏出版社，2010 年。

2. 蔡仁厚：《孔孟荀哲学》，台北：台湾学生书局，1984 年。

3. 陈大齐：《荀子学说》，台北：华冈出版有限公司，1971 年。

4. 陈光连：《荀子分"义"研究》，南京：东南大学出版社，2013 年。

5. 陈荣庆：《荀子与战国学术思潮》，北京：中国社会科学出版社，2012 年。

6. 陈文洁：《荀子的辩说》，北京：华夏出版社，2008 年。

7. 陈登原：《荀子哲学》，《民国丛书》，上海：上海书店，1989 年。

8. 程志敏：《古典正义论：柏拉图〈王制〉讲疏》，上海：华东师范大学出版社，2015 年。

9. 程志敏、方旭选编：《哲人与立法：柏拉图〈法义〉探义》，邹丽、刘宇等译，上海：华东师范大学出版社，2013 年。

10. 程志敏、方旭选编：《柏拉图的次好政制：柏拉图〈法义〉发微》，刘宇、方旭等译，上海：华东师范大学出版社，2013 年。

11. 洪涛：《心术与治道》，上海：上海人民出版社，2013 年。

12. 黄玉顺：《中国正义论的形成：周孔孟荀的制度伦理学传统》，北京：东方出版社，2015 年。

13. 江心力：《20 世纪前期的荀学研究》，北京：中国社会科学出版社，2005 年。

14. 康香阁、梁涛编：《荀子思想研究》，北京：人民出版社，2014 年。

15. 孔繁：《荀子评传》，匡亚明编，南京：南京大学出版社，1997 年。

16. 李桂民：《荀子思想与战国时期的礼学思潮》，北京：中国社会科学出版社，2012 年。

17. 李德永：《荀子：公元前三世纪中国唯物主义哲学家》，上海：上海人民出版社，1959 年。

18. 李哲贤：《荀子之核心思想："礼义之统"及其时代意义》，台北：文津出版社，1994 年。

19. 廖名春：《荀子新探》，北京：中国人民大学出版社，2014 年。

20. 廖名春选编：《荀子二十讲》，北京：华夏出版社，2009 年。

21. 东方朔（林宏星）：《合理性之寻求：荀子思想研究论集》，上海：上海人民出版社，2016 年。

22. 林宏星：《〈荀子〉精读》，上海：复旦大学出版社，2011 年。

23. 东方朔（林宏星）：《差等秩序与公道世界：荀子思想研究》，上海：上海人民出版社，2016 年。

24. 林志猛编：《立法者的神学：柏拉图〈法义〉卷十绎读》，张清江等译，北京：华夏出版社，2013 年。

25. 刘桂荣：《西汉时期荀子思想接受研究》，合肥：合肥工业大学出版社，2013 年。

26. 刘子静：《荀子哲学纲要》，上海：商务印书馆，1938 年。

27. 刘小枫：《王有所成：习读柏拉图札记》，上海：上海人民出版社，2015 年。

28. 刘小枫选编：《〈王制〉要义》，刘映伟译，北京：华夏出版社，2006 年。

29. 刘庭尧：《后圣荀子》，济南：济南出版社，2006 年。

30. 龙宇纯：《荀子论集》，台北：台湾学生书局，1987 年。

31. 罗森：《柏拉图的〈治邦者〉：政治之网》，陈志伟译，上海：华东师范大学出版社，2011 年。

32. 马积高：《荀学源流》，上海：上海古籍出版社，2000 年。

33. 米勒：《柏拉图〈治邦者〉中的哲人》，张爽、陈明珠译，上海：华东师范大学出版社，2014 年。

34. 牟宗三：《名家与荀子》，《牟宗三先生全集》，台北：联经出版事业公司，2003 年。

35. 潘戈：《政制与美德：柏拉图〈法义〉疏解》，朱颖、周尚君译，北京：华夏出版社，2011 年。

36. 申林：《柏拉图正义理论新解》，北京：法律出版社，2011 年。

37. 施特劳斯：《柏拉图〈法义〉的辩论与情节》，程志敏、方旭译，北京：华夏出版社，2011 年。

38. 苏哲、储昭华：《明分之道：从荀子看儒家文化与民主政道融通的可能性》，北京：商务印书馆，2005 年。

39. 孙伟：《"道"与"幸福"：荀子与亚里士多德伦理学比较研究》，北京：北京大学出版社，2015 年。

40. 谭宇权：《荀子学说评论》，台北：文津出版社，1983 年。

41. 陶师承：《荀子研究》，上海：大东书局，1926 年。

42. 王楷：《天然与修为：荀子道德哲学的精神》，北京：北京大学出版社，

2011 年。

43. 王玉峰：《城邦的正义与灵魂的正义：对柏拉图的一种批判性分析》，北京：北京大学出版社，2009 年。

44. 韦政通：《荀子与古代哲学》，台北：台湾商务印书馆，1992 年。

45. 吴树勤：《礼学视野中的荀子人学：以"知通统类"为核心》，山东：齐鲁出版社，2007 年。

46. 夏甄陶：《论荀子的哲学思想》，上海：上海人民出版社，1979 年。

47. 杨筠如：《荀子研究》，上海：商务印书馆，1931 年。

48. 岳海涌：《柏拉图正义学说》，北京：人民出版社，2013 年。

49. 中国孔子基金会编：《孔孟荀之比较——中、日、韩、越学者论儒学》，北京：社会科学文献出版社，1994 年。

（二）中文论文（排列顺序按拼音字母 A～Z）

1. 陈来：《"儒"的自我理解：荀子说儒的意义》，载《北京大学学报》2007 年第 5 期，第 19～26 页。

2. 陈孟麟：《荀况逻辑思想对墨辩的发展及其局限》，载《中国社会科学》1989 年第 6 期，第 129～138 页。

3. 金景芳：《关于荀子的几个问题》，载《吉林大学社会科学学报》1962 年第 3 期，第 73～80 页。

4. 李德永：《荀子的思想》，载《文史哲》1957 年第 1 期，第 29～38 页。

5. 梁启雄：《荀子思想述评》，载《哲学研究》1963 年第 4 期，第 48～63 页。

6. 廖名春：《荀子人性论的再考察》，载《吉林大学社会科学学报》1992 年第 6 期，第 70～76 页。

7. 刘周堂：《论荀学的历史命运》，载《孔子研究》1992 年第 1 期，第 37～42 页。

8. 庞朴：《〈荀子〉发微》，载《东岳论丛》1981 年第 3 期，第 18～30 页。

9. 王邦雄：《论荀子的心性关系及其价值根源》，载《鹅湖月刊》1983 年第 8 卷第 10 期，第 25～31 页。

10. 王永平：《荀子学术地位的变化与唐宋文化新走向》，载《学术月刊》2008 年第 6 期，第 129～135 页。

11. 杨向奎：《荀子的思想》，载《文史哲》1957 年第 10 期，第 1～9 页。

12. 赵俪生：《读〈荀子〉札记》，载《齐鲁学刊》1991 年第 1 期，第 12～15 页。

（三）英文著作（排列顺序按英文字母 A ~ Z）

1. Allen, Danielle, Why Plato Wrote, Malden: Wiley – Blackwell, 2010.

2. Annas, Julia, An Introduction to Plato's Republic, Oxford: Oxford University Press, 1981.

3. Badiou, Alain, Plato's Republic, Cambridge: Polity Press, 2012.

4. Bobonich, Christopher, Plato's Utopia Recast: His Later Ethics and Politics, New York: Oxford University Press, 2002.

5. Baker, Ernest, The Political Thought of Plato and Aristotle, London: Methuen & Co Ltd, 1906.

6. Baker, Ernest, Greek Political Theory: Plato and His Predecessors (Fourth Edition), London: Methuen & Co Ltd, 1951.

7. Benson, Hugh ed, A Companion to Plato, New Jersey: Blackwell Publishing Ltd, 2006.

8. Burnet, John, Greek Philosophy: Thales to Plato (Part I), London: Macmillan and Co, 1928.

9. Blitz, Mark, Plato's Political Philosophy, Baltimore: The John Hopkins University Press, 2010.

10. Crossman, R. H. S, Plato Today, New York: Oxford University Press, 1939.

11. Cohen, Martin, Political Philosophy: From Plato to Mao, London: Pluto Press, 2001.

12. Cooper, John M ed, Plato: Complete Works, New Jersey: Hackett Publishing Ltd, 1997.

13. Cross, Robert, and Anthony, Douglas Woozley, Plato's Republic: A Philosophical Commentary, London: Palgrave Macmillan, 1964.

14. Dorter, Kenneth, Transformation of Plato's Republic, Maryland: Lexington Books, 2006.

15. Fite, Warner, The Platonic Legend, New York: Charles Scribner's Sons, 1934.

16. Ferrari, G. R. F, The Cambridge Companion to Plato's Republic, Cambridge: Cambridge University Press, 2007.

17. Grube, George, Plato's Thought, Boston: Beacon, 1958.

18. Goldin, Paul Rakita, Rituals of the Way: The philosophy of Xunzi, Chicago: Open Court Publishing Company, 1999.

19. Gould, John, The Development of Plato's Ethics, Cambridge: Cambridge University Press, 1955.

20. Havelock, Eric A, The Greek Concept of Justice: From its Shadow in Homer to its Substance in Plato, Cambridge: Harvard University Press, 1978.

21. Hutton, Eric, Virtue, Nature, and Moral Agency in the "Xunzi", T. C Kline III and Philip Ivanhoe ed, Indianapolis: Hackett Publishing, 2000.

22. Hare, Richard, Plato, New York: Oxford University Press, 1982.

23. Irwin, Terence, Plato's Moral Theory, Oxford: Oxford University Press, 1977.

24. Knoblock, John, Xunzi: A Translation and Study of the Complete Work, California: Stanford University Press, 1990.

25. Kraut, Richard ed, The Cambridge Companion to Plato, Cambridge: Cambridge University Press, 2006.

26. Levinson, Ronald, In Defense of Plato, Cambridge: Harvard University Press, 1953.

27. Lycos, Kimon, Plato on Justice and Power: Reading Book 1 of Plato's Republic, London: Palgrave Macmillan, 1987.

28. Machle, Edward J, Nature and Heaven in the Xunzi: A Study of the Tian Lun, New York: State University of New York Press, 1993.

29. Moors, Kent, Glaucon and Adeimantus on Justice: The Structure of Argument in Book 2 of Plato's Republic, Washington, D. C.: University Press of America, 1981.

30. McPherran, Mark ed, Plato's Republic: A Critical Guide, Cambridge: Cambridge University Press, 2010.

31. Murphy, N. R, The Interpretation of Plato's Republic, Oxford: Clarendon Press, 1951.

32. Nettleship, Richard, The Theory of Education in the Republic of Plato, New York: Teachers College Press, 1968.

33. Parry, Richard, Plato's Craft of Justice, New York: State University of New York Press, 1995.

34. Rosen, Stanley, Plato's Republic: A Study, New Haven: Yale University Press, 2005.

35. Reeve, C. D. C, Philosopher – Kings: The Argument of Plato's Republic, Indianapolis: Hackett Publishing, 1988.

36. Stalnaker, Aaron, Overcoming Our Evil: Human Nature and Spiritual Exercises in Xunzi and Augustine, Washington, D. C: Georgetown University Press, 2006.

37. Stauffer, Devin, Plato's Introduction to the Question of Justice, New York: State University of New York Press, 2001.

38. Santas, Gerasimos ed, The Blackwell Guide to Plato's Republic, New Jersey: Blackwell Publishing Ltd, 2006.

39. Strauss, Leo, The City and Man, Chicago: University of Chicago Press, 1964.

40. Stalley, R. F, An Introduction to Plato's Laws, Indianapolis: Hackett, 1983.

41. Winspear, Alban, The Genesis of Plato's Thought, New York: The Dryden Press, 1940.

42. Watson, Burton, Xunzi: Basic Writings, New York: Columbia University Press, 2003.

43. Wild, John, Plato's Modern Enemies and the Theory of Natural Law, Chicago: University of Chicago Press, 1953.

44. Weiss, Roslyn, Philosophers in the Republic: Plato's Two Paradigms, Ithaca: Cornell University Press, 2012.

（四）英文论文（排列顺序按英文字母 A ~ Z）

1. Bobonich, Christopher, "Persuasion, Compulsion and Freedom in Plato's Laws", The Classical Quarterly 41. 2 (1991), pp. 365 – 388.

2. Brickhouse, Thomas, and Nicholas, Smith, "Justice and Dishonesty in Plato's Republic", Southern Review of Philosophy 21 (1983), pp. 79 – 96.

3. Bambrough, Renford, "Plato's Modern Friends and Enemies", Philosophy 37. 140 (1962), pp. 98 – 113.

4. Behuniak, James, "Nivison and the 'Problem' in Xunzi's Ethics", Philosophy East and West 50. 1 (2000), pp. 97 – 110.

5. Butler, James, "Justice and the Fundamental Question of Plato's Republic", Apeiron 35. 1 (2011), pp. 1 – 18.

6. Bourgault, Sophie, "Music and Pedagogy in Platonic City", The Journal of Aesthetic Education 46. 1 (2012), pp. 59 – 72.

7. Carmola, Kateri, "Noble Lying: Jusitce and Intergenerational Tension in Plato's Republic", Political Theory 31. 1 (2003), pp. 39 – 62.

8. Cua, Antonio, "Dimensions of Li (Propriety): Reflections on an Aspect of Hsun

Tzu's Ethics", Philosophy East and West 29. 4 (1979), pp. 373 – 394.

9. Cua, Antonio, "The Conceptual Aspect of Hsun – Tzu's Philosophy of Human Nature", Philosophy of East and West 27. 4 (1977), pp. 373 – 398.

10. Cua, Antonio, "The Quasi – Empirical Aspect of Hsun – Tzu's Philosophy of Human Nature", Philosophy of East and West 28. 1 (1978), pp. 3 – 19.

11. Cua, Antonio, "Ethical Use of the Past in Early Confucianism: The Case of Hsun Tzu", Philosophy East and West 35. 2 (1985), pp. 133 – 156.

12. Cua, Antonio, "The Problem of Conceptual Unity in Hsun Tzu, and Li Kou's Solution", Philosophy of East and West 39. 2 (1989), pp. 115 – 134.

13. Cua, Antonio, "The Ethical Significance of Shame: Insights of Aristotle and Xunzi", Philosophy East & West 53. 2 (2003), pp. 147 – 202.

14. Campbell, Blair, "Intellect and the Political Order in Plato's Republic", History of Political Thought 1 (1980), pp. 361 – 389.

15. Cusher, Brent Edwin, "From Natural Catastrophe to the Human Catastrophe: Plato on the Origins of Written Law", Law, Culture and the Humanities 9. 2 (2011), pp. 275 – 294.

16. Carone, Gabriela, "Pleasure, Virtue, Externals, and Happiness in Plato's 'Laws'", History of Philosophy Quarterly 19. 4 (2002), pp. 327 – 344.

17. Chappell, T. D. J, "The Virtues of Thrasymachus", Phronesis 38. 1 (1993), pp. 1 – 17.

18. Coby, Patrick, "Mind Your Own Business: The Trouble with Justice in Plato's Republic", Interpretation A Journal of Political Philosophy 31. 1 (2003), pp. 37 – 58.

19. Cooper, John M, "The Psychology of Justice in Plato", American Philosophical Quarterly 14. 2 (1977), pp. 151 – 157.

20. Cairns, Huntington, "Plato's Theory of Law", Harvard Law Review 56. 3 (1942), pp. 359 – 387.

21. Duncan, Christopher, and Peter, Steinberger "Plato's Paradox? Guardians and Philosopher Kings", The American Political Science Review 84. 4 (1990), pp. 1317 – 1322.

22. Devereux, Daniel, "The Relationship between Justice and Happiness in Plato's Republic", Proceedings of the Boston Area Colloquium in Ancient Philosophy 20. 1 (2004), pp. 265 – 312.

23. Dobbs, Darrell, "Plato's Paragon of Human Excellence: Socratic Philosopher and

Civic Guardian", The Journal of Politics 65. 4 (2003), pp. 1062 – 1082.

24. Dobbs, Darrell, "The Justice of Socrates' Philosopher Kings", American Journal of Political Science 29. 4 (1985), pp. 809 – 826.

25. Dobbs, Darrell, "Choosing Justice: Socrates' Model City and the Practice of Dialectic", American Political Science Review 88. 3 (1994), pp. 264 – 277.

26. Dubs, Homer, "Mencius and Sun – dz on Human Nature", Philosophy East and West 6 (1956), pp. 213 – 222.

27. Dahl, Norman, "Plato's Defense of Justice", Philosophy and Phenomenological Research 51. 4 (1991), pp. 809 – 834.

28. Forde, Steven, "Gender and Justice in Plato", The Americian Political Science Review 91. 3 (1997), pp. 657 – 670.

29. Fsraistat, Shawn, "The Authority of Writing in Plato's Laws", Political Theory 43. 5 (2015), pp. 657 – 677.

30. Foster M. B, "On Plato's Conception of Justice in the Republic", The Philosophical Quarterly 1. 3 (1951), pp. 206 – 217.

31. Goldin, Paul Rakita, "Xunzi in the Light of the Guodian Manuscripts", Early China 25 (2000), pp. 113 – 146.

32. Ganson, Todd Stuart, "Appetitive Desire in Later Plato", History of Philosophy Quarterly 18. 3 (2001), pp. 227 – 237.

33. Hunter, Virginia, "Institutionalizing Dishonour In Plato's 'Laws'", The Classical Quarterly, New Series 61. 1 (2011), pp. 134 – 142.

34. Hall, Robert William, "The Just and Happy Man of the Republic: Fact or Fallacy?", Journal of the History of Philosophy 9. 2 (1971), pp. 147 – 158.

35. Hall, Robert William, "Platonic Justice and the Republic", Polis: The Journal for Ancient Greek Political Thought 6. 2 (1987), pp. 116 – 126.

36. Hourani, George, "Thrasymachus' Definition of Justice in Plato's Republic", Phronesis 7. 2 (1962), pp. 110 – 120.

37. Hagen, Kurtis, "Xunzi and the Nature of Confucian Ritual", Journal of the American Academy of Religion 71. 2 (2003), pp. 371 – 403.

38. Hobson, Peter, "Is It Time for Another Look at Plato? A Contemporary Assessment of His Educational Theory", Journal of Thought 28. 3 (1993), pp. 77 – 86.

39. Ivanhoe, Philip, "A Happy Symmetry: Xunzi's Ethical Thought", Journal of the A-

merican Academy of Religion 59. 2 (1991), pp. 309 - 322.

40. Jeffrey, Andrew, "Polemarchus and Socrates on Justice and Harm", Phronesis 24. 1 (1979), pp. 54 - 69.

41. Kelsen, Hans, "Platonic Justice", Ethics 48. 3 (1938), pp. 367 - 400.

42. Kim - Chong Chong, "Xunzi's Systematic Critique of Mencius", Philosophy of East and West 53. 2 (2003), pp. 215 - 233.

43. Kuller, Janet, "The 'Fu' of the Hsun Tzu as an Anti - Taoist Polemic", Monumenta Serica 31 (1974), pp. 205 - 218.

44. Klosko, George, "The Nocturnal Council in Plato's Laws", Political Studies 36 (1988), pp. 74 - 88.

45. Lu, Henry, "Comparison of Classical Greek and Chinese Conceptions of Education", The Journal of Educational Thougth (JET) / Revue de la Pensée ? ducative 5. 3 (1971), pp. 163 - 175.

46. Meital, Amir, and Joseph, Agassi, "Slaves in Plato's Laws", Philosophy of the Social Sciences 37. 3 (2007), pp. 315 - 347.

47. Meckstroth, Christopher, "Socratic Method and Political Science", The American Political Science Review 106. 3 (2012), pp. 644 - 660.

48. Mara, Gerald, "Constitutions, Virtue & Philosophy in Plato's 'Statesman' & 'Republic'", Polity 13. 3 (1981), pp. 355 - 382.

49. Mueller, Gustav, "Plato and the Gods", The Philosophical Review 45. 5 (1936), pp. 457 - 472.

50. Martin, Rex, "The Ideal State in Plato's Republic", History of Political Thought 2 (1981), pp. 1 - 30.

51. Mohr, Richard, "The Eminence of Social Justice in Plato", Illinois Classical Studies 16. 1 (1991), pp. 193 - 199.

52. Morrison, J. S, "The Origins of Plato's Philosopher - Statesman", The Classcial Quarterly 8. 3 (1958), pp. 198 - 218.

53. Menn, Stephen, "Aristotle and Plato on God as Nous and as the Good", The Review of Metaphysics 45. 3 (1992), pp. 543 - 573.

54. Manson, William, "Incipient Chinese Bureaucracy and Its Ideological Rationale: The Confucianism of Hsun Tzu", Dialectical Anthropology 12. 3 (1987), pp. 271 - 284.

55. Machle, Edward, "Hsun Tzu as a Religious Philosopher", Philosophy East and

West 26. 4（1976），pp. 443 – 461.

56. McCoy, Charles, "The Logical and the Real in Political Theory: Plato, Aristotle, and Marx", The American Political Science Review 48. 4（1954），pp. 1058 – 1066.

57. Merrill, Jacqueline, "The Organization of Plato's 'Statesman' and the Statesman's Rule as a Herdsman", Phoenix 57. 1（2003），pp. 35 – 56.

58. Nichols, Mary, "Glaucon's Adaptation of the Story of Gyges & Its Implications for Plato's Political Teaching", Polity 17. 1（1984），pp. 30 – 39.

59. Nichols, Mary, "The Republic's Two Alternatives: Philosopher – Kings and Socrates", Political Theory 12. 2（1984），pp. 252 – 274.

60. Pangle, Lorraine, "Moral and Criminal Responsibility in Plato's 'Laws'", The Americna Political Science Review 103. 3（2009），pp. 456 – 473.

61. Pangle, Thomas, "The Political Psychology of Religion in Plato's Laws", The American Political Science Review 70. 4（1976），pp. 1059 – 1077.

62. Page, Carl, "The Unjust Treatment of Polemarchus", History of Philosophy Quarterly 7. 3（1990），pp. 243 – 267.

63. Rosemont, Henry, "State and Society in the Hsun Tzu: A Philosophical Commentary", Monumenta Serica 29（1971），pp. 38 – 78.

64. Rorty, Amélie, "Plato's Counsel on Education", Philosophy 73. 284（1998），pp. 157 – 178.

65. Rosenstock, Bruce, "Athena's Cloak: Plato's Critique of the Democratic City in the Republic", Political Theory 22. 3（1994），pp. 363 – 390.

66. Reeve, C. D. C, "Platonic Politics and the Good", Political Theory 23. 3（1995），pp. 411 – 424.

67. Robins, Dan, "The Development of Xunzi's Theory of 'Xing', Reconstructed on the Basis of a Textual Analysis of 'Xunzi' 23, Xunzi 'Xing E' 性恶（'Xing' is Bad)", Early China 26/27（2001），pp. 99 – 158.

68. Stalnaker, Aaron, "Rational Justification in Xunzi: On His Use of the Term Li", International Philosophical Quarterly Ipq 44. 1（2004），pp. 53 – 68.

69. Stalnaker, Aaron, "Aspects of Xunzi's Engagement with Early Daoism", Philosophy of East and West 53. 1（2003），pp. 87 – 129.

70. Stalnaker, Aaron, "Comparative Religious Ethics and the Problem of 'Human Nature'", The Journal of Religious Ethics 33. 2（2005），pp. 187 – 224.

71. Saxonhouse, Arlene, "Democracy, Equality, and Eide: A Radical View from Book 8 of Plato's Republic", The American Political Science Review 92. 2 (1998), pp. 273 – 283.

72. Sachs, David, "A Fallay in Plato's Republic", The Philosophical Review 72. 2 (1963), pp. 141 – 158.

73. Scott, Dominic, "Plato's Critique of the Democratic Character", Phronesis, 45. 1 (2000), pp. 19 – 37.

74. Scott, Dominic, "Metaphysics and the Defence of Justice in the Republic", Proceedings of the Boston Area Colloquium of Ancient Philosophy 16. 1 (2000), pp. 1 – 20.

75. Schwitzgebel, Eric, "Human Nature and Moral Education in Mencius, Xunzi, Hobbes, and Rousseau", History of Philosophy Quarterly 24. 2 (2007), pp. 147 – 168.

76. Shih, Ioseph, "Secularization in Early Chinese Thought: A Note on Hsun Tzu", Gregorianum 50. 2 (1969), pp. 391 – 404.

77. Schiller, Jerome P, "Just Men and Just Acts in Plato's Republic", Journal of the History of Philosophy 6. 1 (1968), pp. 1 – 14.

78. Schofer, Jonathan, "Virtues in Xunzi's Thought", The Journal of Religious Ethics 21. 1 (1993), pp. 117 – 136.

79. Stamou, Lelouda, "Plato and Aristotle on Music and Music Education: Lessons from Ancient Greece", Internatioanl Journal of Music Education 39 (2002), pp. 3 – 16.

80. Stern, Paul, "The Philosophic Importance of Political Life: On the 'Digression' in Plato's 'Theaetetus'", The American Political Science Review 96. 2 (2002), pp. 275 – 289.

81. Shorey, Paul, "Plato's Laws and the Unity of Plato's Thought. I", Classical Philology 9. 4 (1914), pp. 345 – 369.

82. Stern, Paul, "The Rule of Wisdom and the Rule of Law in Plato's Statesman", The American Political Science Review 91. 2 (1997), pp. 264 – 276.

83. Steinberger, Peter J, "Who is Cephalus?", Political Theory 24. 2 (1996), pp. 172 – 199.

84. Steinberger, Peter, "Ruling: Guardians and Philosopher – Kings", The American Political Science Review 83. 4 (1989), pp. 1207 – 1225.

85. Teloh, Henry, "A Vulgar and a Philosophical Test for Justice in Plato's Republic", The Southern Journal of Philosophy 13. 4 (1975), pp. 499 – 510.

86. Weingartner, Rudolph H, "Vulgar Justice and Platonic Justice", Philosophy & Phenomenological Research 25. 2 (1964), pp. 248 – 252.

87. White, F. C, "Justice and the Good of Others in Plato's ' Republic ' ", History of Philosophy Quarterly 5. 4 (1988), pp. 395 – 410.

88. Wong, Marina, "A Comparison between the Philosophies of Confucius and Plato as Applied to Music Education", Journal of Aesthetic Education 32. 3 (1998), pp. 109 – 112.

89. Wolfson, Harry Austryn, "The Knowability and Describability of God in Plato and Aristotle", Harvard Studies in Classical Philology, 56/57 (1947), pp. 233 – 249.

90. Yearley, Lee, "Hsun Tzu on the Mind: His Attempted Synethesis of Confucianism and Taoism", Journal of Asian Studies 39. 3 (1980), pp. 465 – 480.

91. Zuckert, Catherine, "Plato's Laws: Postlude or Prelude to Socratic Political Philosophy?", The Journal of Politics 66. 2 (2004), pp. 374 – 395.

三、其他相关著作、论文

（一）中文著作（排列顺序按拼音 A ~ Z）

1. 阿尔弗雷德·诺思·怀特海：《过程与实在》，杨富斌译，北京：中国城市出版社，2003 年。

2. 班固：《汉书》，北京：中华书局，2010 年。

3. 伯尔曼：《法律与宗教》，梁治平译，北京：商务印书馆，2012 年。

4. 边沁：《道德与立法原理导论》，时殷弘译，北京：商务印书馆，2000 年。

5. 蔡仁厚：《儒家心性之学论要》，台北：文津出版社，1990 年。

6. 陈来：《古代宗教与伦理：儒家思想的根源》，北京：生活·读书·新知三联书店，2009 年。

7. 大卫·休谟：《休谟政治论文选》，张若衡译，北京：商务印书馆，2010 年。

8. 杜国庠：《杜国庠文集》，北京：人民出版社，1962 年。

9. 费孝通：《乡土中国》，北京：北京出版社，2005 年。

10. 冯友兰：《中国哲学史》，北京：商务印书馆，2011 年。

11. 弗·培根：《新大西岛》，何新译，北京：商务印书馆，2012 年。

12. 葛兆光：《中国思想史》，上海：复旦大学出版社，2013 年。

13. 葛瑞汉：《论道者：中国古代哲学论辩》，张海晏译，北京：中国社会科学出版社，2013 年。

14. 归有光：《震川先生集》，周本淳校点，上海：上海古籍出版社，1981 年。

15. 郭沫若：《郭沫若全集》，北京：人民出版社，1982 年。

16. 韩愈：《韩昌黎文集校注》，马其昶校注，上海：上海古籍出版社，1986 年。

17. 侯外庐：《中国古代思想学说史》，上海：文风书局，1946 年。

18. 侯外庐：《中国思想史纲》，北京：中国青年出版社，1980 年。

19. 胡适：《中国哲学史大纲》，北京：商务印书馆，2011 年。

20. 黄仁宇：《万历十五年》，北京：生活·读书·新知三联书店，2006 年。

21. 霍布斯：《利维坦》，黎思复、黎廷弼译，北京：商务印书馆，1985 年。

22. J. S. 密尔：《代议制政府》，汪瑄译，北京：商务印书馆，1982 年。

23. 蒋礼鸿：《商君书锥指》，北京：中华书局，1986 年。

24. 卡尔·波普尔：《通过知识获得解放》，范景中、李本正译，杭州：中国美术学院出版社，1996 年。

25. 卡尔·施米特：《政治的概念》，刘宗坤、朱雁冰等译，上海：上海人民出版社，2015 年。

26. 康有为：《康有为政论选集》，汤志钧编，北京：中华书局，1981 年。

27. 黎靖德编：《朱子语类》，王星贤点校，北京：中华书局，2015 年。

28. 李泽厚：《中国古代思想史论》，北京：生活·读书·新知三联书店，2008 年。

29. 梁家荣：《仁礼之辨：孔子之道的再释与重估》，北京：北京大学出版社，2014 年。

30. 梁启超：《先秦政治思想史》，北京：商务印书馆，2014 年。

31. 梁启超：《饮冰室合集》，北京：中华书局，1989 年。

32. 列奥·施特劳斯：《自然权利与历史》，彭刚译，北京：生活·读书·新知三联书店，2011 年。

33. 罗素：《西方哲学史》，何兆武、李约瑟译，北京：商务印书馆，1963 年。

34. 罗斯科·庞德：《通过法律的社会控制》，沈宗灵译，北京：商务印书馆，2010 年。

35. 刘向：《战国策》，上海：上海古籍出版社，1985 年。

36. 慕平译注：《尚书》，北京：中华书局，2009 年。

37. 孟德斯鸠：《论法的精神》，许明龙译，北京：商务印书馆，2012 年。

38. 毛泽东：《毛泽东选集》，北京：人民出版社，1991 年。

39. 普列汉诺夫：《论个人在历史上的作用问题》，王荫庭译，北京：商务印书馆，2010 年。

40. 乔治·萨拜因：《政治学说史》，邓正来译，上海：上海人民出版社，2008 年。

41. 瞿同祖：《中国法律与中国社会》，北京：商务印书馆，2010 年。

42. 司马迁：《史记》，北京：中华书局，2012 年。

43. 苏轼：《苏轼文集》，孔凡礼点校，北京：中华书局，1986 年。

44. 孙奭疏：《孟子注疏解经》，《十三经注疏：清嘉庆刊本》，阮元校刻，北京：中华书局 2015 年。

45. 司马光：《资治通鉴》，北京：中华书局，2013 年。

46. 谭嗣同：《谭嗣同全集》，北京：中华书局，1981 年。

47. 汤一介、李中华主编：《中国儒学史》（先秦卷），北京：北京大学出版社，2011 年。

48. 唐君毅：《中国哲学原论：原性篇》，《唐君毅全集》，台北：台湾学生书局，1986 年。

49. 唐士其：《西方政治思想史》，北京：北京大学出版社，2008 年。

50. 王先慎：《韩非子集解》，钟哲点校，北京：中华书局，2011 年。

51. 王弼注：《老子道德经注》，楼宇烈校释，北京：中华书局，2011 年。

52. 吴兢：《贞观政要集校》，谢保成集校，北京：中华书局，2012 年。

53. 王国维：《观堂集林》，北京：中华书局，1991 年。

54. 徐复观：《徐复观文集》，李维武编，武汉:湖北人民出版社,2002 年。

55. 萧公权：《中国政治思想史》，北京：商务印书馆，2011 年。

56. 亚当·斯密：《国民财富的性质和原因的研究》，郭大力、王亚楠等译，北京：商务印书馆，1972 年。

57. 亚当·斯密：《道德情操论》，蒋自强等译，北京：商务印书馆，1997 年。

58. 亚里士多德：《雅典政制》，日知、力野译，北京：商务印书馆，1959 年。

59. 章太炎：《章太炎选集》，朱维铮、姜义华编注，上海：上海人民出版社，1981 年。

60. 章太炎：《〈訄书〉初刻本·重订本》，朱维铮编校，北京：生活·读书·新知三联书店，1998 年。

61. 中共中央马克思恩格斯列宁斯大林著作编译局编译：《马克思恩格斯文集》（第三卷），北京：人民出版社，2009 年。

62. 朱熹：《四书章句集注》，北京：中华书局，2011 年。

（二）中文论文（排列顺序按拼音字母 A ~ Z）

1. 刘培桂：《历代对孟子的封赐与尊崇》，载《齐鲁学刊》1992 年第 4 期，第 101 ~ 104 页。

2. 麦金泰尔：《不可公度性、真理和儒家及亚里士多德主义者关于德性的对话》，载《孔子研究》1998 年第 4 期，第 25～38 页。

3. 毛泽东：《体育之研究》，载《新青年》1917 年第三卷第二号，第 1～11 页。

4. 唐士其：《中道与权量：中国传统智慧与施特劳斯眼中的古典理性主义》，载《国际政治研究》2011 年第 2 期，第 101～119 页。

5. 唐士其：《正义原则的功能及其在中国传统思想中的实现：一个比较研究的案例》，载《政治思想史》2017 年第 1 期，第 1～16 页。

6. 张汝伦：《中西伦理学对话的可能性和条件》，载《复旦学报》（社会科学版）2000 年第 4 期，第 78～85 页。

（三）英文著作（排列顺序按英文字母 A～Z）

1. Boucher, David, and Paul, Kelly ed, Political Thinkers: From Socrates to the Present, Oxford: Oxford University Press, 2003.

2. Brunt, P. A, Studies in Greek History and Thought, Oxford: Clarendon Press, 1993.

3. Cooper, John, Knowledge, Nature, and the Good: Essays on Ancient Philosophy, Princeton: Princeton University Press, 2004.

4. Driver, G. R, and John, Miles ed and trans, The Babylonian Laws, Oxford: Clarendon Press, 1955.

5. Dawkins, Richard, The Selfish Gene (New Edition), Oxford: Oxford University Press, 1989.

6. Graham, Angus, Two Chinese Philosophers: Ch'eng Ming – tao and Ch'eng Yi – Ch'uan, London: Lund Humphries, 1958.

7. Grotius, Hugo, The Rights of War and Peace, Richard Tuck ed, Indianapolis: Liberty Fund, 2005.

8. Hume, David, Hume's Moral and Political Philosophy, Henry Aiken ed, New York: Macmillan, 1948.

9. Hobbes, Thomas, Leviathan: A Norton Critical Edition, Richard Flathman and David Johnston ed, New York: W. W. Norton, 1997.

10. Ivanhoe, Philip, Ethics in the Confucian Tradition: The Thought of Mencius and Wang Yang – ming, Atlanta: Shoclars Press, 1990.

11. Johnston, David, A Brief History of Justice, Hoboken, New Jersey: Wiley – Blackwell, 2011.

12. Klosko, George, History of Political Theory: An Introduction (Second Edition),

Oxford: Oxford University Press, 2012.

13. Kant, Immanuel, Political Writings (Second Edition), H. B. Nisbet trans, Hans Reiss ed, Cambridge: Cambridge University Press, 1991.

14. Mill, John Stuart, John Stuart Mill on Liberty and Other Essays, John Gray ed, Oxford: Oxford University Press, 1998.

15. Marx, Karl, The Marx – Engels Reader (Second Edition), Robert Tucker ed, New York: Norton, 1978.

16. McClelland, J. S, A History of Western Political Thought, London: Routledge, 1996.

17. Maine, Henry, Ancient Law: Its Connection with the Early History of Society, and its Relations to Modern Ideas (Fourth Edition), London: John Murray, 1870.

18. Nivison, David, The Ways of Confucianism: Investigations in Chinese Philosophy, Chicago: Open Court, 1996.

19. New English Bible: Old Testament, Cambridge: Oxford University Press and Cambridge University Press, 1970.

20. Popper, Karl, The Open Society and Its Enemies (New One – Volume Edition), Princeton: Princeton University Press, 2013.

21. Russell, Bertrand, The History of Western Philosophy, New York: A Touchstone Book, 1972.

22. Rowe, Christopher, and Malcolm, Schofield, The Cambridge History of Greek and Roman Political Thought, Cambridge: Cambridge University Press, 2005.

23. Rawls, John, Justice as Fairness: A Restatement, Erin Kelly ed, Cambridge: Harvard University Press, 2011.

24. Smith, Adam, An Inquiry into the Nature and Causes of the Wealth of Nations, New York: Modern Library, 2000.

25. Smith, Adam, The Theory of Moral Sentiments, New York: Penguin Books, 2009.

26. Stone, I. F, The Trial of Socrates, Boston: Little Brown, 1988.

27. Strauss, Leo, and Joseph, Cropsey ed, History of Political Philosophy (Third Edition), Chicago: The University of Chicago Press, 1987.

28. Strauss, Leo, Natural Right and History, Chicago: The University of Chicago Press, 1965.

29. Strauss, Leo, An Introduction to Political Philosophy: Ten Essays by Leo Strauss,

Hilail Gildin ed, Detroit:

30. Wayne State University Press, 1981.

31. Schmitt, Carl, The Concept of the Political (Expanded Edition), Chicago: Chicago University Press, 2007.

32. Thucydides, The History of the Peloponnesian War, Great Books of the Western World (Vol 5), Mortimer Adler ed, Chicago: Encyclopedia Britannica, 1991.

33. Thilly, Frank, A History of Philosophy, New York: Henry Holt and Company, 1914.

34. Wolin, Sheldon, Politics and Vision: Continuity and Innovation in Western Political Thought (Expanded Edition), Princeton: Princeton University Press, 2004.

35. Yearley, Lee, Mencius and Aquinas: Theories of Virtue and Conceptions of Courage, New York: State University of New York Press, 1990.